Das Siedlungswachstum der Stadt Münster vom 19. Jahrhundert bis zum Zweiten Weltkrieg

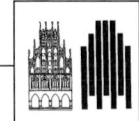

Impressum:

Herausgeber:
Der Oberstadtdirektor
der Stadt Münster,
Stadtplanungsamt
Autor: Dipl.-Geogr.
Ursula Richard-Wiegandt
Mitarbeiter: Uwe Verspohl
Layout: Monika Lerch
Druck: Ibbenbürener
Vereinsdruckerei GmbH
Auflage: 2000, 1991
ISBN 3-921290-56-2

DAS SIEDLUNGSWACHSTUM
DER STADT MÜNSTER
VOM 19. JAHRHUNDERT
BIS ZUM ZWEITEN WELTKRIEG

Vorwort

Veröffentlichungen zur städtebaulichen Entwicklung von Münster beschreiben in der Regel das Wachstum innerhalb der heutigen Promenade. Die vorliegende Schrift dokumentiert die Entstehung und Entwicklung der ersten Stadtviertel außerhalb des Altstadtgebietes. Dargestellt ist die städtebauliche Entwicklung für das Südviertel, das Ostviertel, das Nordviertel und für den Westen der Stadt zwischen 1815 — dem Zeitpunkt, als Münster Teil des preußischen Staates wurde — und 1939 — dem Beginn des 2. Weltkrieges. Materialien, Pläne und Dokumente aus den Stadterweiterungsperioden vor dem 2. Weltkrieg lagen bisher nur in verstreuter Form vor. Frau Ursula Richard-Wiegandt hat in zweijähriger Arbeit für das Stadtplanungsamt der Stadt Münster vorhandene Materialien zusammengetragen, ausgewählt und aufgearbeitet. Die vorliegende Arbeit geht von einer Darstellung allgemeiner Aspekte der Stadtentwicklung und -erweiterung für das gesamte Stadtgebiet aus. Darauf aufbauend wird die Entwicklung des Stadtraumes für die einzelnen Stadtbereiche anhand von alten Photos und Plänen illustriert und beschrieben. Hierbei wurden die wichtigsten Wachstumsphasen der damaligen Stadterweiterung einzeln betrachtet, nämlich die erste Hälfte des 19. Jahrhunderts, ferner die Zeiträume von 1850-1875, 1875-1918 und 1918-1939.

Ich hoffe, daß die Dokumentation nicht nur bei den Bürgern reges Interesse findet, sondern auch Planern und Architekten eine Hilfe bei der baulichen Gestaltung Münsters geben kann.

Rainer Karliczek

Inhalt

Einführung . . . 3

Erster Hauptteil: Aspekte der Stadtentwicklung und Stadterweiterung Münsters seit Beginn des 19. Jahrhunderts . . . 15

Territoriales Wachstum: Erweiterung des Stadtgebietes durch Eingemeindungen . . . 15

Erste Forderungen nach Eingemeindung vorstädtischer Flächen . . . 15

Eingemeindung von 1875 . . . 16

Eingemeindung von 1903 . . . 16

Münster als Provinzialhauptstadt: Herausbildung und Stärkung zentraler Funktionen . . . 18

Verwaltungs- und Behördenstadt . . . 18

Universitätsstadt . . . 20

Garnisonsstadt . . . 21

Neue Verkehrswege: Eisenbahn und Dortmund-Ems-Kanal . . . 24

Überregionales Straßennetz . . . 24

Eisenbahn und Bahnhöfe . . . 24

Dortmund-Ems-Kanal und Stadthafen . . . 28

Flugverkehr . . . 32

Modernisierung der Stadt: Auf- und Ausbau der technischen Infrastruktur . . . 32

Städtische Gasversorgung . . . 32

Städtische Wasserver- und -entsorgung . . . 34

Elektrizitätswerk . . . 38

Öffentlicher Personennahverkehr . . . 39

Entwicklung der Stadtplanung: Planungsinstrumente und Zielvorstellungen für die neuen Stadtteile . . . 42

Anfänge der Stadtplanung: erste Stadterweiterungspläne von 1854 und 1864 . . . 42

Planwerke des Stadtbaumeisters Bender: Vorgaben für den gründerzeitlichen Städtebau . . . 44

Bauzonenordnung, Freiflächenplan und Bauklassenplan: neue Instrumente für den Städtebau nach der Jahrhundertwende . . . 49

Universitätsforum und Zentrum der „Gauhauptstadt" Münster: planerische Zielvorstellungen in den 30er Jahren . . . 51

Zweiter Hauptteil: Entwicklung der neuen Siedlungsgebiete … 57

Das Siedlungsgefüge vor der ersten Stadterweiterung … 58

Drei Phasen der Stadterweiterung: vom Garten- und Bauernland zu neuen Stadtteilen … 61

    1850 - 1875: Erste Phase der Stadterweiterung … 61

    1875 - 1918: Stadterweiterungen der Kaiserzeit … 61

    1918 - 1939: Stadterweiterungen der Zwischenkriegsjahre … 61

Städtebauliche Entwicklung im Süden … 62

    Südliches Umland in der ersten Hälfte des 19. Jahrhunderts: Vorstadtgärten und Äcker der Geister Bauern bestimmen die Landschaft … 63

    1850 - 1875: Erste städtische Bebauung erobert den Gartenring … 66

    1875 - 1918: Die Südstadt erhält ihr urbanes Gesicht … 68

    1918 - 1939: Die Geist wird zur Gartenvorstadt Münsters … 80

Städtebauliche Entwicklung im Osten … 96

    Östliches Umland in der ersten Hälfte des 19. Jahrhunderts: Die Stiftssiedlung St. Mauritz und wichtige Ausfallstraßen prägen das östliche Vorfeld Münsters … 97

    1850 - 1875: Im Osten entsteht die Bahnhofsvorstadt … 101

    1875 - 1918: Das Ostviertel wird zum „multifunktionalen" Stadtteil … 103

    1918 - 1939: Der Osten bleibt bevorzugter Stadtteil für private und öffentliche Bauträger … 121

Städtebauliche Entwicklung im Norden … 132

    Nördliches Umland in der ersten Hälfte des 19. Jahrhunderts: Zwischen Grevener Chaussee und Max-Clemens-Kanal liegen die Gärten der Münsteraner Bürger … 133

    1850 - 1875: Das nördliche Vorstadtgebiet bewahrt die alten Strukturen … 135

    1875 - 1918: Im Norden entsteht die bürgerliche Wohnstadt … 136

    1918 - 1939: Neue Wohnformen ergänzen das Siedlungsbild … 152

Städtebauliche Entwicklung im Westen … 162

    Westliches Umland in der ersten Hälfte des 19. Jahrhunderts: Die Schloßanlage und Aaaue bilden einen Riegel zwischen Stadt und Umland … 163

    1850 - 1875: Das Schloß bleibt bestimmend für die Entwicklung des westlichen Vorstadtgebietes … 164

    1875 - 1918: Das westliche Umland erhält neue städtische Funktionen … 167

    1918 - 1939: Mit dem Bau des Aasees und der Universitätskliniken entstehen exponierte städtebauliche Projekte … 174

Einführung

Um die Wende vom 18. zum 19. Jahrhundert besaßen viele deutsche Städte noch ihr mittelalterliches Aussehen mit Befestigungsmauern, Toren und Wehrtürmen, die die Stadt und ihre Bewohner gegen das Umland abschirmten. Innerhalb dieser Mauern, deren strategische Bedeutung längst verloren gegangen war, vollzog sich die städtebauliche Entwicklung ohne große Veränderungen in den traditionellen Bahnen.

Auch dort, wo Festungsanlagen geschleift und, wie in Münster, Promenaden angelegt worden waren, blieb die scharfe Abgrenzung zwischen Stadt und Land zunächst erhalten.

Mit dem bereits Ende des 18. Jahrhunderts einsetzenden enormen Bevölkerungswachstum und dem Beginn der Industrialisierung seit den 30er Jahren des 19. Jahrhunderts erlebten die Städte einen tiefgreifenden Wandel, der zu ihrem Wachstum führte, oft um ein Vielfaches ihrer Einwohnerzahl und ihres ursprünglichen Hoheitsgebietes.

In Münster, der alten Kaufmannsstadt und Kirchenmetropole mit Bischofssitz und zahlreichen Adelshöfen, begannen vor rund 150 Jahren die ersten Siedlungsansätze jenseits der alten Stadtgrenze, dem Promenadenwall, hinaus. Der Anstoß zu dieser Entwicklung ging dabei nicht so sehr von einer aufblühenden Industrie aus. Vielmehr war es die wachsende Bedeutung Münsters als Hauptstadt der preußischen Provinz Westfalen mit ihren zahlreichen Verwaltungen, staatlichen Institutionen und militärischen Einrichtungen, die die Expansion und den Ausbau der Stadt förderten.

Die vorliegende Dokumentation will versuchen, Entstehung und Entwicklung der *"neuen"* Siedlungen jenseits der Promenade zwischen 1850 und 1939 aufzuzeigen. Dieser Abschnitt der Siedlungsgeschichte stand bisher weniger im Vordergrund stadt- und architekturgeschichtlicher Veröffentlichungen.

In erster Linie war es die historische Altstadt, die das Interesse stadtgeschichtlicher Betrachtungen gefunden hat. Außerdem wurde der unmittelbaren Vergangenheit früher nicht so viel Bedeutung beigemessen. So begann erst in den 60er Jahren dieses Jahrhunderts die Wertschätzung und Denkmalpflege der historisierenden Architektur des späten 19. und frühen 20. Jahrhunderts, Jahre später dann die kunstgeschichtliche Erfassung der Bauten der 20er und 30er Jahre. Ein anderer Grund für die Vernachlässigung der Beschäftigung mit den Gebieten außerhalb des Promenadenringes liegt darin, daß bei den Zerstörungen im Zweiten Weltkrieg nicht nur ein großer Teil der alten Bausubstanz verloren ging, sondern auch zahlreiche Dokumente, Akten und Pläne, die Aufschluß über Siedlungsentwicklung und -struktur geben könnten. Daher kann auch diese Dokumentation nicht den Anpruch erheben, einen lückenlosen Abriß der Stadterweiterungen der letzten 150 Jahre zu geben.

Die noch vorhandenen Photos, Karten und Texte wurden hier zusammengestellt, um einerseits Planern eine Grundlage für die Berücksichtigung historischer Strukturen zu geben, denn Verständnis für die geschichtlichen Zusammenhänge ist für die künftige Entwicklung dieser Stadtteile unabdingbar. Nicht nur das einzelne Gebäude, sondern auch sein Umfeld sind in in ihrer geschichtlichen Dimension zu beachten. Andererseits wird dem interessierten Bürger ein Einblick in die Siedlungsgeschichte außerhalb der historischen Altstadt gegeben. Damit kann die Auseinandersetzung mit dem eigenen Stadtteil gefördert und ein kleiner Beitrag zur Schaffung von Heimat geleistet werden.

Die Dokumentation gliedert sich in zwei Teile. In einem ersten Teil werden allgemein die wichtigsten Aspekte der Stadtentwicklung und -erweiterung jener Zeit wie das territoriale Wachstum, die zunehmende Zentralität und die Herausbildung der Infrastruktur und der Stadtplanung aufgezeigt. In einem zweiten Teil wird dann das Entstehen der einzelnen Stadtteile im Süden, Osten, Norden und Westen außerhalb des Promenadenrings beschrieben.

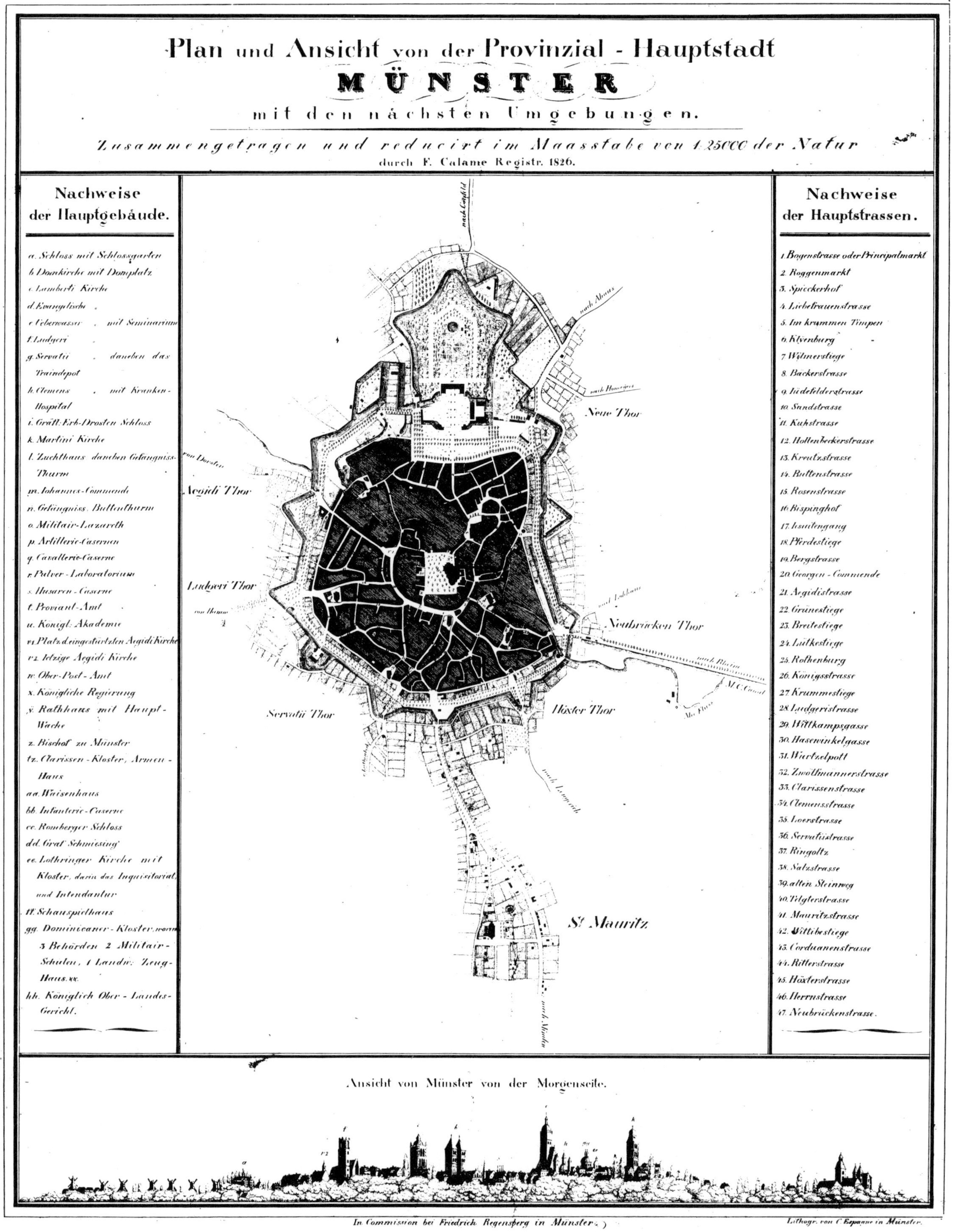

Plan und Ansicht von der Provinzial-Hauptstadt MÜNSTER mit den nächsten Umgebungen.

Zusammengetragen und reducirt im Maasstabe von 1:25000 der Natur durch F. Calame Registr. 1826.

Nachweise der Hauptgebäude.

- a. Schloss mit Schlossgarten
- b. Domkirche mit Domplatz
- c. Lamberti Kirche
- d. Evanglisch
- e. Ueberwasser mit Seminarium
- f. Ludgeri
- g. Servatii daneben das Traindepot
- h. Clemens mit Kranken-Hospital
- i. Gräfl. Erb-Drosten Schloss
- k. Martini Kirche
- l. Zuchthaus daneben Gefängniss-Thurm
- m. Johannes-Commende
- n. Gefängniss-Bultenthurm
- o. Militair-Lazareth
- p. Artillerie-Caserne
- q. Cavallerie-Caserne
- r. Pulver-Laboratorium
- s. Husaren-Caserne
- t. Proviant-Amt
- u. Königl. Akademie
- v1. Platz d. eingestürzten Aegidi Kirche
- v2. Jetzige Aegidi Kirche
- w. Ober-Post-Amt
- x. Königliche Regierung
- y. Rathhaus mit Haupt-Wache
- z. Bischof zu Münster
- tt. Clarissen-Kloster, Armen-Haus
- aa. Waisenhaus
- bb. Infanterie-Caserne
- cc. Romberger Schloss
- dd. Graf Schmiesing
- ee. Lothringer Kirche mit Kloster, darin das Inquisitoriat, und Intendantur
- ff. Schauspielhaus
- gg. Dominicaner-Kloster, worin 3 Behörden 2 Militair-Schulen, 1 Landw. Zeug-Haus xx.
- hh. Königlich Ober-Landes-Gericht.

Nachweise der Hauptstrassen.

1. Bogenstrasse oder Principalmarkt
2. Roggenmarkt
3. Spieckerhof
4. Liebefrauenstrasse
5. Im krummen Timpen
6. Klivenburg
7. Wittnerstiege
8. Backerstrasse
9. Jüdefelderstrasse
10. Sandstrasse
11. Kuhstrasse
12. Hottenbeckerstrasse
13. Kreutzstrasse
14. Buttenstrasse
15. Rosenstrasse
16. Bispinghof
17. Laulengang
18. Pferdestiege
19. Bergstrasse
20. Georgen-Commende
21. Aegidistrasse
22. Grünestiege
23. Breitestiege
24. Lutkestiege
25. Rothenburg
26. Königsstrasse
27. Krummestiege
28. Ludgeristrasse
29. Wittkampsgasse
30. Hasewinkelgasse
31. Wierlxelpott
32. Zwolfmannerstrasse
33. Clarissenstrasse
34. Clemensstrasse
35. Loerstrasse
36. Servatiistrasse
37. Ringoltz
38. Salzstrasse
39. alten Steinweg
40. Tilgterstrasse
41. Mauritzstrasse
42. Wittibestiege
43. Cordunenstrasse
44. Ritterstrasse
45. Höxterstrasse
46. Herrnstrasse
47. Neubrückenstrasse.

Ansicht von Münster von der Morgenseite.

In Commission bei Friedrich Regensberg in Münster. Lithogr. von C. Espanne in Münster.

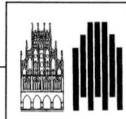

Abb. 2 „Grundriss der Provinzial-Hauptstadt Münster nebst deren Umgebung" 1839

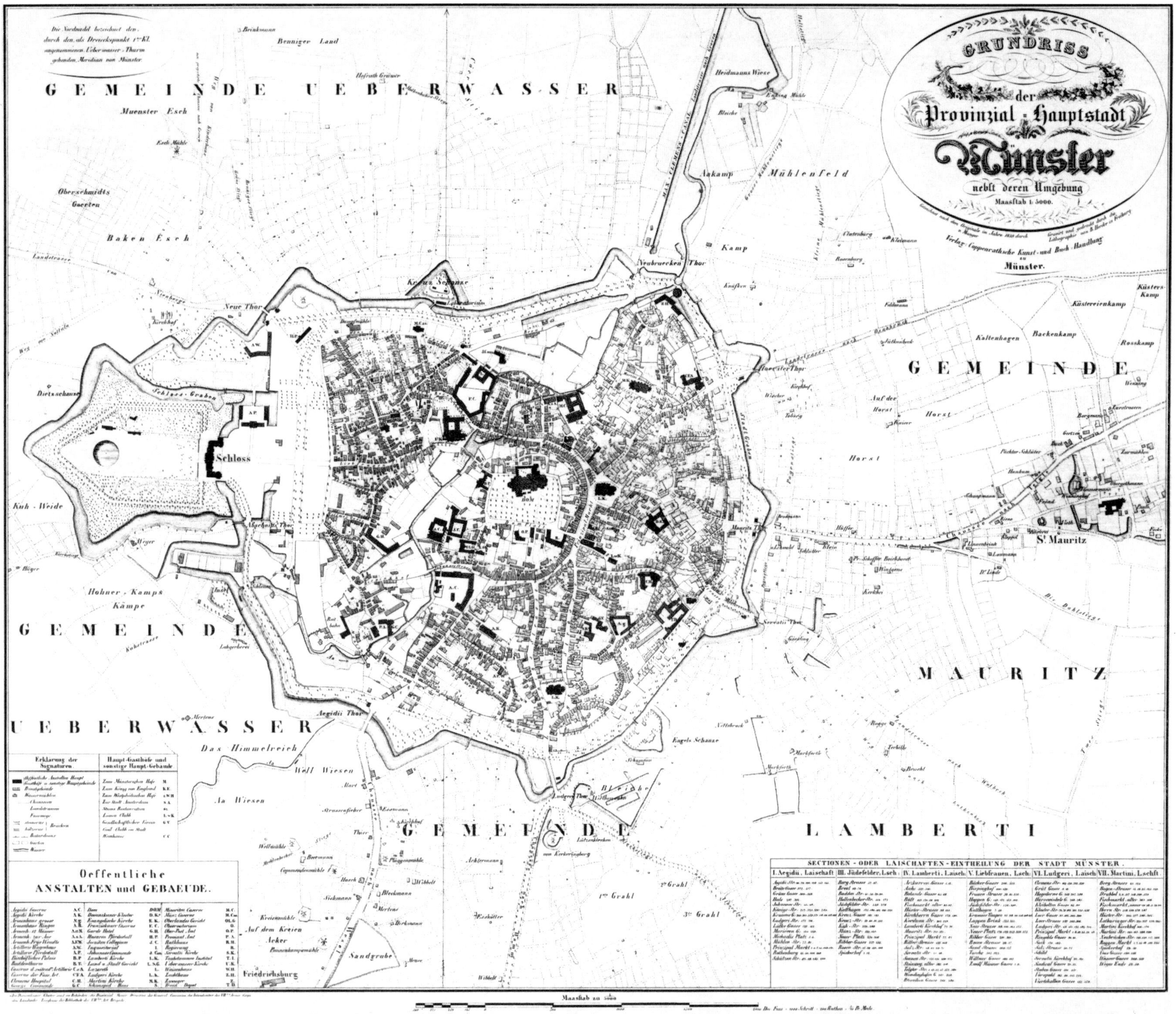

◁ *Abb. 1 „Plan und Ansicht von der Provinzial-Hauptstadt Münster" 1826*

Die hier gezeigte Auswahl von alten Stadtplänen (Abb. 1 – 10) dokumentiert über 100 Jahre Stadtentwicklung Münster: Von der kleinen, scharf abgegrenzten Provinzialhauptstadt (1826) zum komplexen Stadtgefüge der Gauhauptstadt (1939).

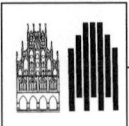

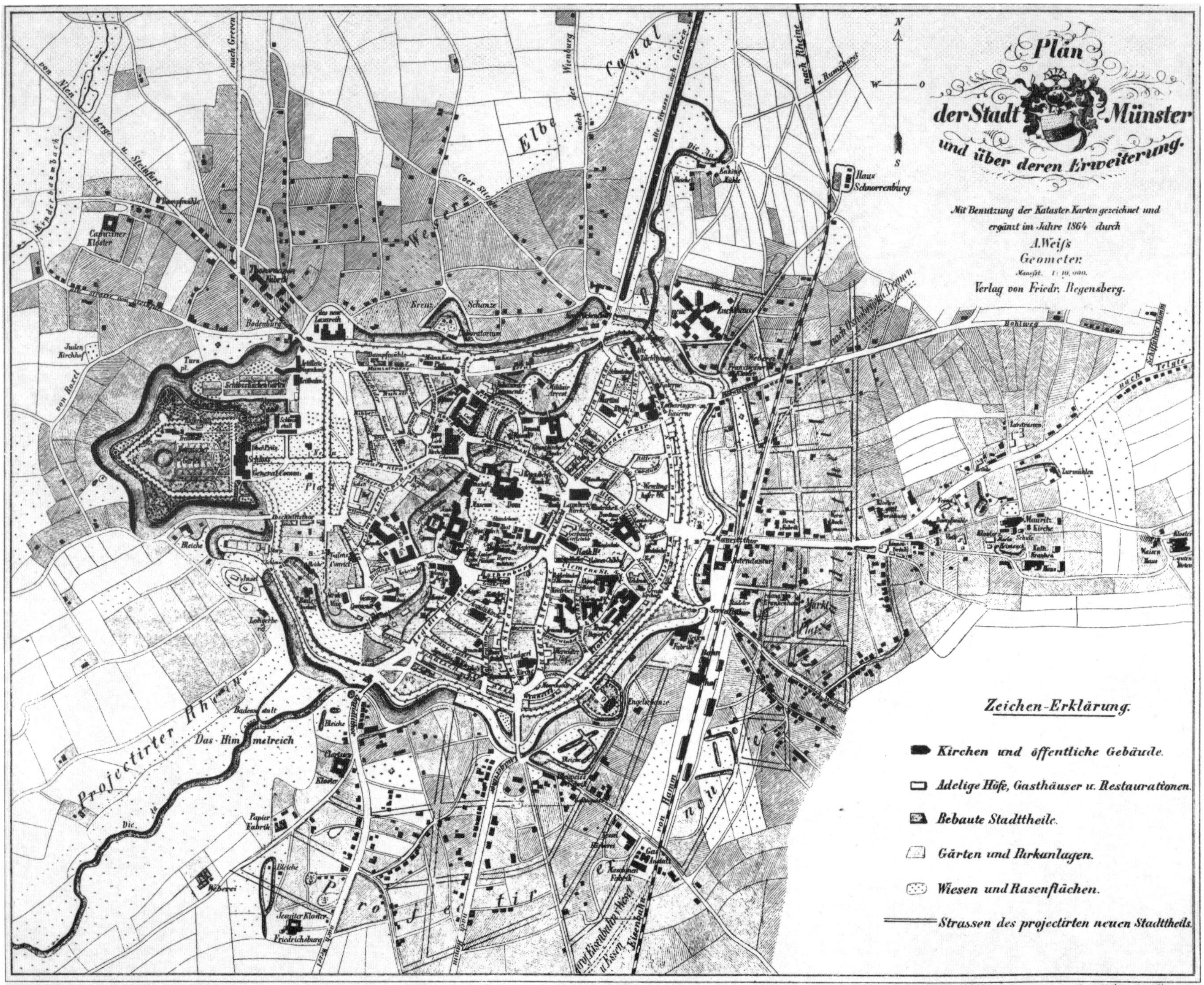

Auf Stein gezeichnet und gedruckt in der lithographischen Anstalt von Chr. Espagne.

Abb. 3 „Plan der Stadt Münster und über deren Erweiterung" 1864

Abb. 4 „Neuester Plan der Stadt Münster" 1873

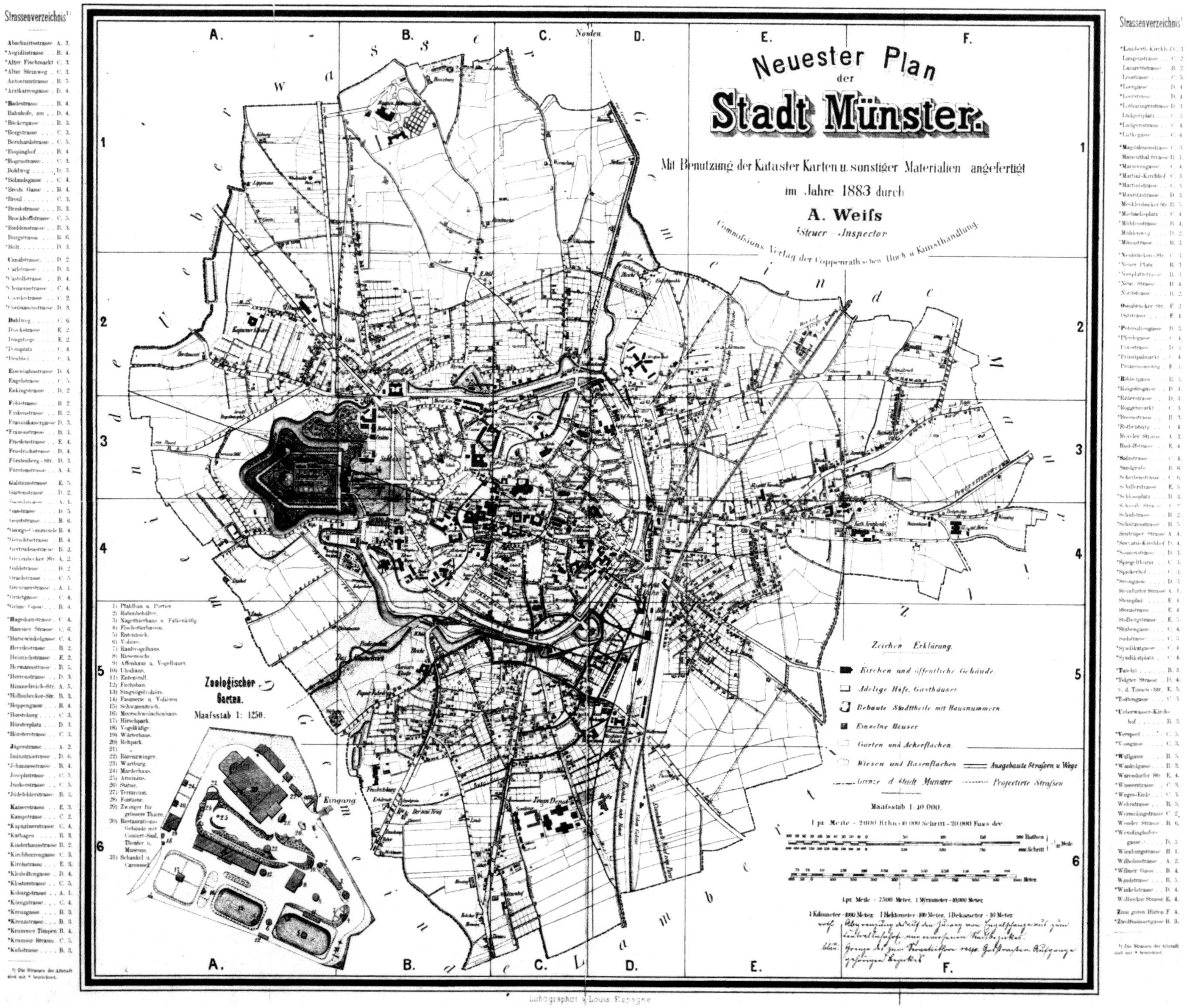

Abb. 5 „Neuester Plan der Stadt Münster" 1883

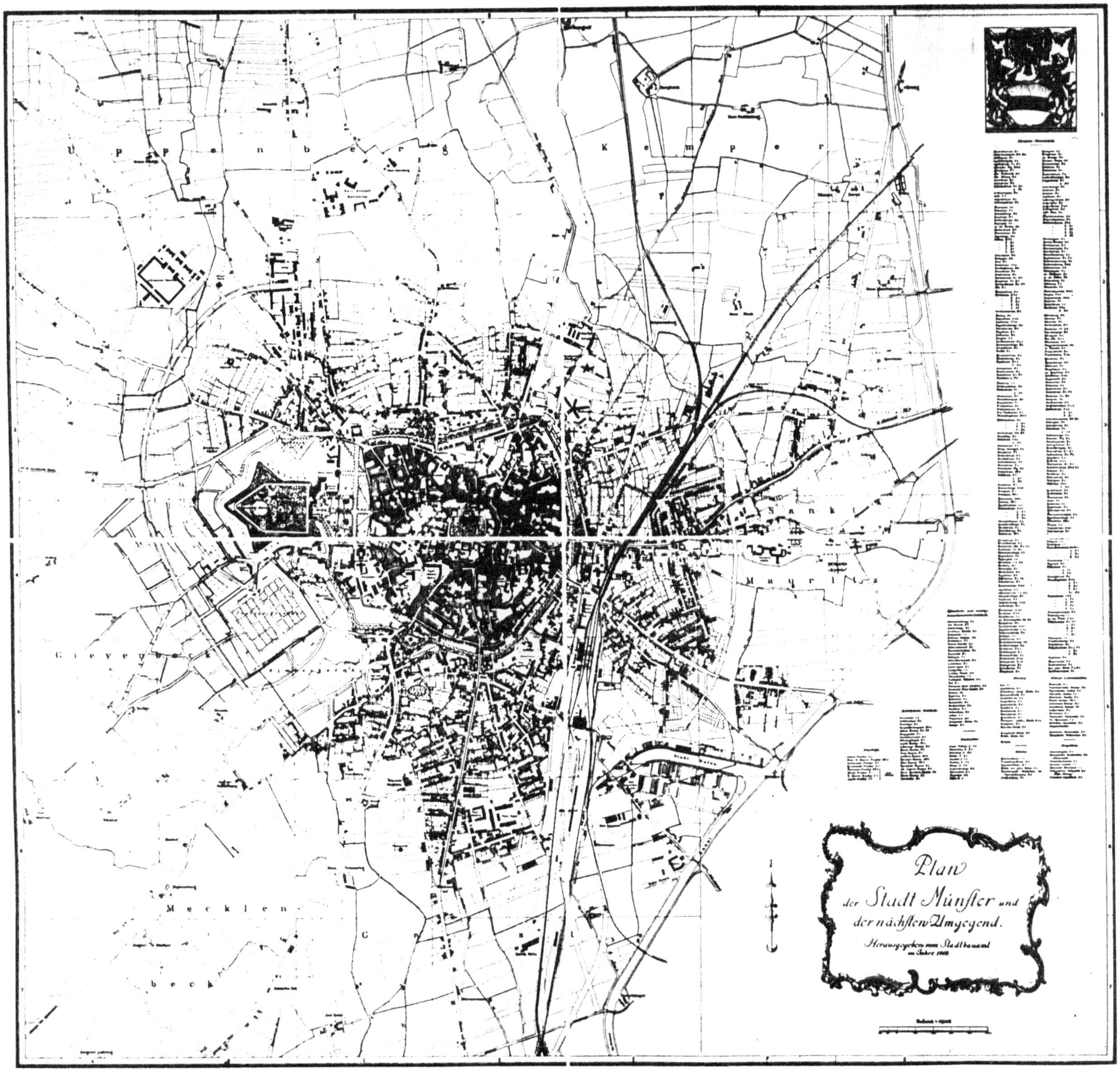

Abb. 6 „Plan der Stadt Münster und deren nächsten Umgegend" 1903

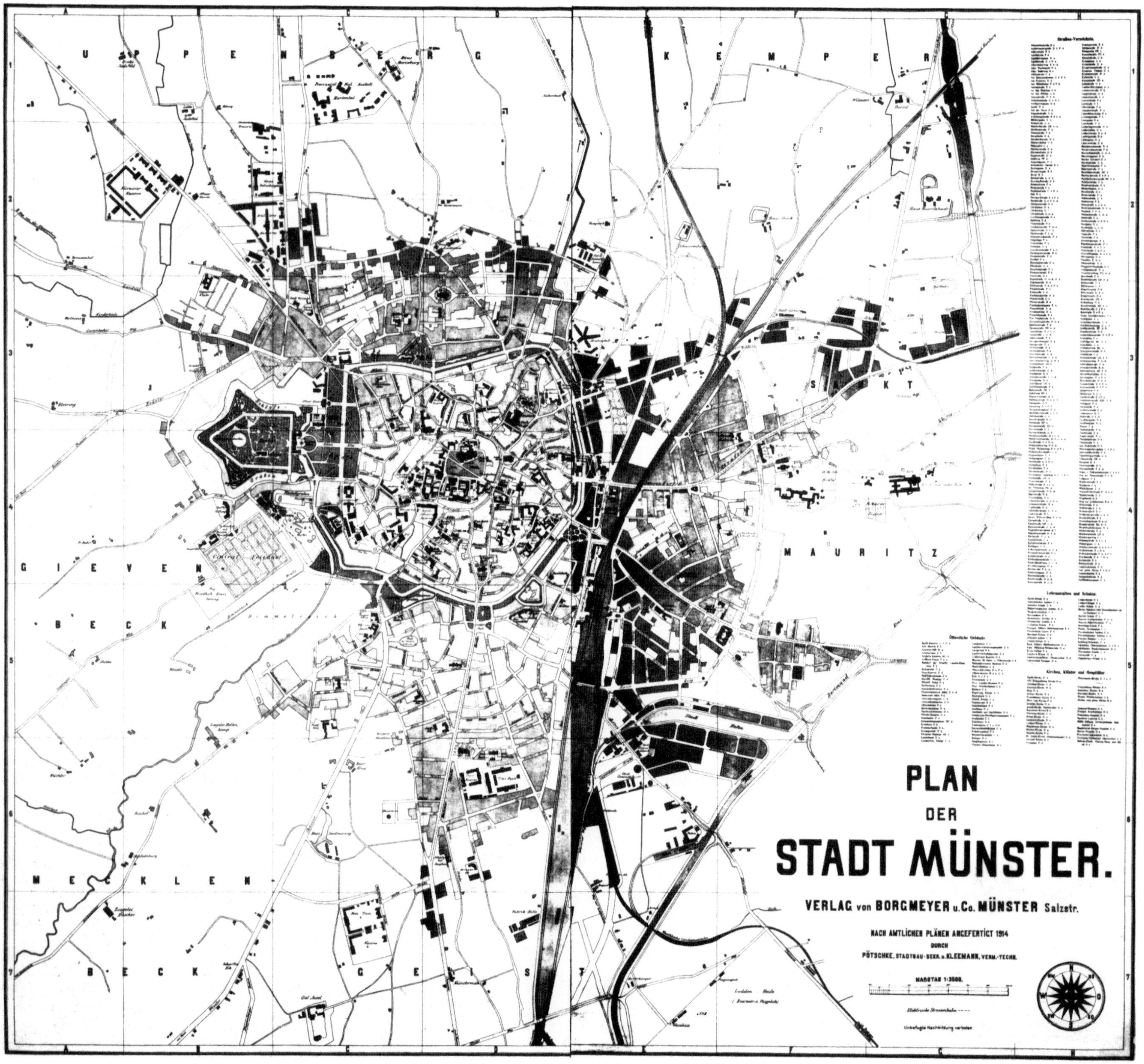

Abb. 7 „Plan der Stadt Münster" 1914

Abb. 8 „Stadt Münster" 1925 ▶

STADT MÜNSTER i. W.

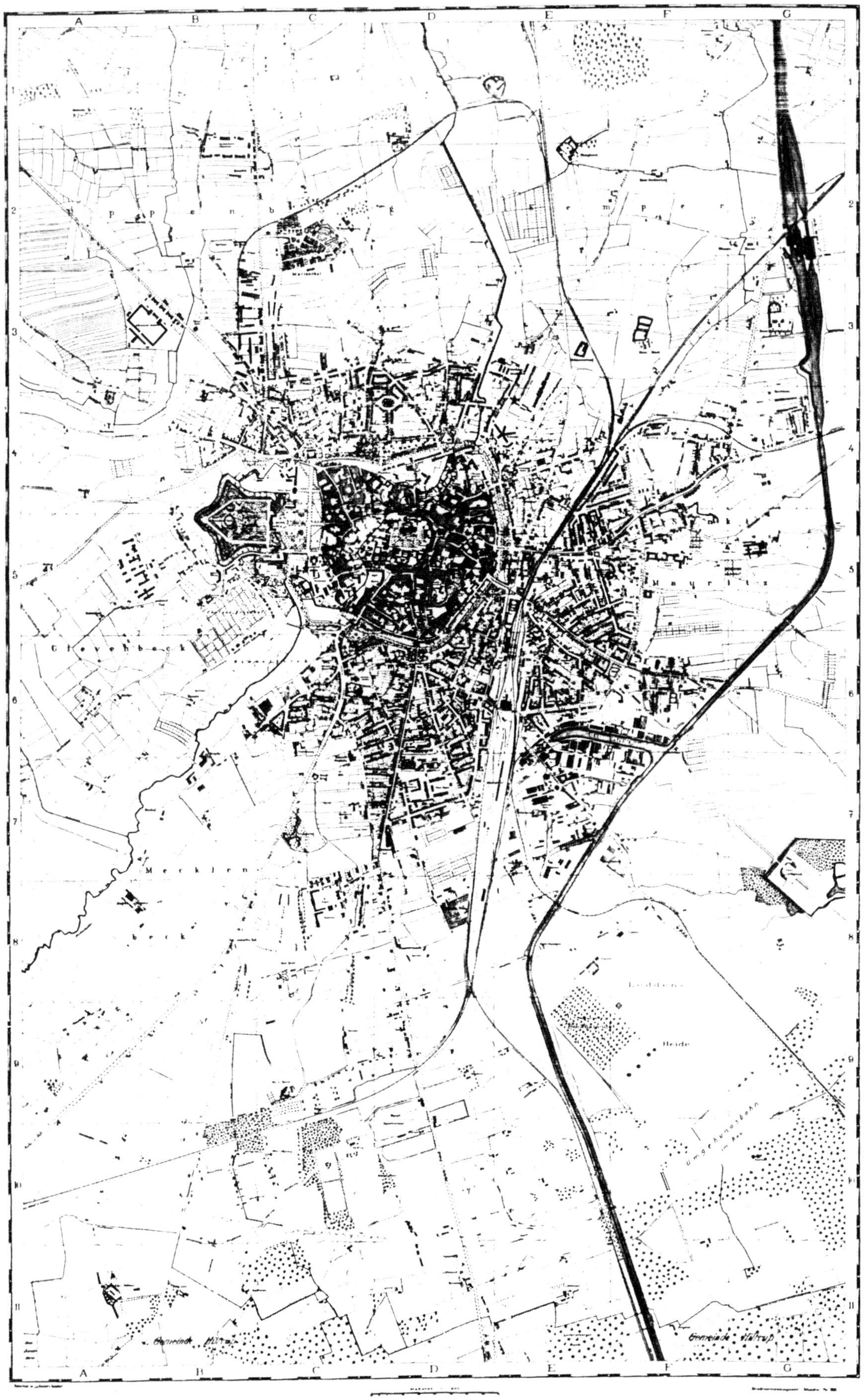

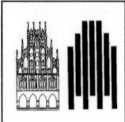

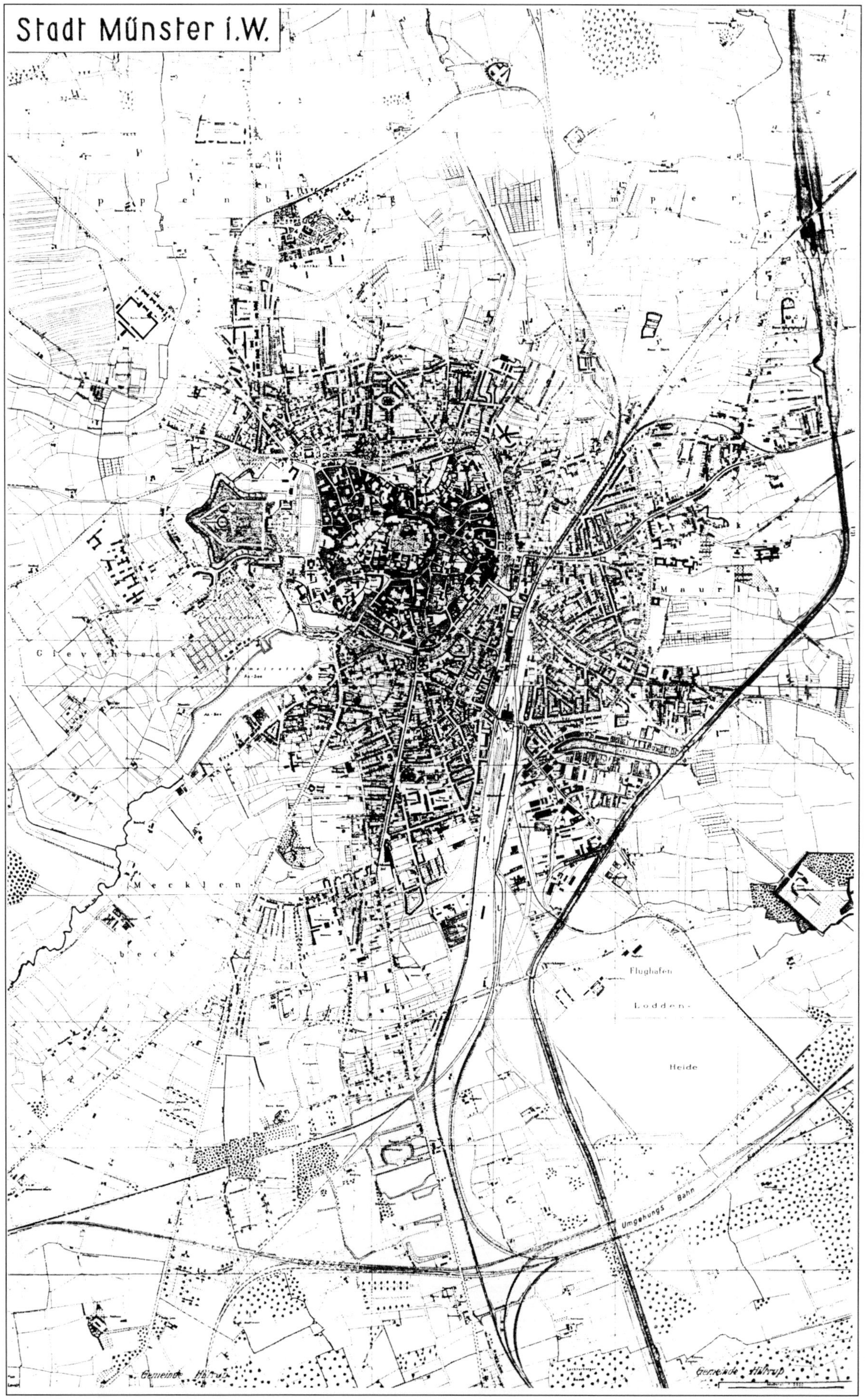
Stadt Münster i.W.
Flughafen
Lodden-
Heide
Umgehungs Bahn

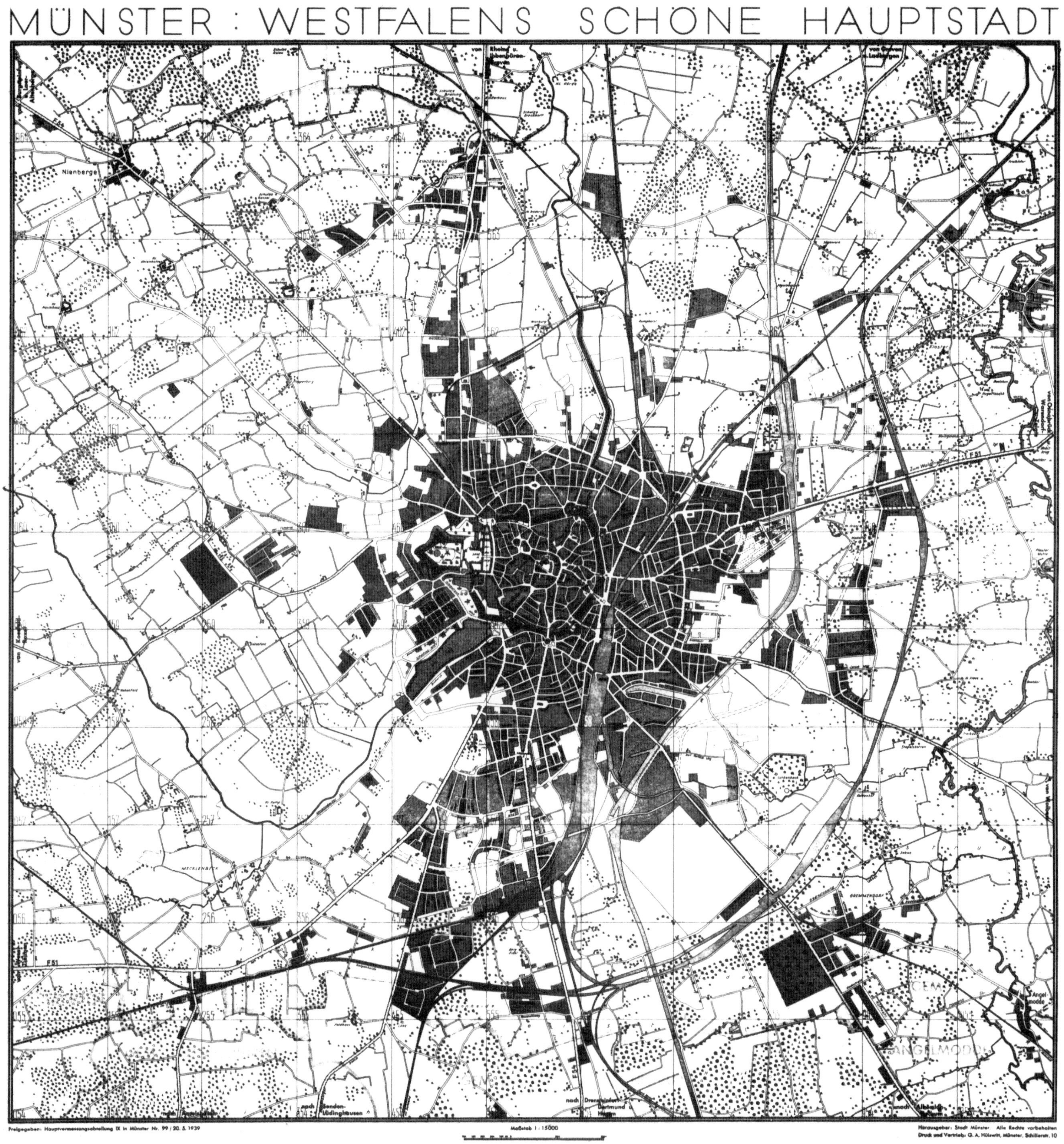

MÜNSTER : WESTFALENS SCHÖNE HAUPTSTADT

◀ Abb. 9 „Stadt Münster i. W." 1934

Abb. 10 „Münster: Westfalens schöne Hauptstadt" 1939

Erster Hauptteil:
Aspekte der Stadtentwicklung und Stadterweiterung Münsters seit Beginn des 19. Jahrhunderts

Territoriales Wachstum: Erweiterung des Stadtgebietes durch Eingemeindungen

In der Zeit zwischen 1816 und 1939 gab es in Münster zwei Eingemeindungen, bei der sich das Stadtgebiet von ca. 1,91 qkm auf 65,94 qkm vergrößerte. Gründe für die erste territoriale Gebietsvergrößerung Münsters im Jahre 1875 lagen vor allem in den fehlenden Bauflächen, die bei wachsender Bevölkerung und zunehmender zentraler Bedeutung der Stadt durch die Funktion als Provinzialhauptstadt erforderlich waren. Der sich verstärkende Siedlungsdruck konnte in den Grenzen der mittelalterlichen Stadt nicht aufgefangen werden. Der Promenadenring als Stadtgrenze schnürte jede bauliche Entwicklung ein. Da es eine Feldmark, die für Siedlungserweiterungen nutzbar gewesen wäre, in Münster nicht gab, vollzogen sich die Gebietserweiterungen auf Kosten der Umlandgemeinden.

Für die zweite Eingemeindung 1903 sollten Flächen zu einer zukünftigen wirtschaftlichen Entwicklung vorausschauend bereit gestellt werden.

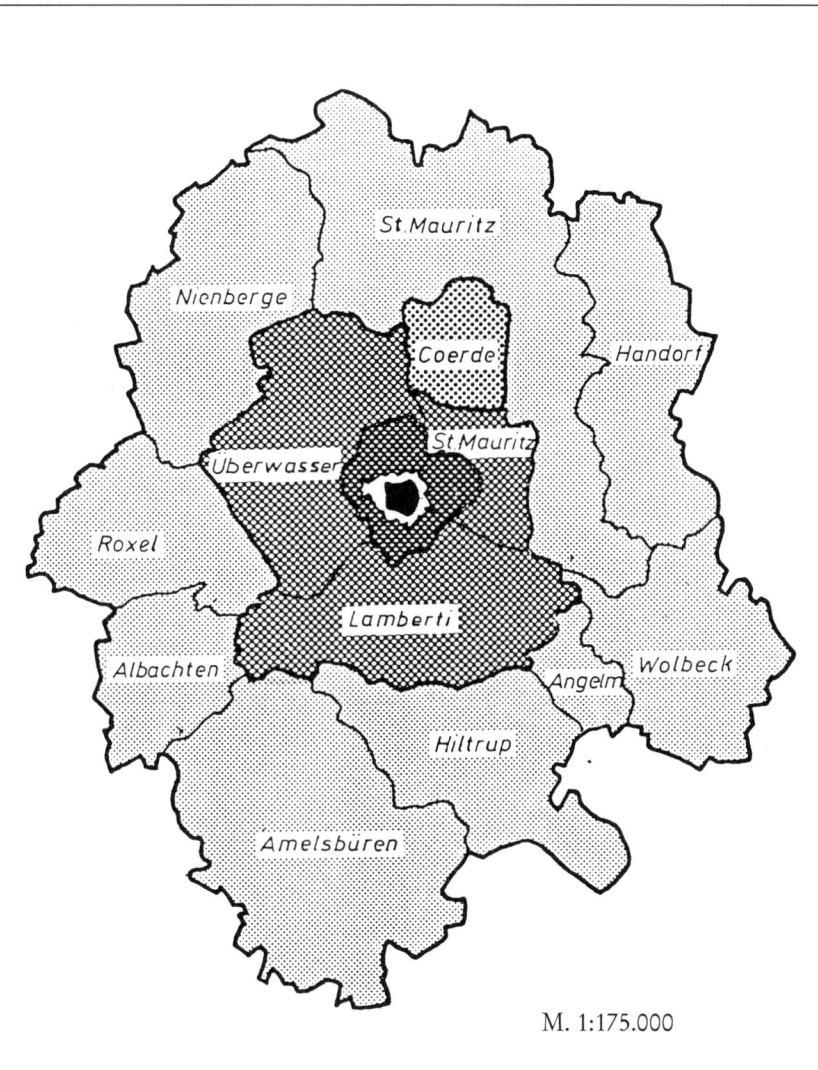

Abb. 11 Gebietserweiterungen seit dem 19. Jahrhundert

Abb. 12 Die Bevölkerungsentwicklung 1815 - 1945. Die Bevölkerunszunahme von 1875 und 1905 ist zu einem großen Teil auf die Eingemeindungen zurückzuführen.

Jahr	Einwohner	Jahr	Einwohner
1815	14.955	1885	44.029
1820	16.206	1890	49.344
1825	18.642	1895	51.135
1830	18.436	1900	63.754
1835	18.991	1905	81.468
1840	20.595	1910	90.254
1845	21.129	1915	97.067
1850	21.333	1920	100.934
1855	22.816	1925	108.096
1860	23.232	1930	120.343
1865	23.421	1935	131.748
1870	24.826	1940	144.945
1875	35.563	1945	75.984
1880	40.074		

Erste Forderungen nach Eingemeindung vorstädtischer Flächen

1843 bemühte sich der Magistrat der Stadt erstmalig um eine Eingemeindung der unmittelbar vor der Stadt liegenden Gartengrundstücke (Abb. 2). Diese gehörten - obwohl zum größten Teil im Besitz Münsteraner Bürger - verwaltungsmäßig zu den Landgemeinden Lamberti, Überwasser und St. Mauritz. Die Stadt argumentierte vor allem damit, eine Eingemeindung sei aus sicherheitspolitischen Gründen notwendig, weil die Polizeibehörden der Landkommunen den Schutz des Eigentums der Münsteraner nicht mehr garantieren und die "*zwielichtigen Wirtshäuser und Spielhöllen vor den Toren*" (zit. nach Gutschow 1983, S. 304) überwachen könnten. Das

Abb. 13 Der Überwasserfriedhof, einer der ersten Friedhöfe, die jenseits des Promenadenringes angelegt worden waren.

Eingemeindung von 1875

1875 wurde die erste Eingemeindung schließlich vollzogen. Damit wurden die funktional und städtebaulich eng verflochtenen Teile der umliegenden Landgemeinden St. Mauritz, Lamberti und Überwasser in das Verwaltungsgebiet der Stadt eingegliedert. Das Stadtgebiet vergrößerte sich um fast das sechsfache von 1,91 qkm auf 10,84 qkm; die Einwohnerzahl wuchs von 26.600 auf 35.563 (Abb. 15).

Die Initiative war 1871 - im Gegensatz zu den früheren Ansätzen - von den Umlandgemeinden ausgegangen. Ihre finanzielle Situation hatte sich in den vergangenen Jahren erheblich verschlechtert. Die Realisierung der von der Provinzialregierung geforderten Bebauungspläne bedeuteten so hohe Kosten, die sie aus eigener Kraft nicht aufbringen konnten und wollten. Deshalb forderten die Gemeindeverordneten, daß die in ihren Verwaltungsbezirken wohnenden Beamten ihre Steuern auch am Wohnort zu entrichten hätten. Diesen Streit um die Kommunalabgaben nahm die Regierung zum Anlaß, erneut über eine kommunale Eingliederung zu verhandeln. Der Magistrat der Stadt Münster stand den Plänen dieses Mal zunächst aus finanziellen Erwägungen ablehnend gegenüber, denn die Übernahme der vorstädtischen, stark besiedelten Flächen bedeuteten hohe Investitionen für den Auf- und Ausbau der notwendigen Infrastruktur.

Nachdem Vereinbarungen getroffen wurden, die auch die städtischen Interessen berücksichtigten, gab die Stadt schließlich ihre Zustimmung zur Eingemeindung. Die im Eingemeindungsgebiet bestehenden Bebauungspläne wurden aufgehoben und sollten durch neue, praxisnähere ersetzt werden, um Erschließungs- und Entschädigungskosten für die Stadt zu mindern.

1874 wurde der Regulierungsplan für die Grenzen Münsters zum Gemeindebeschluß erhoben, zum 1.1.1875 wurde die Eingemeindung schließlich durch den Kabinettsbeschluß des preußischen Königs vollzogen. Die Bauerschaften Uppenberg und Gievenbeck der Gemeinde Überwasser, die Bauerschaften Delstrup und Geist von Lamberti fielen an die Stadt. Als Lastenausgleich für das verlorene Gemeindevermögen bezahlte die Stadt den Restgemeinden insgesamt 100.000 Mark.

Eingemeindung von 1903

Schon in den 90er Jahren des letzten Jahrhunderts erwiesen sich die Stadtgrenzen Münsters abermals als zu eng. Durch den Bau des Dortmund- Ems-Kanals und des Stadthafens hatte im Südosten der Stadt, teilweise außerhalb des städtischen Gemeindegebietes, eine verstärkte Industriesiedlung eingesetzt. Flächen in der benachbarten Gemeinde St. Mauritz, aber auch in der Gemeinde Lamberti, wurden für eine langfristige Ansiedlung Münsteraner Gewerbebetriebe beansprucht.

Da die Stadt für die Zukunft einen weiteren wirtschaftlichen Aufschwung und damit verbunden auch einen Bevölkerungszuwachs erwartete, strebte sie eine großzügige Ausweitung ihres Territoriums an. Ziel war es, die Entwicklungsmöglichkeiten längerfristig zu sichern und zu verbessern. Im Südosten waren Flächen für die Ansiedlung von Gewerbe- und Industriebetrieben, im Süden Flächen für die Wohnbebauung und im Norden Flächen für geplante Militäranlagen (Kaserne an der Steinfurter Straße) vorgesehen, die in das Stadtgebiet einbezogen werden sollten.

Ende der 90er Jahre begannen die Verhandlungen mit den betroffenen Nachbargemeinden und der Aufsichtsbehörde. Mit Unterstützung des damaligen Regierungspräsidenten von Gescher schlug die Stadt eine sogenannte *"große Lösung"* vor, nach der die Landgemeinden völlig eingegliedert werden sollten. Besondere Ablehnung rief dieser Plan bei dem Landrat des Kreises Münster hervor, der um den Verlust seines Einflußbereiches fürchtete und dafür eine finanzielle Entschädigung verlangte.

Begehren der Stadt scheiterte jedoch am harten Widerstand der betroffenen Gemeinden und Gemeindeverbände. Die seit Jahrhunderten bestehenden Stadtgrenzen blieben weiterhin unverändert.

1861 unternahm die Stadt einen weiteren Anlauf zu einer Eingemeindung. Die Vorstadtgebiete wiesen Mitte des 19. Jahrhunderts eine so hohe Bautätigkeit auf, besonders im Osten und Süden der Stadt, daß das Regierungspräsidium Münster 1855 den zuständigen Landrat mit der Aufstellung von ersten Bebauungsplänen beauftragt hatte. Zudem lagen einige der wichtigsten öffentlichen Einrichtungen wie der Bahnhof, die Strafanstalt vor dem Hörster Tor, das städtische Gaswerk, sowie drei Friedhöfe außerhalb des Promenadenringes (Abb. 13).

Die Stadt begründete ihre Forderung nach Eingemeindung damit, daß die Einwohner der Vorstadtgebiete alle Vorteile des städtischen Lebens genössen, ohne zu den Kommunal- und Einquartierungslasten (für die Soldaten) beizutragen. Verschwiegen wurde dabei aber, daß die vielen dort wohnenden städtischen Beamten ihre Steuern nicht an ihrem Wohnort, sondern an ihrem Dienstort in Münster zahlten.

Die Gemeindevorstände und die Bewohner, vor allem aus den ländlichen Teilen der Umlandgemeinden, lehnten die Eingemeindungsbestrebungen der Stadt jedoch erneut ab, weil der Kommunalsteuerzuschlag in Städten bedeutend über dem in den Landgemeinden lag. Die Eingliederung in die städtische Kommune Münster hätte für sie eine erheblich höhere Steuerlast bedeutet.

Als Alternative zur kommunalen Eingemeindung wurde daraufhin vom Regierungspräsidenten eine *"Ringstadt"* vorgeschlagen. Die Bereiche der Landgemeinden mit städtischem Charakter sollten von den restlichen ländlichen Gebietsteilen getrennt und zu einer selbständigen, die Stadt Münster ringförmig umgebenden Kommune zusammengeschlossen werden (Abb. 14). Dieser Vorschlag stellte einen Kompromiß zwischen dem Ausdehnungsdrang Münsters und den auf den alten Grenzen beharrenden Landgemeinden dar. Er wurde allerdings nicht weiterverfolgt, weil die Entwicklungsmöglichkeiten der Stadt Münster dadurch völlig eingeschränkt worden wären.

Abb. 14 ... eine Ringstadt um Münster als Lösungsvorschlag im Streit um die Gebietsansprüche der Stadt Münster.

Im März 1902 stimmten die drei Gemeinden einem eingeschränkten Vorschlag zu, nach dem die Gemeinde St. Mauritz Teile der Bauerschaften Kemper und Werse an die Stadt Münster abtrat, als selbständige Restgemeinde aber bestehen blieb und zusätzlich von der Gemeinde Überwasser die Bauerschaften Sandrup und Sprakel erhielt. Die Gemeinden Lamberti und Überwasser wurden in das Stadtgebiet eingegliedert. Am 31.3.1903 wurde das Gesetz zur Eingemeindung beschlossen, am 1.4.1903 trat es in Kraft.

Die Einwohnerzahl der Stadt stieg nach dieser Gebietsreform um rund 7.500 auf 76.500, die Fläche vergrößerte sich von 1.083 ha auf 6.594 ha. Große Teile des hinzugewonnen Areals waren landwirtschaftliche Nutzflächen, die ausreichend Raum für Siedlungserweiterungen boten. Erst 1956, rund 50 Jahre später, kam es mit der Eingemeindung von Coerde zu einer weiteren flächenmäßigen Vergrößerung des Stadtgebietes. Durch die kommunale Gebietsreform von 1975 entstand schließlich Münster in seinen heutigen Grenzen (vgl. Abb. 11).

Abb. 15 Das Stadtgebiet nach der Eingemeindung von 1875. Die Fläche vergrößert sich von 1,9 km² auf 10,84 km².

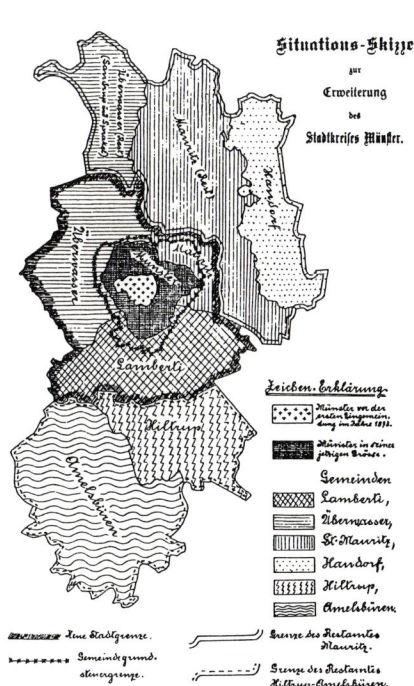

Abb. 16 Situations-Skizze zur Erweiterung des Stadtkreises Münster

Münster als Provinzialhauptstadt: Herausbildung und Stärkung zentraler Funktionen

Nach den politischen Umwälzungen Ende des 18., Anfang des 19. Jahrhunderts und der Auflösung des Fürstbistums erhielt die Stadt Münster 1815 als „Provinzialhauptstadt der preußischen Provinz Westfalen" eine neue, zentrale Rolle. Mit der Ernennung zur Provinzialhauptstadt wurde der Grundstein zur Herausbildung zahlreicher Verwaltungseinrichtungen gelegt. Die besondere Bedeutung Münsters gegenüber anderen Städten stellte sich allerdings erst in den 80er Jahren des 19. Jahrhunderts mit der Stärkung der Position des Oberpräsidiums ein.

Handel, Gewerbe und auch das Handwerk erfuhren durch diese Aufwertung Münsters ebenfalls einen Aufschwung, doch spielten diese Wirtschaftszweige gegenüber dem dominierenden Verwaltungssektor eine eher untergeordnete Rolle. Die Funktion als Behörden- und Verwaltungsstadt ist bis heute charakteristisch für Münster und hat das äußere Erscheinungsbild der Stadt entscheidend geprägt. Vor allem aber die beiden Bereiche Universität und Militär haben die Stadtentwicklung besonders auch außerhalb der Innenstadt beeinflußt. Der Bedeutungszuwachs führte zudem zu einer positiven Bevölkerungsentwicklung und einer hohen Bautätigkeit, die jenseits der Promenade - der mittelalterlichen Stadtumgrenzung - die neuen Stadtviertel entstehen ließ.

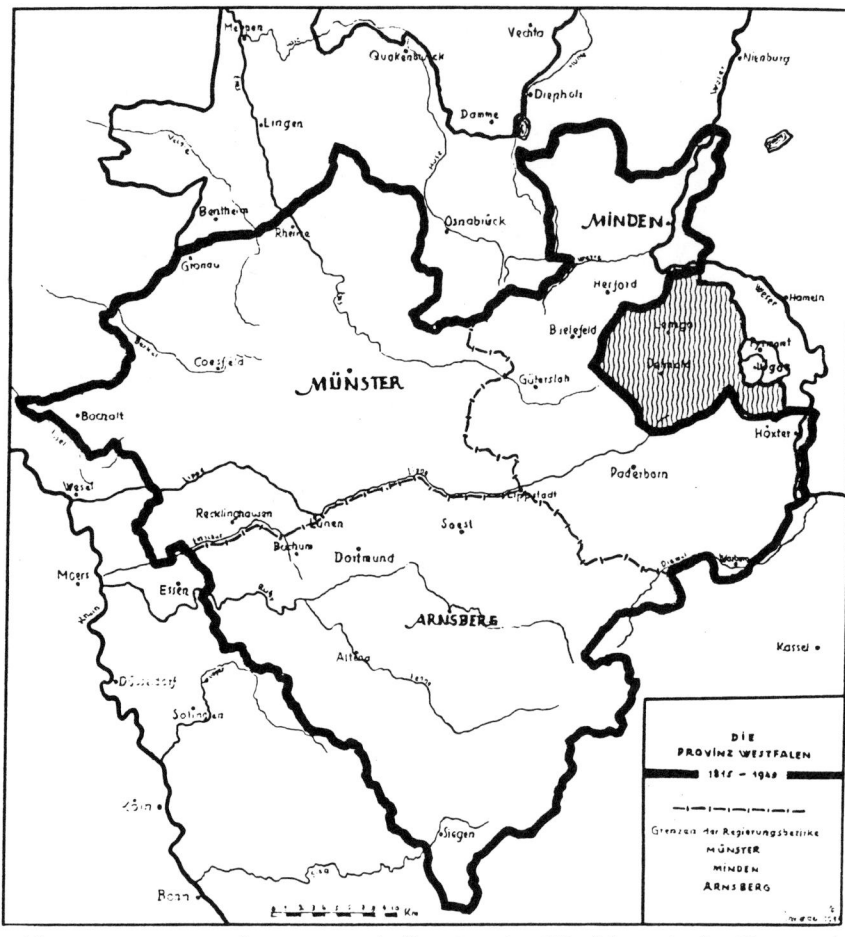

Abb. 17 Die von Preußen 1815 geschaffene Provinz Westfalen mit der Hauptstadt Münster

Verwaltungs- und Behördenstadt

Auf dem Wiener Kongreß 1814/15 waren nach dem Ende der Napoleonischen Herrschaft die politischen Grenzen Europas neu gezogen worden. Westfalen fiel - zusammen mit dem Rheinland - endgültig an Preußen, das in der Zeit von 1802 bis 1806 schon einmal über diese Region verfügt hatte. Als Hauptstadt der preußischen Provinz Westfalen, in der die Regierungsbezirke Arnsberg, Minden und Münster zusammmengefaßt waren, bestimmte die preußische Regierung Münster (Abb. 17). Als oberste Verwaltungsinstanz der Provinz wurde zunächst das Oberpräsidium eingerichtet. Ihren Sitz fand diese Behörde im ehemaligen fürstbischöflichen Schloß. Später wurde die alte Schloßkaserne nördlich des Schlosses abgerissen und dort ein eigenes Präsidiumsgebäude errichtet (1905) (Abb. 18). Das Regierungspräsidium, die oberste Aufsichtsbehörde der Kommunen und Kreise im Regierungsbezirk, hatte seinen Sitz am Domplatz (Abb. 19). Im Laufe der Jahre folgten weitere staatliche Behörden: die Justiz- und Finanzverwaltungen, die Oberpostdirektion und die Eisenbahndirektion, deren Vorläuferin die *"Königliche Direktion der Westfälischen Eisenbahn"* zwischen 1855 und 1880 war.

Auch berufsständische Vertretungen wie die Handelskammer, 1854 gegründet, und die Handwerkskammer, die 1887 aus der Handwerkerinnung hervorging, stärkten die Zentralität Münsters ebenso wie Banken und Versicherungen.

Im Bereich der kirchlichen Verwaltungen kam zum katholischen Bischofssitz, seit jeher in Münster und für eine große Diözese verantwortlich, das evangelische Konsistorium, das die von den protestantischen Preußen neu gegründete Provinzialkirche verwaltete.

All die neu gegründeten oder nach Münster verlagerten Institutionen fanden in den ersten Jahrzehnten nach Ernennung zur Provinzialhauptstadt ihren Standort im alten Stadtkern, vornehmlich im Bereich des Domplatzes. Gegen Ende der 70er Jahre des 19. Jahrhunderts jedoch reichten die beengten Raumverhältnisse innerhalb des Promenadenringes für die wachsende Zahl der Behörden und Verwaltungen und ihren erhöhten Flächenbedarf nicht mehr aus. Neue und repräsentative Bauten, die durch Anspruch und Bauvolumen einen großzügigen städtebaulichen Rahmen für sich beanspruchten, entstanden am Rande des Promenadengürtels, wie zum Beispiel das Staatsarchiv am

Abb. 18 Das Königliche Oberpräsidium wurde 1905 in Anlehnung an das benachbarte Schloß in neubarockem Stil errichtet.

Abb. 19 Das Regierungspräsidium in Architekturformen der Renaissance. Es wurde 1886 an zentraler Stelle am Domplatz erbaut. 1967 wurde der Bau abgerissen und durch den jetzigen Verwaltungskomplex ersetzt.

Abb. 22 Das Landeshaus der Provinz Westfalen vor dem Mauritztor - Entstehungszeit 1897. Nach der Zerstörung im II. Weltkrieg entstand zwischen 1950 und 1953 der heutige Bau.

Abb. 20 Das Staatsarchiv am Bohlweg, von 1886 - 1888 errichtet. Der rote Backsteinbau mit seinem hochragenden Giebel entspricht in seiner Gestaltung der Frührenaissance.

Abb. 23 Landschaft der Provinz Westfalen. An Stelle dieses Barockbaus wurde 1952 die Landwirtschaftskammer errichtet.

Bohlweg und die Ständevertretung der Provinz Westfalen vor dem Mauritztor (Abb. 20 - 25). In einer späteren Bauphase, nach Fertigstellung des Hohenzollernringes, wurden an dieser breit angelegten Allee weitere repräsentative Verwaltungsgebäude errichtet (Abb. 26, 27), wobei in besonderer Weise die Königliche Oberzolldirektion (Oberfinanzdirektion) hervorsticht.

Abb. 21 Das Königliche Land- und Amtsgericht südlich der Schloßanlage entstand zwischen 1874 - 1879. Als Baumaterial verwendete man gelbe Ziegel und roten Sandstein.

Abb. 24 Haus der Landschaft des Provinzialverbandes, Schorlemer Straße. Der neubarocke Bau mit Jugendstilelementen ist noch heute erhalten. Dach und Fassade wurden Anfang der 60er Jahre umgestaltet.

Abb. 25 Die Eisenbahndirektion Münster um 1890 am nördlichen Ende der Bahnhofstraße errichtet.

Abb. 26 Die Königliche Oberzolldirektion (später Oberfinanzdirektion) 1912-1914 am Hohenzollern-Ring erbaut. Der ausgedehnte Baukomplex in heimischer Bauweise mit Ziegel, Werkstein und reichem Ornamentschmuck an Turm und Portal war der erste repräsentative Verwaltungsbau an der neu angelegten Ringstraße im Osten.

Abb. 27 Die Oberpostdirektion. Sie entstand 1925 am Hohenzollern-Ring. Klassizistische Formen bestimmen die Fassade des Gebäudekomplexes.

Universitätsstadt

Die erste, 1780 gegründete Universität Münsters lag in der westlichen Innenstadt. Wegen ihrer Aufhebung im 19. Jahrhundert hat sie in dieser Zeit das Stadtbild Münsters nicht beeinflußt. Erst Anfang des 20. Jahrhunderts nach ihrer Wiedergründung setzte sie deutliche Siedlungsimpulse im Westen der Stadt.

Die erste Universität Münsters bestand aus vier Fakultäten, der medizinischen, der juristischen sowie der philosophischen und theologischen. Ihre Seminargebäude lagen am Domplatz und im Bereich des Überwasserviertels jenseits der Aa. Finanziert wurde der Universitätsbetrieb durch den sogenannten *"Studienfonds"*, in dem das Vermögen des aufgehobenen Damenstifts Überwasser und des Jesuitenordens eingeflossen war.

1818 erlitt die Universität einen schweren Bedeutungsverlust, als die preußische Regierung in Verbindung mit der Wiedereinrichtung der Universität Bonn die juristische und medizinische Fakultät aufhob und die Hochschule nunmehr nur noch als *"Höhere Lehranstalt"* für Geistliche und Gymnasiallehrer fortbestehen konnte. In den nächsten Jahren erfolgten vielerlei Anstrengungen, den Status einer Volluniversität wieder zu erreichen. 1875 wurde die philosophische Fakultät um sieben Lehrstühle erweitert, aber erst 1902, mit der Angliederung einer dritten

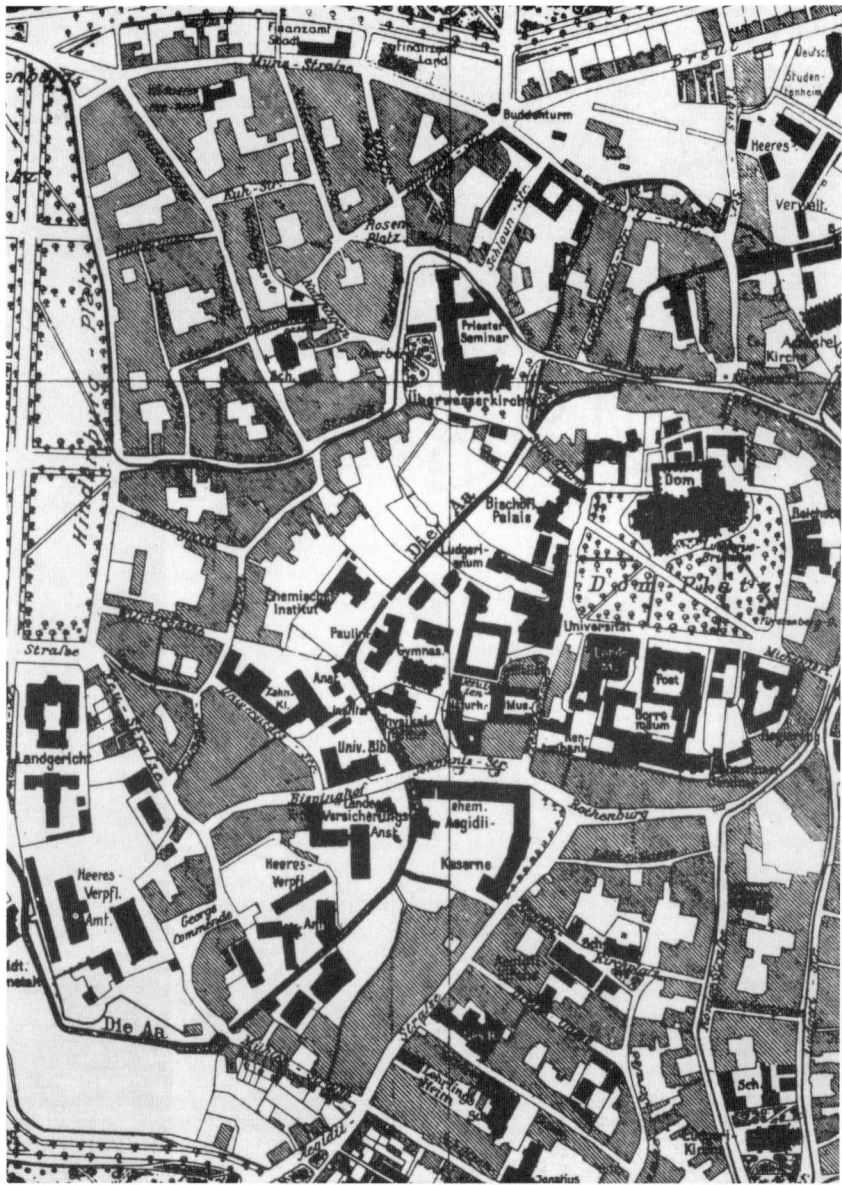

Abb. 28 Lage der Universitätsgebäude im Stadtgebiet auf dem Stadtplan von 1930

Abb. 29 Luftaufnahme des Klinikkomplexes kurz nach der Fertigstellung

Fakultät, der juristischen, erhielt die münstersche Akademie wieder den Charakter einer Volluniversität. Die Verleihung des heute noch gültigen Namens *"Westfälische Wilhelms-Universität"* erfolgte durch Kabinettsordre des Kaisers am 22.8.1907 (Abb. 28).

Mit der Gründung der evangelisch-theologischen Fakultät 1915, aber vor allem mit den Planungen zum Aufbau einer medizinischen Fakultät begann eine neue Phase in der Universitätsgeschichte, die auch die Siedlungsentwicklung Münsters stark beeinflußte.

Die neuen Universitätskliniken sollten außerhalb des Promenadenringes im Westen der Stadt entstehen, einem Gebiet, das zum Grundbesitz des Studienfonds gehörte und so eine leichte Erschließung ermöglichte. Der Erste Weltkrieg verhinderte zunächst die Fertigstellung der Kliniken. Erst 1925, nach Gründung der Medizinischen Fakultät, wurden die ersten drei Hauptgebäude, die medizinische, die chirurgische und die Frauenklinik vollendet und bis in die 30er Jahre um andere Kliniken und Verwaltungs- und Wirtschaftgebäude erweitert (Abb. 29).

Mit dem Bau der Universitätskliniken wurde die siedlungshemmende Wirkung der Schloßanlage im Westen Münsters aufgehoben. Die sektorale Ausbreitung des Universitätsbereiches, vornehmlich des mathematisch-naturwissenschaftlichen Zweiges, nahm damit ihren Anfang und löste zugleich ein enormes Siedlungswachstum aus, das bis heute anhält.

Garnisonsstadt

Schon zu fürstbischöflichen Zeiten hatte es in Münster ein Soldatenheer gegeben, doch erst der preußische Staat begann, die Stadt systematisch zu einem bedeutenden Garnisonsstandort auszubauen, um von hier aus die westliche Staatsgrenze verteidigen zu können. Militärische Einrichtungen haben seit Mitte des 19. Jahrhunderts die Siedlungsstruktur entscheidend mitgeprägt (Abb. 30). 1815 wurde das Generalkommando der Provinz Westfalen in Münster eingerichtet, dem im darauf folgenden Jahr das VII. Armeekorps zugeteilt wurde. Neben den Divisions- und Brigadestäben waren in der Stadt alle Waffengattungen vertreten.

Die wichtige Rolle des Militärs für die Stadt und die weitere Stadtentwicklung zeigt sich in dem hohen Anteil der Armeeangehörigen an der Gesamteinwohnerzahl: 1817 waren es 2.000 (13 %) der 15.000 Einwohner Münsters, 1873 rund 3.250 (einschließlich der Familienangehörigen) bei einer Einwohnerzahl von 21.500 (15 %), 1913 5.250 bei 96.000 Einwohnern, was einem Anteil von 5,5 % entspricht.

Die Soldaten waren zunächst - zu Lasten der Bürger - in Privatquartieren, später dann in säkularisierten Klöstern und ehemaligen öffentlichen Gebäuden untergebracht. Nach 1870 machten die Verstärkung der Garnison, die gestiegenen hygienischen Ansprüche und der Mangel an Erweiterungsflächen in der dicht besiedelten Innenstadt den Bau neuer Kasernen vor den Toren der Stadt erforderlich.

Als erste entstand um 1875 die Train-Kaserne im Südviertel, im Bereich des heutigen Südparks (Abb. 31,32). Um die Jahrhundertwende wurden die großen Kasernenbauten an den Ausfallstraßen im Westen errichtet: die Artilleriekaserne an der Grevener Straße (um 1898) und die Kürassierkaserne (Reiterkaserne) an der Steinfurter Straße (1901) (Abb. 33-35). Bis etwa 1914 entstand im Süden der Stadt an der Weißenburgstraße die Train-Kaserne für mobile Einheiten (Kraftfahrerkaserne).

Von Wohnungsbaugesellschaften wurden in Kasernennähe Unterkünfte für Offiziere und ihre Familien erbaut, so z.B. an der Melchersstraße/Ecke Grevener Straße (vgl. Abb. 387).

Während des Ersten Weltkrieges gehörte Münster zu einem der wichtigsten Stützpunkte. Auch nach Kriegsende behielt die Stadt diese Funktion. Der Versailler Vertrag, der die Schaffung einer entmilitarisierten Zone von 30 bis 40 Kilometer Tiefe auf dem rechten Rheinufer vorsah, machte Münster zur militärischen Grenzstadt. Während der Spartakusunruhen und des Ruhr-

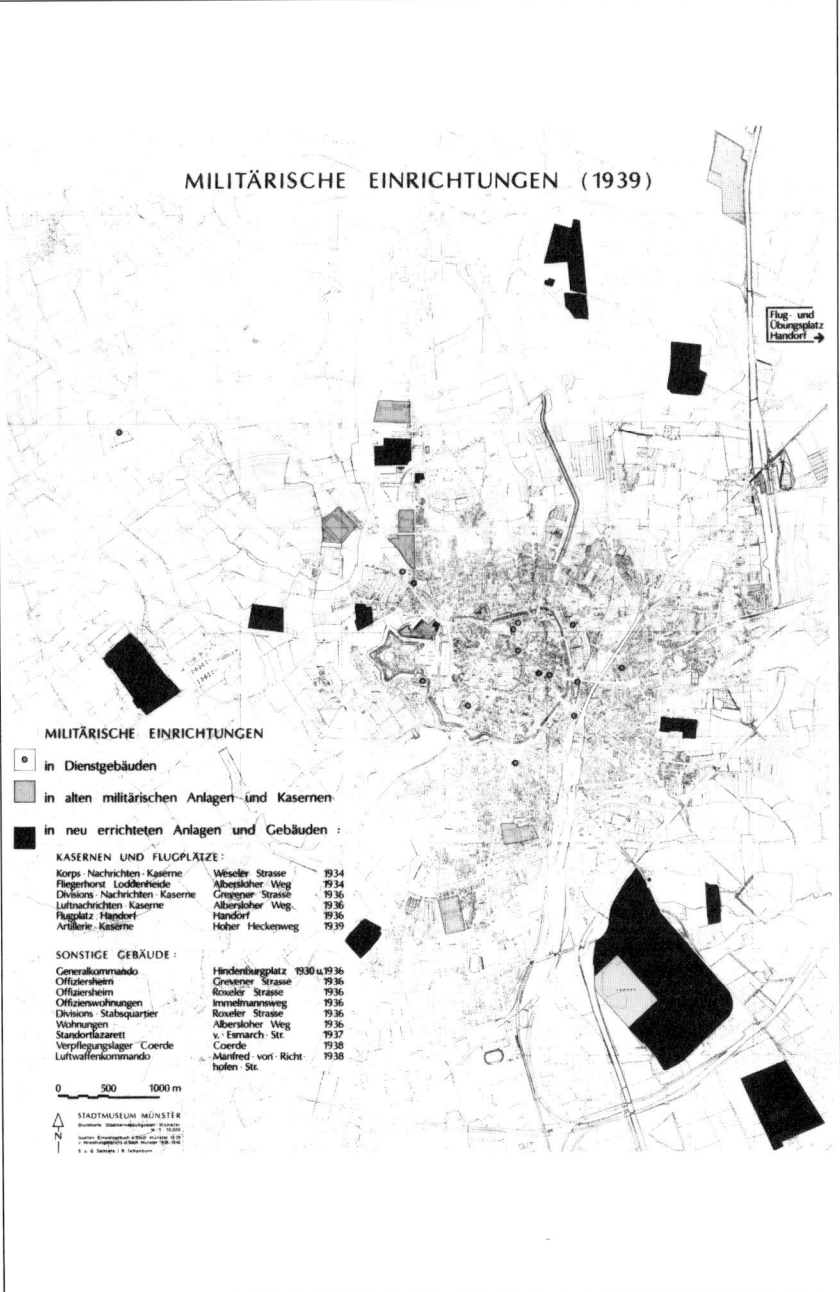

Abb. 30 Standorte der Militäreinrichtungen in Münster

Abb. 31 Die Train-Kaserne als Motiv einer Postkarte. Sie entstand als erste große Kaserne um 1875 vor den Toren der Stadt auf dem Gelände des heutigen Südparks.

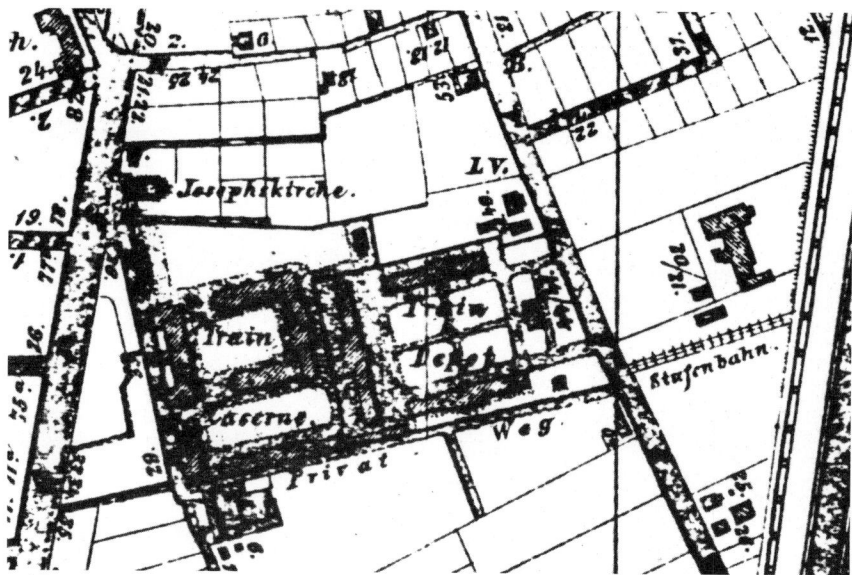

Abb. 32 Die Train-Kaserne wurde in den 80er Jahren des letzten Jahrhunderts erweitert (Ausschnitt aus dem Stadtplan von 1892).

Abb. 33 Lageplan der Kasernen im Nordwesten der Stadt zu Beginn des Ersten Weltkrieges (Ausschnitt aus dem Stadtplan von 1914).

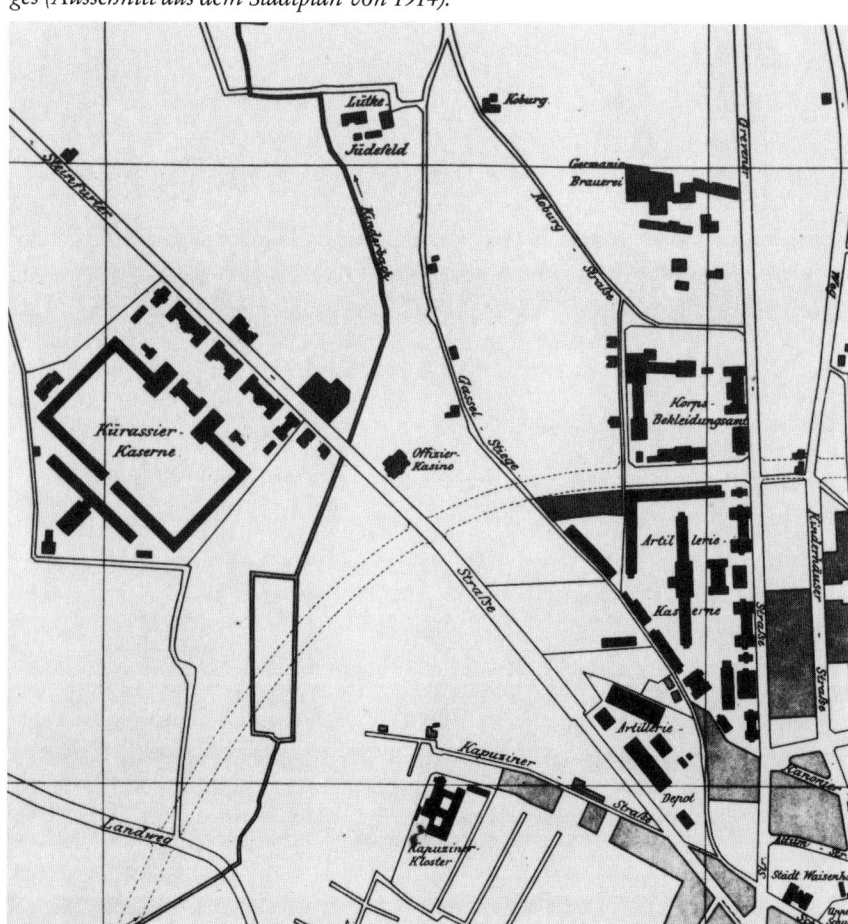

Abb. 34 Artilleriekaserne an der Grevener Straße zwischen Steinfurter Straße und geplanter Ringstraße.

Abb. 35 Eine Postkarte aus der Zeit um die Jahrhundertwende, Werbung für die Garnisonsstadt...

Abb. 36 Wehrkreiskommando am Neutor, Ende der 30er Jahre erbaut

kampfes von 1919 bis 1923 war Münster die Abwehrzentrale der Reichswehr. Mit rund 2.000 Soldaten zählte Münster unverändert zu den großen Garnisonsstädten des Deutschen Reiches und gewann mit der organisatorischen Vorbereitung der Wiederaufrüstung noch an Bedeutung.

1920 entstand die neue Infanteriekaserne an der Ecke Grevener Straße/Dreizehnerstraße. Anstelle der Loddenheide, seit 1827 Exerzierplatz, wurde 1930 bei Handorf ein neuer Truppenübungsplatz eingerichtet. Nach der Machtergreifung der Nationalsozialisten wurde die Aufrüstung verstärkt vorangetrieben. Mit dem Aufbau der Luftwaffe setzte die Militärführung einen neuen Schwerpunkt. Münster wurde Sitz des Luftkreiskommandos IV, das 1936 die neu erbaute Kommandozentrale am Hohenzollernring bezog. Der seit 1930 für die zivile Luftfahrt genutzte Flughafen Loddenheide und der neue Militärflughafen Handorf wurden zu Stützpunkten und Ausbildungslagern der Luftwaffe.

Weitere militärische Einrichtungen entstanden in den 30er Jahren: das Wehrkreiskommando am Neutor, das Standortlazarett, die spätere Hautklinik an der Von-Esmarch-Straße, sowie die Kasernen in Gievenbeck, Coerde, Gremmendorf und an der Weseler Straße (Abb. 36 - 38). Wie groß die Bedeutung der Garnison bei Kriegsende war, zeigt, daß 485 ha, das sind 7,3 % der damaligen Stadtfläche, von Wehrmacht und Luftwaffe beansprucht waren.

Abb. 38 Kaserne an der Roxeler Straße

Abb. 37 Standortlazarett an der Von-Esmarch-Straße (Vorkriegszustand)

Neue Verkehrswege: Eisenbahn und Dortmund-Ems-Kanal

Bis 1848 verlief sämtlicher Verkehr von und nach Münster über Straßen. Mit Beginn des Industriezeitalters und eines wachsenden Güteraustausches war dieses Verkehrsnetz nicht mehr ausreichend. Über den Anschluß an das Eisenbahnnetz 1848 und an den Dortmund-Ems-Kanal 1899 wurde die Stadt Münster an die neuen Verkehrsträger angebunden. Der in den 20er Jahren einsetzende Luftverkehr spielte für die Stadt eine eher untergeordnete Rolle.

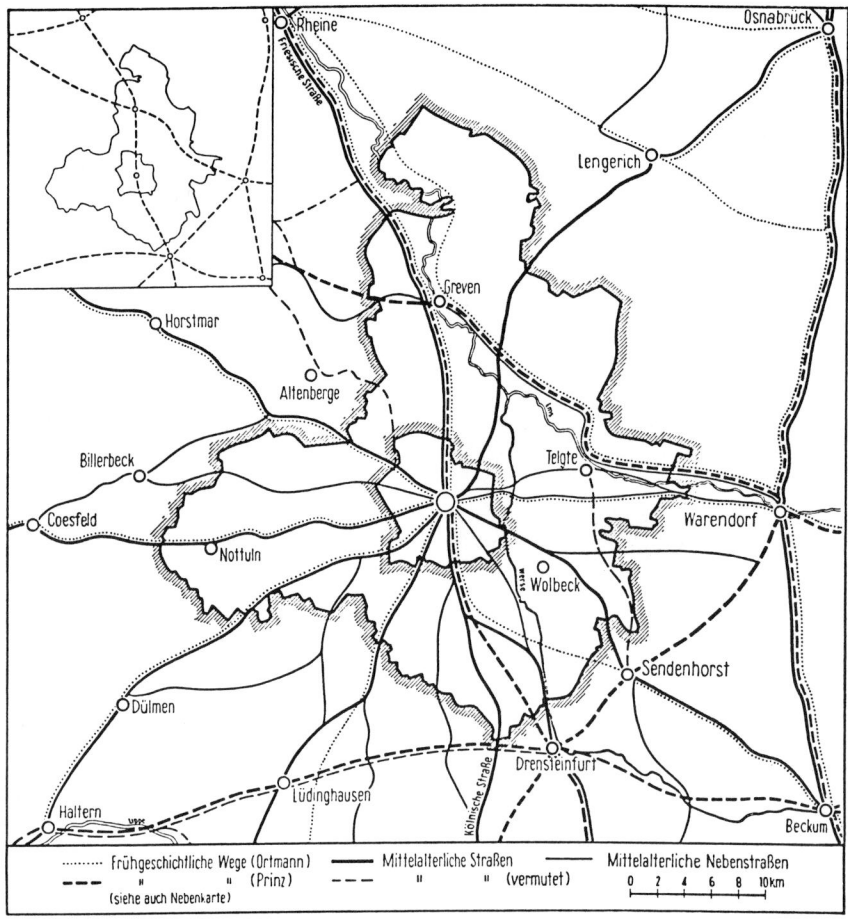

Abb. 39 Die historischen Verkehrsverbindungen

Überregionales Straßennetz

Schon seit dem frühesten Mittelalter existierten Handelswege von außerordentlicher Bedeutung, die die westfälische Region kreuzten und sternförmig auf die Stadt zuliefen, doch läßt sich über ihren Zustand außerhalb der gebauten Stadt nur wenig Gutes berichten. Bis zum Beginn des 19. Jahrhunderts war wie in vielen geistlichen Fürstentümern nur wenig oder gar nichts für ihre Befestigung getan worden (Abb. 39). *"Es war gar nicht selten, daß die Wagen zusammenbrachen oder die Pferde bis zum Leib im Kot versanken. Wenn für die Straßen nichts getan wurde, so lag das hauptsächlich daran, daß man kein Steinmaterial besaß, um sie zu befestigen. Zudem meinte man, ... daß gute Landstraßen es dem Feinde nur erleichterten, das Fürstbistum zu durchziehen und zu besetzen. ... Die Fahrt war für die Insassen der Wagen oft eine solche Marter, daß der Freiherr von Vincke es noch im Jahre 1805 vorzog, den weiten Weg von Münster nach Hamm zu Fuß zu gehen, als sich den Gefahren einer Wagenfahrt auszusetzen."* (Erler, G.: Die Entwicklung der Stadt Münster in den letzten 150 Jahren, in: Münsterische Heimatblätter, 1. Band, Münster 1914, S. 4).

Erst unter französischer Herrschaft und später von den Preußen weitergeführt, wurde dem Straßenbau nicht zuletzt aus strategischen Gründen mehr Bedeutung beigemessen. Bis etwa 1860 wurden die Überlandstraßen ausgebaut bzw. befestigt, zunächst die Weseler Straße als Teilstück der bereits von Napoleon geplanten Heeresstraße von Hamburg nach Paris. Dann folgte der Ausbau der Wege nach Hamm und Telgte sowie der Straßen nach Glanerbrück und Coesfeld (Steinfurter Straße) als Verbindung nach Holland und die Grevener Straße in nördliche Richtung.

Eisenbahn und Bahnhöfe

1846 wurde die erste Eisenbahnlinie durch Westfalen verlegt. Sie führte von Köln-Deutz durch das Ruhrgebiet über Hamm nach Minden (Cöln-Mindener-Eisenbahn) und damit südlich an der Provinzialhauptstadt Münster vorbei.

Schon 1841 hatte sich die Stadt, allen voran der Verein der Kaufmannschaft, für eine Streckenführung über Münster eingesetzt. In einem Brief an den Magistrat der Stadt schreibt er: *"Die Frage [des Anschlusses] darf für den Handel und den generellen Verkehr der Stadt Münster unbedenklich eine Lebensfrage genannt werden, denn die Eisenbahnen werden bald unbedingt die Hauptwegezüge für Menschen und Güter bestimmen."* (zit. nach W. Werland, "Friedrich Harkort: Ein Pfui unserer Schlafmützigkeit", WN v. 31.5.1980).

Als alle Bemühungen erfolglos blieben, gründete man ein Eisenbahn-Commité zum Bau einer Zweigbahn von Münster nach Hamm, die durch den Verkauf von *"Actien a 100 Taler"* finanziert werden sollte. Der Verkauf verlief so günstig, daß man schon bald mit der Erschließung beginnen konnte.

Bereits nach zwei Jahren am 26.5.1848 wurde die 35 Kilometer lange, eingleisige Strecke der privaten Münster-Hammer-Eisenbahngesellschaft eröffnet. Die Stadt war somit endlich *"ihrer patriarchalischen Zurückgezogenheit entrissen und an den großen Weltverkehr angeschlossen"* (zit. nach W. Werland, "Friedrich Harkort: Ein Pfui unserer Schlafmützigkeit", WN v. 31.5.1980). Der Schienenstrang tangierte - bei planglichen Straßenübergängen - die östliche Stadtgrenze (Abb. 40). Nahe des Servatiitores errichtete man die erste Stationsanlage. Besonderes Wahrzeichen des Bahnhofes, einer Mischung aus klassizistischem Villenbaustil und backsteinerner Industriearchitektur, war ein wuchtiger Turm mit weithin sichtbarer Uhr (Abb. 41).

Die für den Bau der Strecke verantwortliche Eisenbahngesellschaft konnte allerdings nicht mehr von ihrem Projekt profitieren. Sie ging nach ihrem Konkurs 1859 in den

Besitz der Königlich-Westfälischen-Eisenbahn über.
Das Schienennetz wurde in den folgenden Jahren ständig erweitert:
1856: Münster - Rheine (Königlich-Westfälische Eisenbahn)
1870: Münster - Wanne - Köln (Köln-Mindener- Eisenbahngesellschaft)
1871: Münster - Osnabrück - Hamburg (Köln-Mindener-Eisenbahngesellschaft)
1875: Münster - Gronau - Enschede (Münster-Enscheder-Eisenbahngesellschaft/Königlich-Westfälische Eisenbahngesellschaft)
1887: Münster - Warendorf - Lippstadt
1903: Münster - Beckum (Westfälische Landeseisenbahn)
1908: Münster - Bocholt (Königlich-Preußische-Eisenbahnverwaltung)
1928: Münster - Lünen - Dortmund (Deutsche Reichsbahn)
1930: Umgehungsbahn (Abb. 43)

Bereits in den 80er und 90er Jahren des 19. Jahrhunderts fanden umfangreiche bauliche Veränderungen im Bereich des Bahnhofes und der bis dahin bestehenden Eisenbahnstrecken im Stadtgebiet von Münster statt. Der wirtschaftliche Aufschwung hatte zu einem derart starken Verkehrsaufkommen geführt, daß die alten Anlagen den steigenden Anforderungen nicht mehr gewachsen waren. Die Zusammenlegung der Königlich-Westfälischen und der Cöln-Mindener Eisenbahntrassen, die Beseitigung der planmäßigen Übergänge sowie der Neubau des Bahnhofes hatten posi-

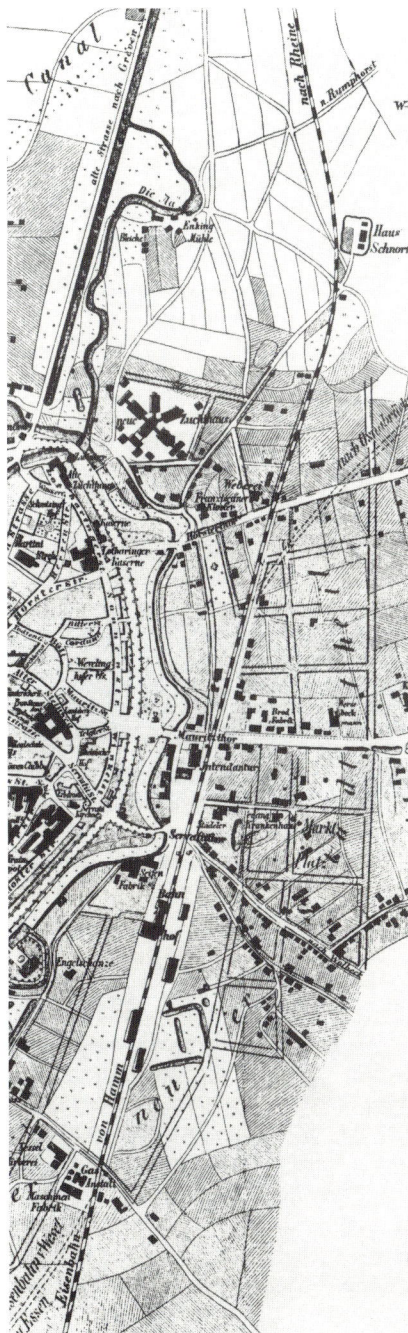

Abb. 40 Die Eisenbahnlinie Münster-Hamm sowie deren Weiterführung nach Rheine wurde östlich der damaligen Stadtgrenze, dem Promenadenring verlegt (Ausschnitt Stadtplan 1864).

Abb. 41: Das Empfangsgebäude der früheren Westfälischen Eisenbahn in Münster 1849

Abb. 42 Die erste Eisenbahn Münster - Greven - Rheine 1.4.1857 (nach einem Bleischnitt von Willy Palmes, Greven)

Abb. 43 Entstehung der Bahnverbindungen nach Münster zwischen 1848 und 1930

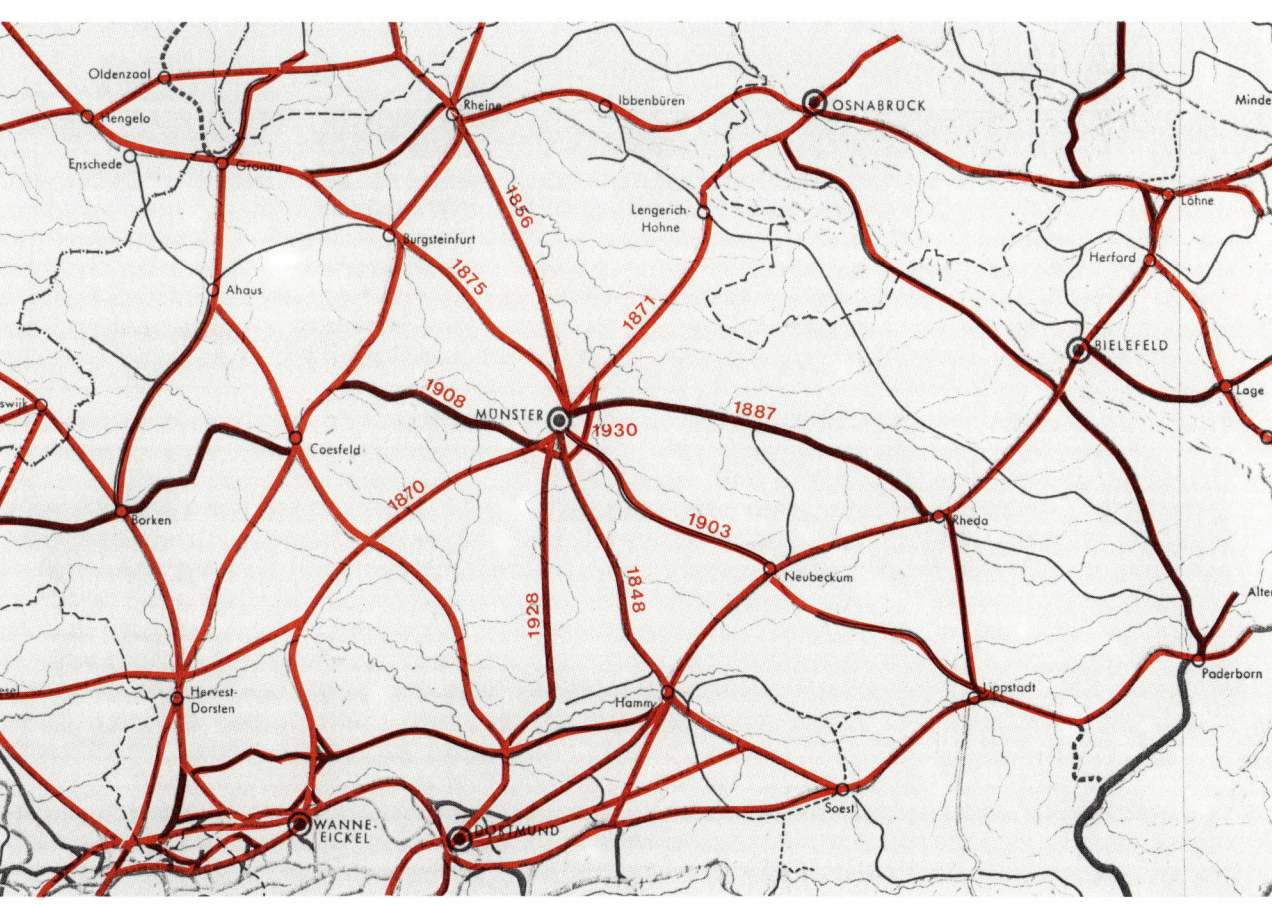

25

tive Einflüsse auf die weitere Siedlungsentwicklung im östlichen Vorstadtgebiet (Abb. 44, 45).

Mit dem Bau der Strecke von Münster nach Beckum durch die Westfälische Landeseisenbahn, die nicht zu den preußischen Staatsbahnen gehörte, erhielt Münster einen weiteren Bahnhof, den *"Beckumer Bahnhof"*. Er wurde im Jahre 1903 an der Kreuzung des heutigen Albersloher Wegs mit der Hafenstraße erbaut, um eine möglichst nahe Verbindung zur Innenstadt herzustellen (Abb. 46, 47).

Die letzten großen Baumaßnahmen vor Ausbruch des Zweiten Weltkrieges waren der Umbau und die Modernisierung des Bahnhofsgebäudes und die Anlegung der Umgehungsbahn für den Gütertransport, die die östliche Stadtgrenze von Mecklenbeck bis Mariendorf in einem weiten Halbkreis umlief (Abb. 45, 48).

Gescheitertes Eisenbahnprojekt für den Westen der Stadt: Neben der Projektierung und dem Bau der heute noch existierenden Eisenbahnstrecken gab es weitere Planungen, die allerdings nie bzw. nur ansatzweise realisiert wurden. Zu diesen Plänen gehörte die Verlängerung der Umgehungsbahn von Mariendorf bis Nevinghoff zum Anschluß der Strecke nach Rheine, ihr vollständiger zweigleisiger Ausbau sowie die Anlage eines Rangierbahnhofes bei Gremmendorf (Abb. 50).

Außerdem war vorgesehen, eine Kleinbahn von Münster nach Horstmar zu bauen, was um 1910 besonders von den Bürgern aus den westlichen Stadtteilen Münsters und den Nachbargemeinden gefordert wurde. Nach ihrer Meinung hatte der Westen der Stadt durch den Bau der Eisenbahn und des Kanals einen wirtschaftlichen Niedergang erfahren, der seine Ursache in der Bündelung der Verkehrslinien im Osten der Stadt hatte. Früher waren die Leute aus dem Westen des Münsterlandes durch Botenfuhrwerke über die Straßen und das Neutor zur Stadt hereingefahren. *"Heute aber fahre ein jeder mit der Eisenbahn."* (Stadtarchiv Münster: Akte über den Bahnbau Münster - Horstmar 1910 - 1913; F.64, Nr. 70).

Abb. 44 Im Jahre 1890 entschloß man sich, den Bahnhofsbereich der Stadt Münster umzugestalten und die Gleisanlagen der Westfälischen Eisenbahn, die über Bahnhofstraße-Eisenbahnstraße und Piusallee führten, aufzugeben. Es wurde dann der zweite Bahnhof gebaut.

Abb. 45 Zum Deutschen Katholikentag 1930 wurde das Bahnhofsgebäude umgebaut.

Abb.46 Der Beckumer Bahnhof. Im zweiten Weltkrieg wurde das Gebäude zerstört, die Gleisanlagen demontierte man in den sechziger Jahren.

Die geplante Strecke sollte bei dem Gut Nevinghoff von der Strecke Münster - Rheine abzweigen und in einem weitem Bogen den westlichen Stadtteil berühren. An der Steinfurter Straße nahe der geplanten Ringstraße sollte der Bahnhof entstehen (Abb. 49).

Ausgeführt wurde nur eine erste Teilstrecke von Gut Nevinghoff bis zu den Artilleriekasernen an der Grevener Straße durch die Preußische Militärverwaltung Anfang 1914, weil das Generalkommando ein starkes Interesse an einer schnellen Verbindung zwischen Hauptbahnhof und den Kasernen hatte. Der Erste Weltkrieg verhinderte aber die Weiterführung der Trasse. Auch nach Kriegsende wurde das Projekt nicht weiter verfolgt. Die Gewerbebetriebe, unter ihnen besonders die Germania-Brauerei, machten sich zwar für den Erhalt und den Weiterbau der Kleinbahn stark und gründeten zu diesem Zweck einen *"Verein zur Hebung der wirtschaftlichen Interessen in Überwasser, Neutor und Kreuzviertel"*, doch lehnte die Stadt den Weiterbau aus finanziellen Gründen ab.

Die Gleisanlagen zur Kaserne werden noch heute von den Gewerbebetrieben genutzt. Das letzte Teilstück bis zum Beginn der Gasselstiege wurde jedoch in den 70er Jahren demontiert.

Abb. 47 Der Beckumer Bahnhof wurde 1903 von der Westfälischen Landeseisenbahn am Albersloher Weg gebaut.

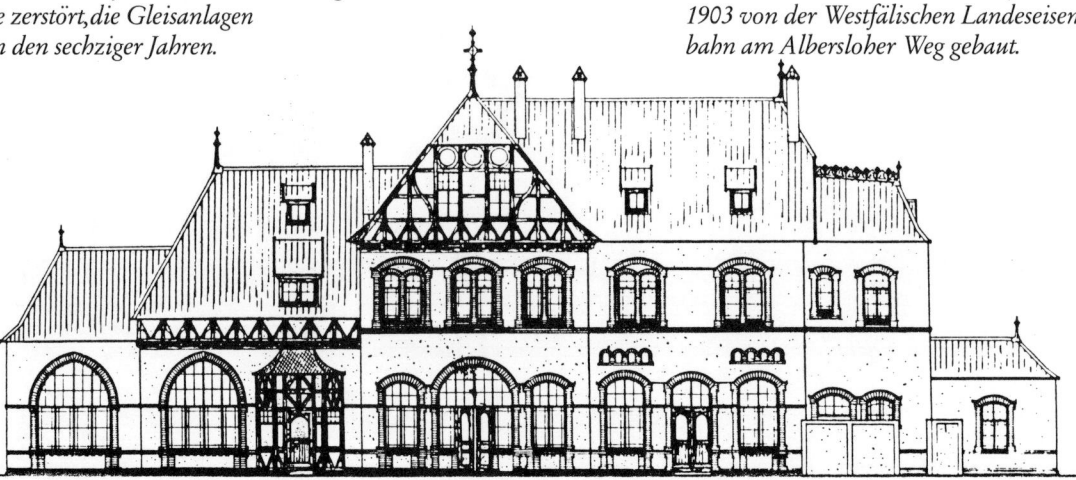

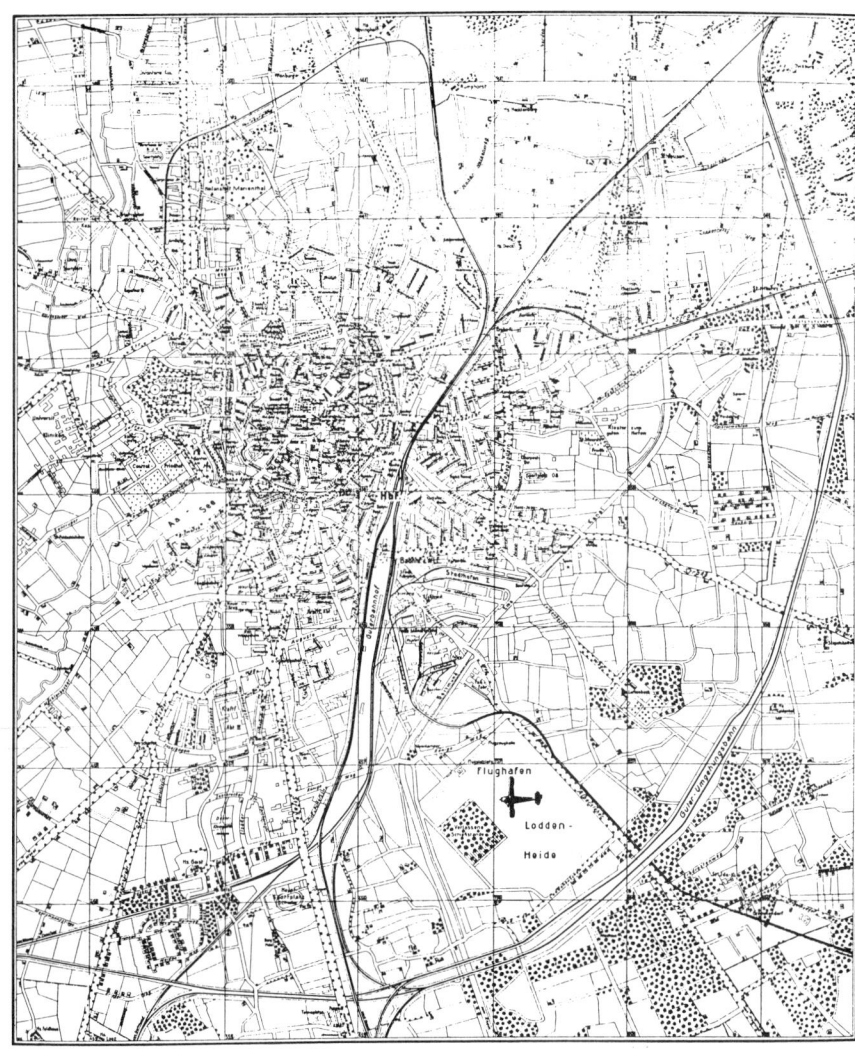

Abb. 48 Bahntrassen im Stadtgebiet von 1931

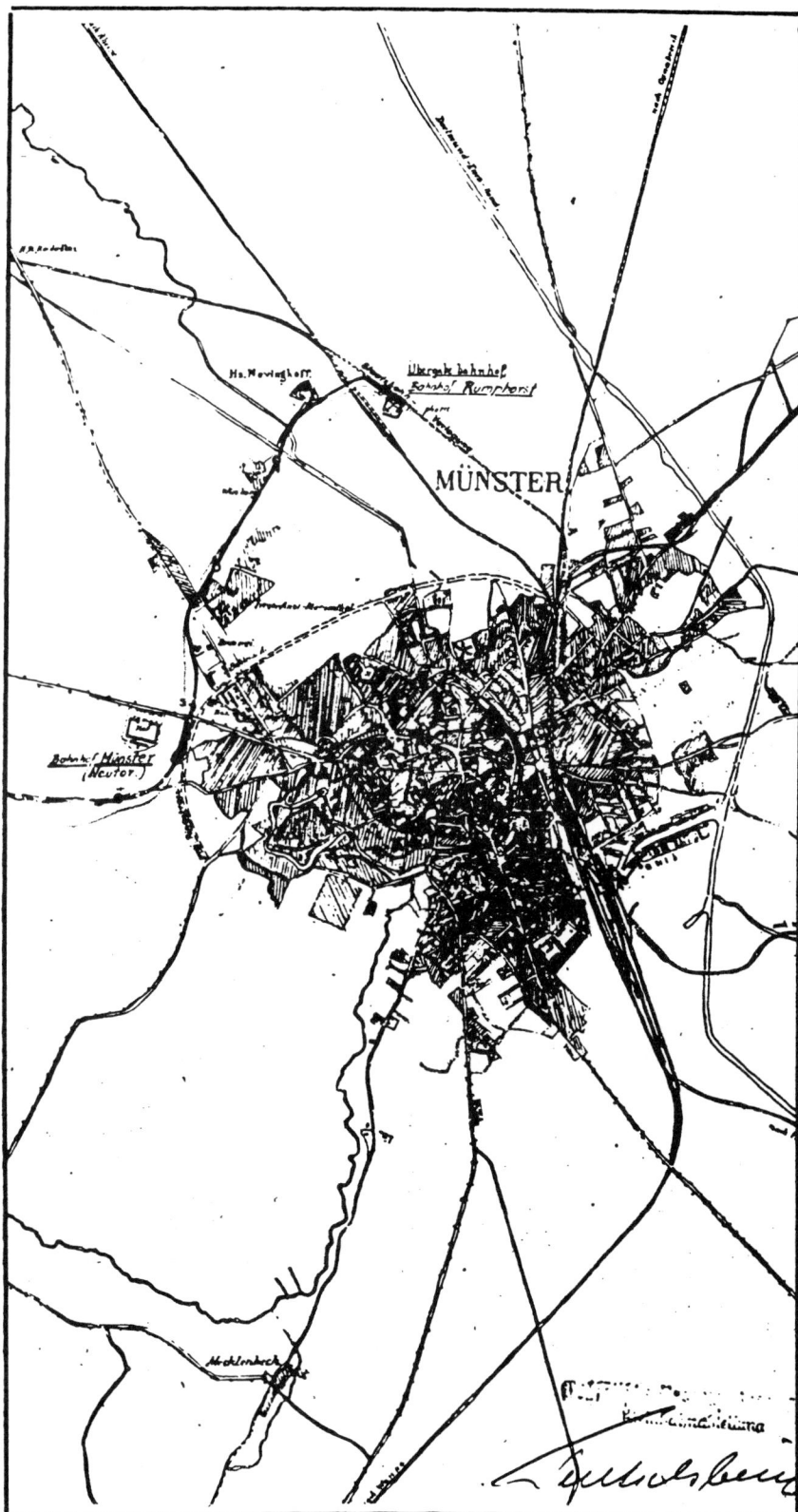

Abb. 49 Ein Bahnanschluß für den Westen der Stadt mit Bahnhof an der Steinfurter Straße. Ursprünglich sollte die Trasse bis in das Westmünsterland nach Horstmar ausgebaut werden.

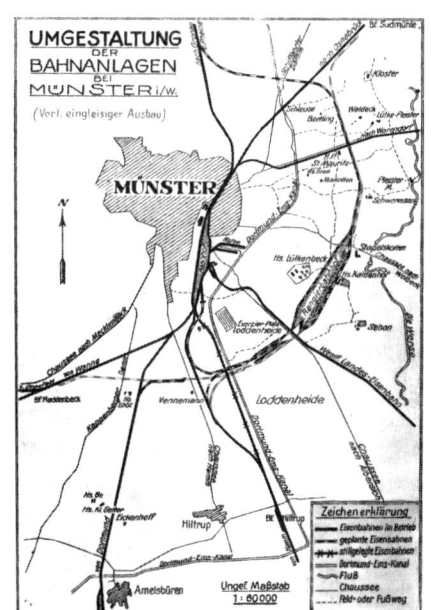

◄ *Abb. 50 Die Planung zum Ausbau der Umgehungsbahn. Vorgesehen war die Anlage eines großen Rangierbahnhofs bei Gremmendorf und der zweigleisige Ausbau bzw. Anschluß an die Trasse nach Rheine.*

Dortmund-Ems-Kanal und Stadthafen

Ende des 19. Jahrhunderts erhielt die Stadt Münster Anschluß an das überregionale Wasserstraßennetz. Der Dortmund-Ems-Kanal, die Verbindung zwischen dem Ruhrgebiet und der Nordsee, wurde 1899 fertiggestellt. Im Zuge des Hafenbaus entstand im Südosten Münsters das erste Gewerbe- und Industriegebiet größeren Umfangs.

Zur Vorgeschichte des Dortmund-Ems-Kanals: Kanalbaupläne und Ansätze zu deren Verwirklichung gab es schon in früherer Zeit. Mit Hilfe künstlicher Wasserstraßen erhoffte man sich bereits in den Zeiten der fürstbischöflichen Herrschaft in Münster durch neue oder verkürzte Handelswege einen wirtschaftlichen Aufschwung. Vor allem der Anschluß an die Seehäfen war das vorrangige Ziel solcher Projekte. Zeuge eines solchen, allerdings fehlgeschlagenen Versuchs ist noch heute das halb verfallene Bett des Max-Clemens-Kanals im Norden der Stadt (Abb. 51).

Im Zuge der Industrialisierung wurde Mitte des 19. Jahrhunderts der „*Rhein-Weser-Elbe-Kanal*" geplant, der einen schnellen und kostengünstigen Transportweg zwischen den Industriezentren im Westen und in Mitteldeutschland sowie zu den Häfen an der Küste schaffen sollte. Den Vorteil eines Kanalnetzes gegenüber der Schiene sah man vor allem im Hinblick auf den Transport von Massengütern. So waren es vor allem die großen Industrieunternehmen aus den Bergbauzentren an der Ruhr, die diesen Kanal, „*der die Ströme zusammenführen sollte*", forderten.

In einer 1856 erschienenen Denkschrift „*einer Canal-Anlage zwischen Rhein und Elbe betreffend*" wurden erste Entwürfe offengelegt. In weiteren detaillierten Plänen des preußischen Wasserbauingenieurs Michaelis findet sich eine Trasse, die das - in dieser Zeit noch auf die Fläche innerhalb der Promenade begrenzte - Hoheitsgebiet von Münster durchschnitten hätte. Die Trasse führte entlang der Aa-Niederung in die Stadt hinein, querte den Schloßplatz und kreuzte die Promenade unweit des Neutors (Abb. 52).

Die Stadt sollte an der vom Bau des Kanals erwarteten Wirtschaftsentwicklung teilhaben. Dafür wurden nur noch begrenzt vorhandene Freiflächen innerhalb der Promenade bewußt geopfert. Gescheitert ist dieses Projekt schließlich, weil sich die Verantwortlichen über den überregionalen Verlauf des Kanals nicht einigen konnten.

Bau des Dortmund-Ems-Kanals: Zu Beginn der 80er Jahre wurde das Kanalprojekt, diesmal unter Führung der preußischen Regierung, erneut aufgegriffen und 1886 schließlich endgültig beschlossen. Magistrat und Bürgerschaft der Stadt Münster, vor allem aber der Verein der Kaufmannschaft, der sich auch schon für den Anschluß an das Eisenbahnnetz stark gemacht hatte, setzten sich bei der Festlegung der Trasse von Dortmund bis zur unteren Ems vehement für eine Berücksichtigung der Stadt ein. Dabei wurden mehrere Varianten diskutiert (Abb. 53).

Die endgültige Planung sah eine Trasse vor, die nicht direkt über das Stadtgebiet führte, weil die inzwischen vorhandene Bebauung dies nicht mehr zuließ, sondern unmittelbar östlich an der Stadt vorbei. Erst durch die territoriale Neugliederung von 1903 wurde der Kanal in das Stadtgebiet einbezogen. 1890 begann man mit dem Bau des Dortmund-Ems-Kanals. Neun Jahre später, am 11.8.1899, wurde er für die Schiffahrt freigegeben (Abb. 54).

Die Anbindung an diese überregionale Wasserstraße hatte einen nicht unerheblichen Einfluß auf die gewerbliche und industrielle, aber auch auf die städtebauliche Entwicklung Münsters.

Zum einen verlief der Kanal an der östlichen Grenze des damaligen Stadtgebietes und hat durch seine sperrende Wirkung über viele Jahre hinweg eine Siedlungsentwicklung Münsters weiter in Richtung Osten behindert. Gleichzeitig beeinflußte sein Verlauf eine nord-süd-gerichtete Entwicklung der Stadt Münster. Zum anderen kam es im Zuge des

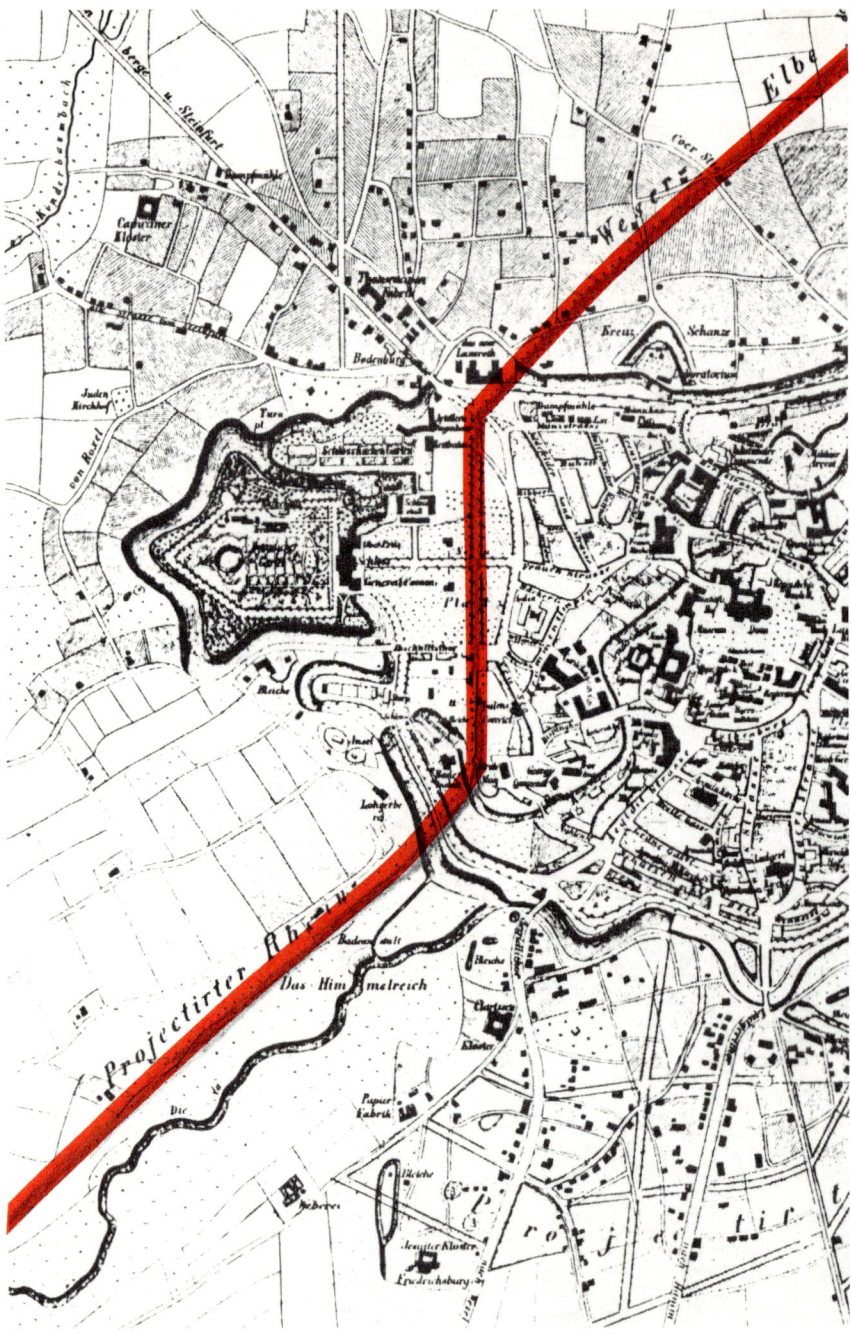

Abb. 52 Um 1860 entstand der Plan, den vorgesehenen Rhein-Weser-Elbe-Kanal durch das Stadtgebiet führen zu lassen (Ausschnitt Stadtplan 1864).

Abb. 51 Der Max-Clemens-Kanal heute

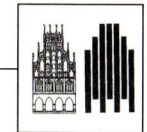

Hafenbaus in Münster zur Herausbildung einer ersten „industriellen Zone". Es handelte sich dabei in erster Linie aber um kleinere und mittlere Betriebe, die vorwiegend auf Handel und Gewerbe ausgerichtet waren, vor allem auf den Umschlag von landwirtschaftlichen Gütern. Für eine Ansiedlung von Schwerindustrie fehlten in Münster die Standortvoraussetzungen.

Der Stadthafen: Am 3.11.1896 erfolgte der erste Spatenstich für den Bau des Stadthafens, an dessen Finanzierung sich auch der preußische Staat beteiligte. Bereits am

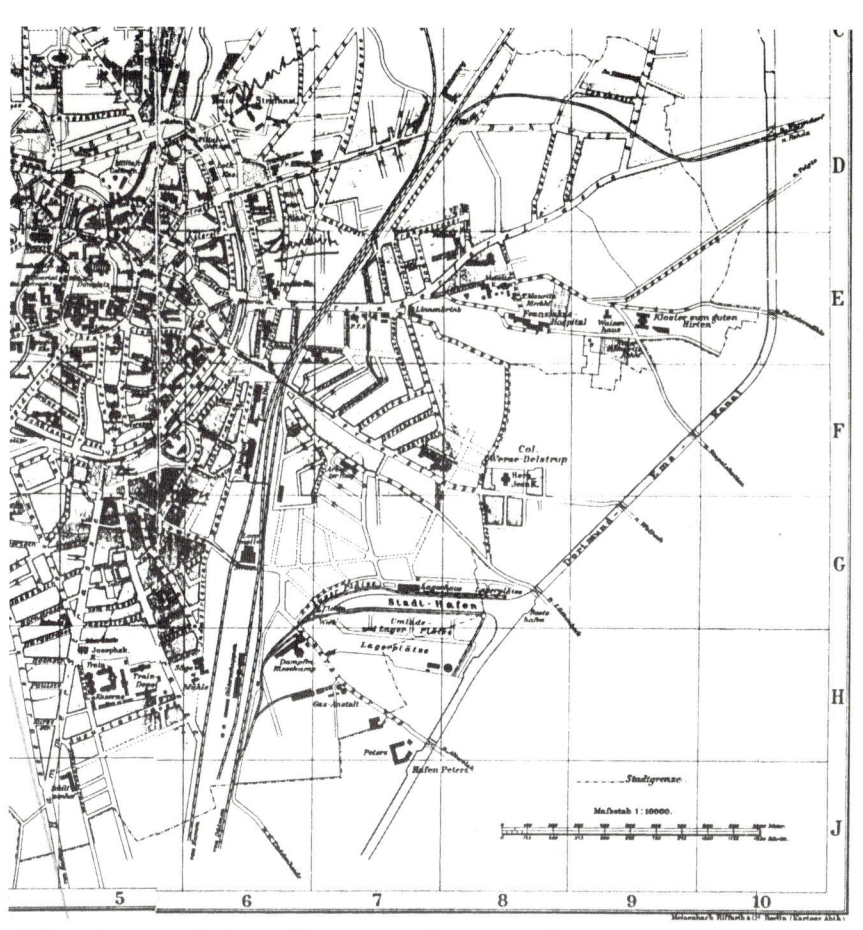

Abb. 54 Der 1899 fertiggestellte Dortmund-Ems-Kanal

Abb. 55 Hafenbecken mit Denkmal

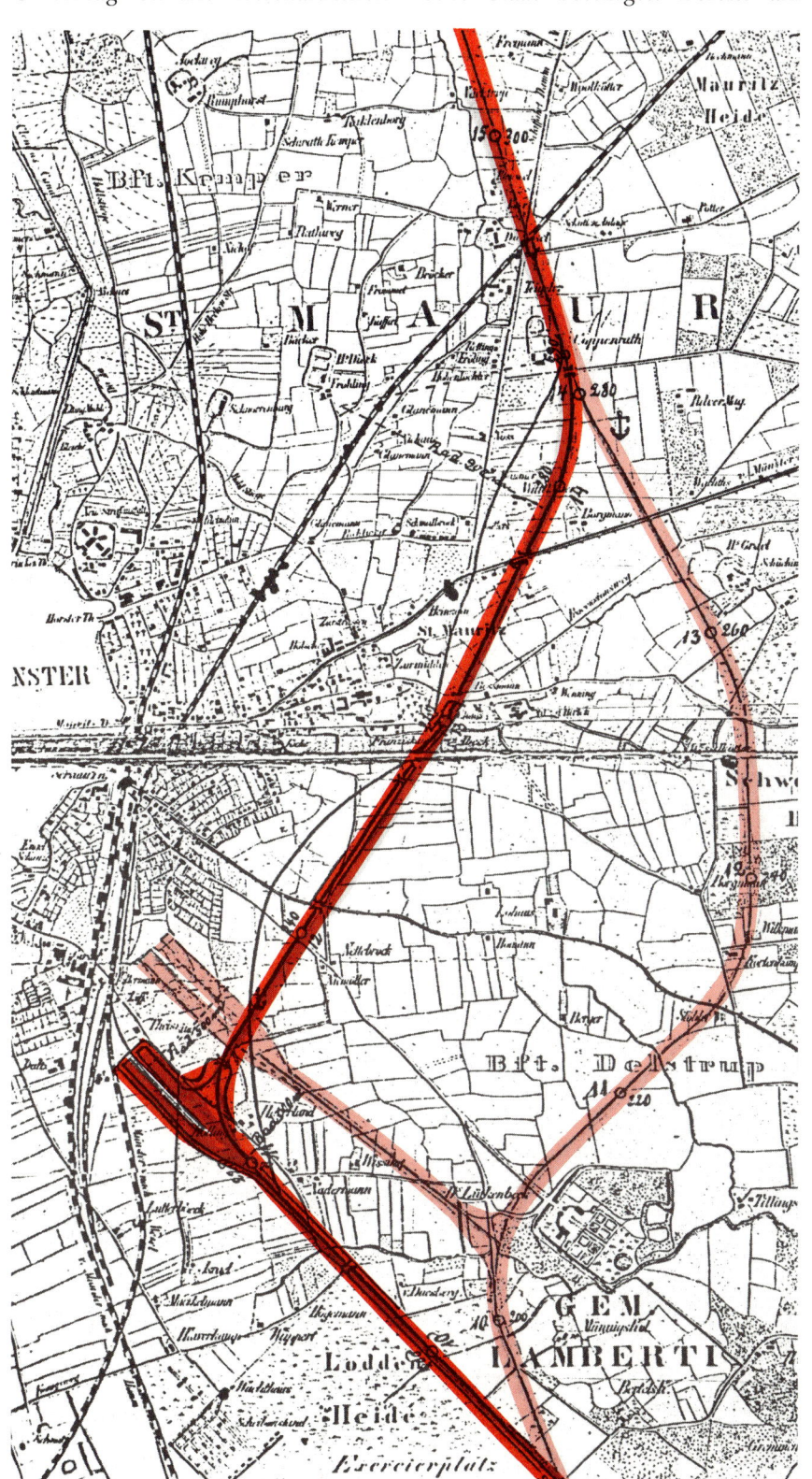

Abb. 53 Zwei Entwürfe zum Verlauf der Kanaltrasse.

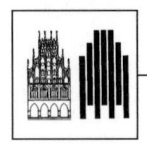

Abb. 56 Einweihung des Stadthafens Münster im November 1899.

15./16.10.1899 wurde er feierlich eröffnet (Abb. 56). Bestimmend für seinen Standort nördlich des Albersloher Weges war neben der noch frei verfügbaren Fläche vor allem die Nähe zu den Eisenbahnen und zum Stadtzentrum. Außerdem lag das vorgesehene Gelände, anders als der Kanal selbst, bereits auf städtischem Gebiet, so daß die Betriebsführung von Anfang an in der Hand der Stadt lag (Abb. 57-59).

Das Hafengelände umfaßte zunächst eine Fläche von 23 ha mit einem Hafenbecken von ca. 36.000 qm und einer nutzbaren Uferanlage in einer Länge von 1.350 Meter. Der südlich anschließende Petroleumhafen war lediglich ein Parallelhafen und diente zur Löschung feuergefährlicher Güter. Zahlreiche städtische und private Lagerhallen, Getreidespeicher mit Krananlagen und Elevatoren zum Güterumschlag entstanden bereits kurz nach Fertigstellung des Hafenbeckens. Am nördlichen Ufer wurde das Gebäude der Hafendirektion und ein städtisches Lagerhaus errichtet, in dem die Zollniederlassung untergebracht war (Abb. 60). Über Gleise erhielt das Hafengelände Anschluß an den Güterbahnhof (Abb. 61-63).

Der Hafen wurde in den folgenden Jahren mehrfach erweitert: 1912 hatte die Stadt den kleinen, von der Speditionsfirma Peters angelegten Privathafen südlich des Albersloher Weges aufgekauft und integrierte ihn als Stadthafen II in den Gesamtbetrieb (Abb. 64). Die Wasserfläche wuchs dadurch auf insgesamt 40.000 qm, die nutzbare Uferanlage auf ca. 2.000 Meter. Über das Schienennetz der Westfälischen Landeseisenbahn wurde dieser Teil des Hafengeländes erschlossen.

Überlegungen zum Bau eines dritten Hafenbeckens waren von der Stadt immer wieder angestellt worden. So plante man 1935, den Kanalabschnitt zwischen Schillerstraße und Albersloher Weg für eine neue Hafenanlage zu verbreitern (Abb. 65). Dieses Projekt wurde aber bald wieder fallengelassen. Auch das gigantische Vorhaben der Nationalsozialisten, im Zuge der Umgestaltung Münsters zur Gauhauptstadt den Kanal weiter nach Osten zu verlegen, blieb Utopie.

Ende der 30er Jahre wurde das Kanalbett in Höhe des Königsweges durch Begradigung einer Kurve verbreitert und zu einer Hafenanlage für Baustoffe und landwirtschaftliche Produkte ausgebaut (Abb. 59).

Trotz der Hafenerweiterungen und der insgesamt positiven Entwicklung des Güterumschlages konnte der Münsteraner Hafen einen Vergleich mit den großen Industriehäfen nicht standhalten. Als reiner Handelshafen blieben bis zum Zweiten Weltkrieg Produkte der Agrar- und Forstwirtschaft sowie Baustoffe - besonders seit den 20er Jahren zunehmend - Hauptumschlagsgüter.

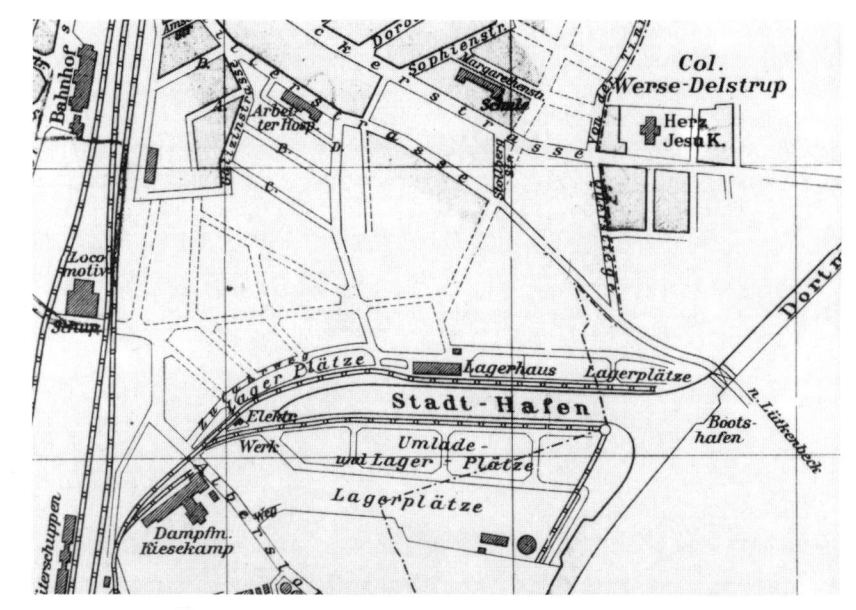

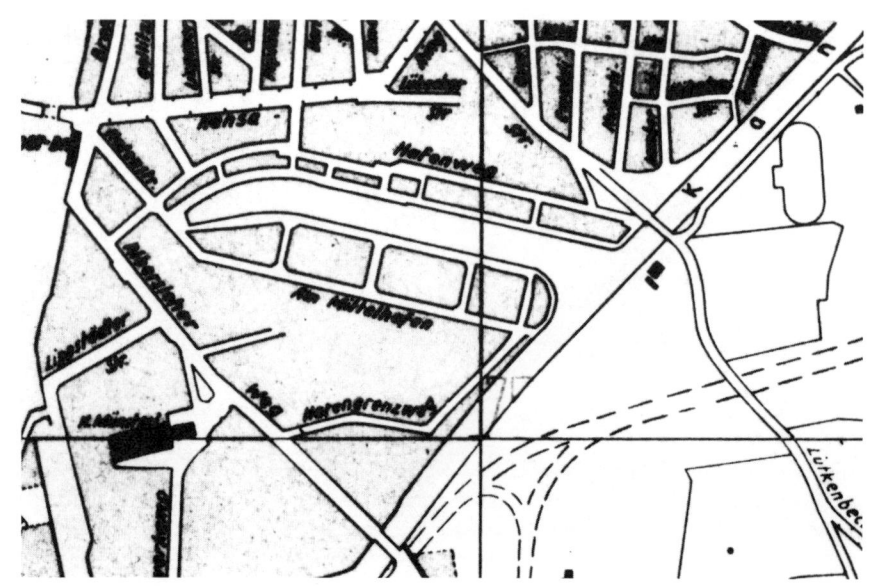

Abb. 57 - 59 Die Entwicklung des Stadthafens bis zum II. Weltkrieg. Die Gewerbeansiedlung schiebt sich immer weiter in südöstliche Richtung vor (Ausschnitte Stadtpläne 1899, 1921, 1939).

Abb. 60 Die städtischen Motorboote im Hafen. Sie wurden von der Betriebsverwaltung für den Ausflugsverkehr eingesetzt. Im Hintergrund: das Gebäude der Hafendirektion, rechts daneben das städtische Lagerhaus mit Zollamt. Die Bauten wurden während des Krieges und in der Nachkriegszeit stark verändert, wobei ihr ursprünglicher Charakter zu einem großen Teil verloren ging.

Abb. 61 Die Hafenanlage heute mit den Gleisanlagen der Westfälischen Landeseisenbahn.

Abb. 62 Einige der alten Speicher in der Industriearchitektur der späten 90er Jahre existieren noch heute.

Abb. 63 Das Gebäude der Hafendirektion auf der rechten Bildseite nach dem Umbau.

Abb. 64 Der Privathafen der Speditionsfirma Peters südlich des Albersloher Weges. 1912 kaufte die Stadt Münster das Gelände.

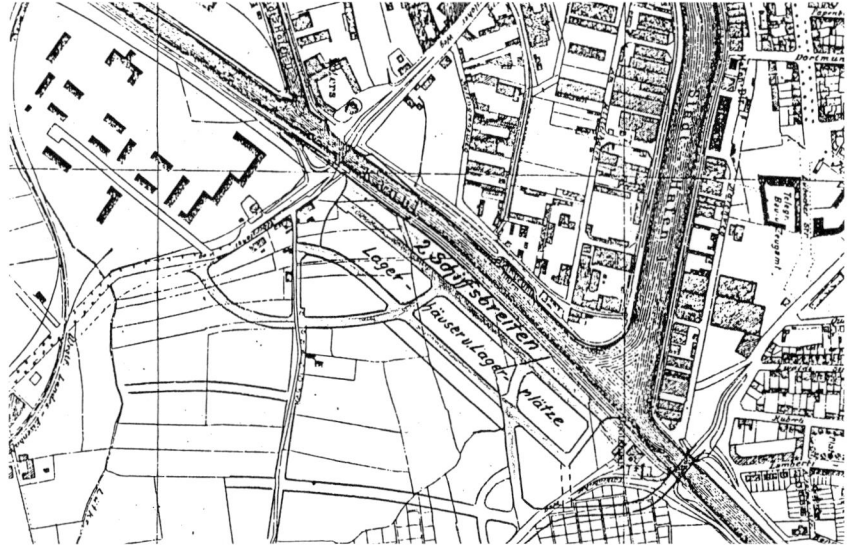

Abb. 65 Eine Planung aus dem Jahr 1935 sah die Verbreiterung des Kanalbetts zwischen Albersloher und Lütkenbecker Weg vor.

Flugverkehr

In den 30er Jahren setzte man große Hoffnungen in den Luftverkehr. Planungen und Investitionen zielten auf eine Förderung dieses neuen Verkehrsmittels. Trotz frühzeitiger Bemühungen, die Stadt in ein Fluglinciennetz zu integrieren, blieb der Flugverkehr gegenüber den anderen Verkehrsträgern von untergeordneter Bedeutung und hatte auf die Siedlungsentwicklung keinen Einfluß.

Der Stadt Münster gelang es 1923 in das Luftstreckennetz Hamburg - Bremen - Industriegebiet - Frankfurt aufgenommen zu werden. 1926 wurde außerdem die nur im Sommer beflogene Strecke Dortmund - Münster - Osnabrück - Norderney eingerichtet. Als Flugplatz diente der ehemalige Exerzierplatz Loddenheide in Gremmendorf.

Die Gründung der „Luftverkehrsgesellschaft Münster GmbH" und der "Flughafen Münster GmbH" zum Ausbau des Flugverkehrs 1929 brachte der Stadt und den beteiligten Partnern, der Industrie- und Handelskammer, der „Luftfahrtvereinigung Münster und Münsterland" sowie der Provinz Westfalen und einigen Privatunternehmern keinen Erfolg. Noch im gleichen Jahr mußte der Linienverkehr eingestellt werden, nachdem die Verhandlungen mit der Heeresverwaltung über den Erwerb des Fluggeländes Loddenheide und den Ausbau des Flugplatzes gescheitert waren (Abb. 66).

1930 wurde zwischen der Stadt Münster und der Militärverwaltung ein Tauschvertrag abgeschlossen, wobei sich die Stadt bereit erklärte, gegen Überlassung der 107 ha großen Loddenheide ein größeres Ersatzgelände von rund 300 ha in Handorf als Truppenübungsplatz zur Verfügung zu stellen. Bevor jedoch die Stadt endgültig die Loddenheide übernehmen konnte, wurde das Gelände 1934 für die deutsche Luftwaffe beschlagnahmt. Als Ausweichmöglichkeit entstand im Süden des Handorfer Militärgeländes neben einer militärischen Fliegerschule ein neuer Zivilflughafen, von dem von 1934 bis zum Ausbruch des Zweiten Weltkrieges der Linienverkehr wieder aufgenommen wurde.

Beflogen wurden die Strecken Münster - Hannover - Braunschweig und Berlin - Münster, die jedoch vorrangig der Post- und Eilgutbeförderung diente. Wie gering die Bedeutung des Flughafens für die Personenbeförderung war, zeigt ein Vergleich mit anderen Flughäfen. Während in Münster 1937 die Zahl der Fluggäste 1.532 betrug, lag sie in Dortmund bei 9.211, in Düsseldorf bei 15.525 und in Berlin bei 191.709 Personen.

Abb. 66 Flugplatz Loddenheide

Modernisierung der Stadt: Auf- und Ausbau der technischen Infrastrukur

Der Aufbau einer „modernen" Infrastruktur, die Übernahme der technischen Erneuerungen des Industriezeitalters für die kommunale Daseinsvorsorge, vollzog sich in Münster im letzten Jahrzehnt des 19. Jahrhunderts. Die Anfänge dieser Entwicklung reichen aber bis in die frühen 50er Jahre zurück. Vor allem in drei Bereichen gelangten die neuen technischen Erkenntnisse zum Einsatz: auf dem Gebiet der Gasversorgung, der Abwasserbeseitigung und der zentralen Wasserversorgung. Später trat bei der Energieversorgung die Elektrifizierung hinzu.

Wie in vielen Städten waren am Aufbau der Infrastruktur Privatunternehmer maßgeblich beteiligt. Da es sich aber bald zeigte, daß deren wirtschaftliches Interesse mit dem Gemeinwohl nicht vereinbar war, übernahm die Stadt selbst zunehmend die Leitung der Versorgungseinrichtungen. Es kam zur Herausbildung der technischen Ämter in der Stadtverwaltung, in der Ingenieure und Techniker an Bedeutung gewannen.

Charakteristisch für die Anfangsphase des Aufbaus war die mangelnde Berücksichtigung des raschen Bevölkerungs- und Siedlungswachstums. Die Betriebsanlagen mußten ständig der fortschreitenden Stadtentwicklung angepaßt werden. Erst um die Jahrhundertwende ging man zu vorausschauenden und langfristigen Planungskonzepten über.

Städtische Gasversorgung

In Münster begann die städtische Energieversorgung mit dem Bau des Gaswerks im Winkel zwischen der heutigen Hafenstraße und den Bahngleisen. Das Versorgungsnetz wurde zunächst in den zentralen Bereichen der Stadt verlegt und danach, der regen Bautätigkeit mit einiger zeitlicher Verzögerung folgend, in die neuen Stadtteile.

Gas wurde zu Anfang genutzt für Straßenbeleuchtung, später für Beleuchtung in Haushalten und schließlich als Wärmequelle und für die Mechanisierung der Handwerks- und Industriebetriebe.

Das erste Gaswerk: Schon 1842 war in Münster vom Magistrat der Stadt die Einführung gefordert worden, doch Verhandlungen mit privaten Unternehmern blieben zunächst erfolglos. Die alten Öllampen in den Straßen brannten weiter.

Zum Bau der ersten öffentlichen Gasanstalt kam es dann 1853. Der Aachener Unternehmer und Ingenieur Sabey erhielt von der Stadt den Auftrag zur Errichtung der „Gas- und Erleuchtungsanstalt Münster". In nur einjähriger Bauzeit entstand vor den Toren der Stadt auf einem 5.000 qm großen Eckgrundstück zwischen Bahndamm und der „Blockstiege nach Albersloh" die Gasanstalt (Abb. 3).

Sie bestand aus einem Hauptgebäude und zwei Gasometern. Entsprechend den damaligen Gepflogenheiten wurde der Betrieb von Sabey selbst gepachtet und geleitet. Dies erwies sich jedoch für die Bürger Münsters als nicht besonders vorteilhaft. Sabey, darauf bedacht, Profit zu erzielen, forderte überhöhte Gaspreise, vernachlässigte aber die Pflege des Leitungssystems. Die Klagen der Bürgerschaft führten schließlich dazu, daß die Stadt den Vertrag mit Sabey 1872 löste und selbst die Leitung übernahm.

Seit Inbetriebnahme war der Verbrauch kontinuierlich gestiegen, so daß 1873 das Werk um einen dritten Gasometer vergrößert werden mußte. Anfang der 90er Jahre hatte die Gasanstalt die Grenze ihrer Leistungsfähigkeit erreicht. Da die

Abb. 67 1897 entstand das neue Gaswerk am Albersloher Weg.

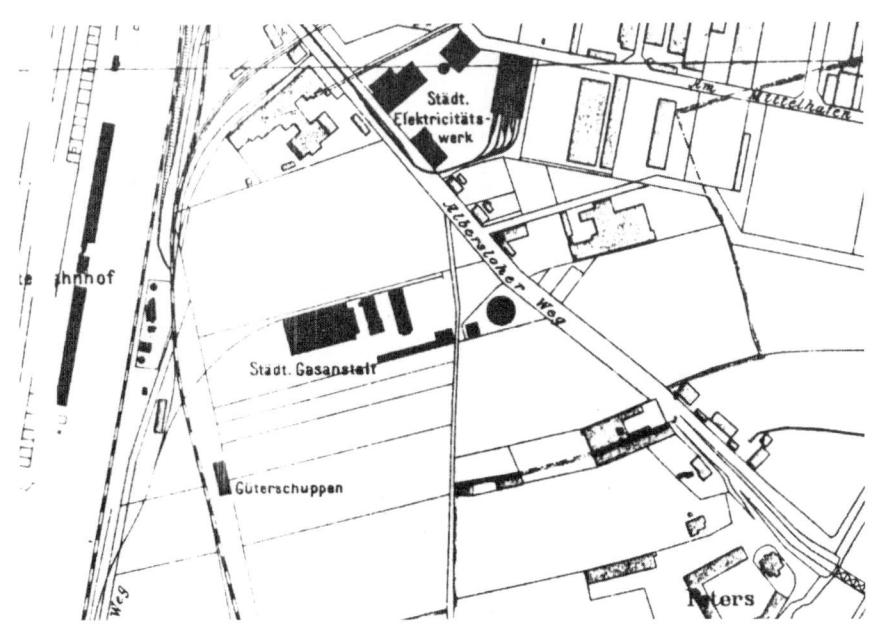

Abb. 68 Lageplan des neuen Gaswerks.

Anlagen zudem technisch überholt waren, entschied man sich zu einem Neubau.

Das zweite Gaswerk: Auf einem Grundstück östlich der Gleise am Albersloher Weg, das zudem unweit des geplanten Hafens lag, wurde das neue Gaswerk 1897 errichtet (Abb. 67, 68). Weil auch diese Anlage bald der raschen Entwicklung Münsters nicht mehr gewachsen war, mußte sie schon nach kurzer Zeit um einen zweiten Gasometer erweitert werden. Aber auch diese Maßnahme erwies sich bald als zu kurzsichtig. Beim Ausbau der Straßen in den neuen Stadtteilen wurden jetzt gleichzeitig die Rohre für die Gasversorgung gelegt. Immer mehr Haushalte erhielten so einen Anschluß, der nicht nur zur Beleuchtung, sondern zunehmend auch für Koch- und Heizgeräte genutzt wurde. Zudem erhöhte sich der Verbrauch der gewerblichen Betriebe, die mit der Anlage des Stadthafens einen wirtschaftlichen Aufschwung erhalten hatten (Abb. 69).

Einer erneuten Erweiterung des Gaswerks standen Pläne entgegen, das angrenzende Areal für eine Hafenerweiterung zu nutzen. Die Stadt entschloß sich deshalb zu einer anderen Lösung, die ihr die Bergwerksgesellschaft Trier angeboten hatte: Ferngas aus der Kokerei Radbod bei Hamm sollte die Gasversorgung der Stadt sicherstellen. Nach Fertigstellung einer Ferngasleitung von 36 Kilometer Länge im Herbst 1917 konnte Gas schließlich in beliebiger Menge bezogen werden. Die eigene Gasproduktion wurde eingestellt. Auf dem Gelände des alten Gaswerkes erbaute man 1926 die Halle Münsterland.

Jahr	Einwohnerzahl Münsters	Gasabgabe cbm	auf 1 Person entfallen cbm	Abgabe an Private cbm	Abgabe an öffentl. Beleuchtung u. Selbstverbrauch cbm
1862	23 232[1]	388 922	16,7	nicht feststellbar	
1871	24 826[2]	525 139	21,1	365 269	102 561
1872/73	24 826[2]	617 534	24,9	379 896	127 796
1880	40 074	1 027 404	25,6	654 553	260 169
1890	49 344	1 746 320	35,4	1 151 953	471 585
1900	63 754	3 400 000	53,3	2 698 573	585 373
1905	81 468	4 919 300	60,4	3 874 501	661 629
1910	91 207	5 789 540	63,5	4 437 122	843 920
1914	100 672	6 064 660	60,2	4 764 590	837 039
1916	107 064	6 183 580	57,8	4 972 049	689 921
1917	104 530	6 817 300	65,2	5 908 973	406 550
1918	99 212	10 575 510	106,6	8 831 429	871 890
1919	100 455	14 673 905	146,1	11 977 077	1 657 304
1920	102 010	13 347 311	130,8	11 872 431	962 632
1924	107 107	10 021 351	93,6	9 111 981	746 486
1929	118 568	13 136 989	110,8	10 716 419	1 362 524
1930	120 343	11 752 161	97,7	9 638 237	1 284 690
1931	121 662	11 594 514	95,3	9 371 340	1 179 401
1932	122 664	11 083 747	90,4	8 650 011	1 192 289
1933	125 225	10 680 361	85,3	8 836 426	1 206 112
1934	127 889	10 713 091	83,8	8 955 964	1 240 915
1935 (Etat)	132 663	11 216 152	84,5	8 996 903	1 341 892
1936 (Etat)	—	—	—	—	—

[1]) Einwohnerzahl Münsters vom Jahre 1860.
[2]) Einwohnerzahl Münsters vom Jahre 1870.

Abb. 69 Übersicht über die Entwicklung des Gasverbrauchs zwischen 1862 und 1936.

Städtische Wasserver- und -entsorgung

Der Aufbau der kommunalen Wasserwirtschaft begann 1880 mit der Errichtung des ersten Pumpwerks an der ehemaligen Mecklenbecker Straße (heute Scharnhorststraße). Das schnelle Wachstum der Stadt machte schon bald Erweiterungen notwendig. Neue Pumpwerke entstanden auf dem Kiessandrücken der Geist und in der Hohen Ward. Der ansteigende Wasserverbrauch ließ auch die Lösung der gravierenden Abwasserprobleme immer dringlicher werden. Um 1900 entstand nach den ersten nur unzulänglichen Ansätzen ein umfassendes Kanalisationsnetz.

Mit dem Bau des Pumpwerks Hohe Ward in Hiltrup, des Wasserturms im Geistviertel und des Pumpenhauses an der Kanalstraße im Zusammenhang mit den Rieselfeldern schuf die Stadt ein komplexes und gut funktionierendes, in jener Zeit vorbildliches Wasserver- und -entsorgungssystem. Die Bauwerke selbst stehen heute auf Grund ihrer städtebaulichen, künstlerischen und stadtentwicklungsgeschichtlichen Bedeutung unter Denkmalschutz.

Wasserversorgung: Eine zentrale Wasserversorgung, aber auch die Abwasserbeseitigung, war um die Mitte des 19. Jahrhunderts noch sehr wenig verbreitet. Erst gegen Ende der 60er Jahre, mit dem Fortschreiten der Erkenntnisse auf hygienischem Gebiet und der Verbesserung der Ingenieurtechnik, wurden diese Aufgaben allmählich zu einem wichtigen Teilbereich der städtischen Infrastruktur.

Abb. 71 Maschinenhaus des Pumpwerkes V Hohe Ward. Das Gebäude wurde als zwölfeckige Rotunde angelegt mit historisierendem Ziegeldekor an der Außenfassade. Strebepfeiler mit stilisierten Fialen und Wasserschlägen betonen den eckigen Charakter. Das Dach besitzt eine Kuppellaterne mit hohen Sprossenfenstern und einem Umgang mit schmiedeeiserner Brüstung. Eine sogenannte „welsche" Haube mit Kugelaufsatz bildet den Dachabschluß. Im Innenraum wird das äußere Gliederprinzip wieder aufgenommen. Ein Umgang in Höhe des äußeren Bodenniveaus ermöglicht den Blick in den sechs Meter tiefer gelegenen Maschinenraum, in dessen Mitte sich der Sammelbrunnen befindet. Während die technischen Anlagen wiederholt modernisiert wurden, hat sich die bauliche Gestalt des Maschinenhauses sowohl innen wie außen bis heute nur wenig verändert.

Bis zur Eröffnung des ersten städtischen Wasserwerkes in Münster 1880 deckten im Stadtgebiet etwa 200 Brunnen den Wasserbedarf. Außer den Privatbrunnen waren auf öffentlichen Straßen und Plätzen Brunnen zur freien Benutzung aufgestellt, für deren Instandhaltung die Verwaltung jährlich ungefähr 170 Taler aufbringen mußte.

Erste Anstöße zur Errichtung einer zentralen Wasserversorgung gab 1869 die königliche Regierung zu Münster, die die schlechte Qualität des Trinkwassers nicht zuletzt wegen der fehlenden Kanalisation beklagte:

„Der die Gesundheit infolge der stets vorhandenen fauligen Schlammdecke sehr gefährdende Zustand der Aa innerhalb der Stadt, sowie das stagnierende Wasser in den Straßenrinnen der meisten Stadtteile erheische es, daß dem Projekt einer städtischen Wasserleitung nähergetreten werde, durch deren Einrichtung nicht nur die beiden Übelstände beseitigt würden, sondern insbesondere dem Bedürfnisse zur Beschaffung eines besseren Trinkwassers für die Bewohner der Stadt abgeholfen werden könne." (Königliche Regierung 1869, in: Festschrift zur 84. Versammlung deutscher Naturforscher und Ärzte Münster 1912, S. 212).

Der Magistrat der Stadt bestritt jedoch die mangelhafte Qualität und

Abb. 70 Umbau des Buddenturms zum Wasserspeicher

Abb. 72 Seitenansicht + Grundriß

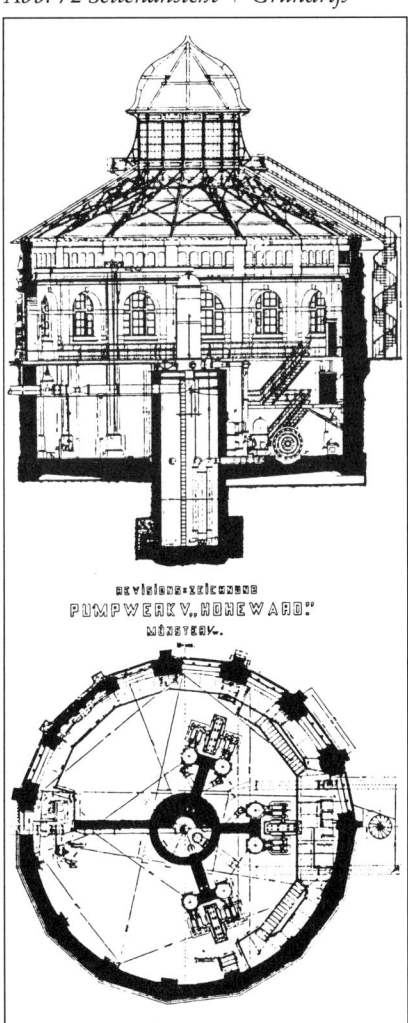

dort einen Hochbehälter mit einem Fassungsvermögen von 500 cbm (Abb. 70). Am 1.7.1880 fand die Einweihung des Wasserwerks statt, die Grundlage für die kommunale Wasserversorgung der Stadt war gelegt worden.

Schon nach wenigen Jahren überstieg der Wasserbedarf die Kapazität des Pumpwerks, so daß 1889 bzw. 1890 drei weitere Pumpwerke in dem Entnahmegebiet auf der Geist, entlang der Hammer Straße, errichtet wurden.

Der ununterbrochen steigende Bedarf - vor allem durch die stetig wachsende Zahl der angeschlossenen Haushalte - ließ eine langfristige Regelung der Wasserversorgung immer notwendiger werden. 1902 begann man daher mit dem Bau einer größeren Anlage in der Hohen Ward südlich des Dorfes Hiltrup. 1903 war das neue Pumpwerk fertiggestellt (Abb. 71 - 72). Das geförderte Wasser gelangte über eine 11 Kilometer lange Hauptleitung in das geschlossene Röhrensystem der Stadt.

Während der Bauzeit für das neue Pumpwerk hatte die Stadt im Südviertel zwischen Geist- und Weseler Straße einen Wasserturm mit einem Fassungsvermögen von 2.500 cbm errichtet (Abb. 74). Er sollte den alten Buddenturm ablösen, der für einen geregelten Druckausgleich völlig unzureichend geworden war. In den folgenden Jahren wurden auch die Pumpstationen immer wieder modernisiert. So erhielt das Pumpwerk in der Hohen Ward um 1910 eine moderne Enteisenungsanlage, weil sich durch fortschreitendes Absenken des Grundwasserspiegels die Eisenanteile im Wasser stark erhöht hatten und viele Bürger die Rotfärbung des Wassers beklagten. Im gleichen Jahr entstand dort ein weiteres Pumpwerk, weil eine ausreichende Wasserversorgung nicht mehr gewährleistet war. Das erste Pumpwerk an der Mecklenbecker Straße hatte man stillegen müssen, weil die inzwischen stark verdichtete Bebauung zu Verunreinigungen des Grundwassers geführt hatte.

Der ständig steigende Wasserverbrauch, besonders während des Ersten Weltkrieges, führte schließlich auch dazu, daß das natürliche Grundwasservorkommen in den Entnahmegebieten der Hohen Ward immer mehr abnahm (Abb. 75).

Um ein völliges Versiegen der Brunnen zu verhindern, entschloß man sich, das Wasserversorgungsgebiet mit Oberflächenwasser anzureichern. 1919 wurde deshalb ein weiters Pumpwerk gebaut, das Wasser aus dem Dortmund-Ems-Kanal über eine 3,5 Kilometer lange Druckleitung der Hohen Ward zuführte, wo es in Teichen mit sandigem Untergrund versickerte und so das Grundwasserreservoir vergrößerte.

Dieses um die Jahrhundertwende entstandene Wasserversorgungssystem deckt noch heute einen Teil der städtischen Trinkwasserversorgung.

lehnte die Forderung zum Bau einer Kanalisation ab - nicht zuletzt wegen der finanziellen Belastungen, die auf die Stadt zukommen würden. Zehn Jahre später jedoch gab der Rat der Stadt sein Einverständis zur Errichtung solch einer Anlage. Bevölkerungswachstum und verdichtete Bebauung ebenso wie der zunehmende Bedarf an Löschwasser hatten die Leistungsfähigkeit der alten Brunnen erschöpft.

In verschiedenen Bodenuntersuchungen war festgestellt worden, daß sich der Kiessandrücken der Geist wegen seiner Bodenbeschaffenheit hervorragend zur Wassergewinnung eignete. Daraufhin errichtete man an der Mecklenbecker Straße das erste zentrale Pumpwerk Münsters. Um Verbrauchsschwankungen ausgleichen zu können, erwarb die Stadt außerdem von der preußischen Militärverwaltung den alten Buddenturm und installierte

Jahr	Einwohnerzahl Münsters	Wasserabgabe cbm	davon infiltriert cbm	auf 1 Person entfallen cbm	Abgabe an Private cbm	Abgabe für öffentl. Zwecke u. Selbstverbrauch cbm
1880[1])	40 074	150 000	—	3,7	—	—
1881	40 074[2])	405 321	—	10,1	230 783	174 538
1890	49 344	1 148 657	—	23,3	769 703	266 519
1900	63 754	1 912 040	—	30,0	1 481 140	239 696
1905	81 468	2 641 286	—	32,4	2 189 056	188 101
1910	91 207	3 329 930	—	36,5	2 530 156	466 781
1914	100 672	4 120 762	—	40,9	3 112 436	596 250
1918	99 212	4 600 186	1 416 794	46,4	3 473 303	666 764
1919	100 455	4 861 591	2 108 906	48,4	3 379 981	995 451
1920	102 010	4 293 805	3 707 532	42,1	3 050 286	814 139
1924	101 107	4 333 150	2 271 100	40,5	3 048 944	850 791
1929	118 568	6 102 020	3 118 100	51,5	4 360 491	1 131 327
1930	120 343	6 060 330	4 156 900	50,4	4 268 322	1 185 975
1931	121 662	5 816 950	4 325 100	47,8	4 075 710	1 159 545
1932	122 664	5 899 210	3 924 700	48,1	4 175 037	1 134 252
1933	125 225	5 893 200	3 586 100	47,1	4 136 587	1 167 293
1934	127 889	5 903 750	4 043 100	46,2	4 494 843	818 532
1935 (Etat)	132 663	6 472 750	4 318 000	48,8	4 961 013	864 462
1936	"	—	—	—	—	—

[1]) 1/2 Jahr ca.
[2]) Einwohnerzahl Münsters vom Jahre 1880.

Abb. 75 Entwicklung der Wasserabgabe zwischen 1880 und 1936

Abb. 74 Der Wasserturm im Geistviertel wurde am 1. Juli 1903 in Betrieb genommen und ist seidem zu einem Wahrzeichen des Südviertels geworden. Seine architektonische Gestaltung lag in den Händen des Stadtbaurates Merkens und des Stadtbaumeisters Drießen. Der wuchtige, massige Baukörper aus gelb-braunem Sandstein, mit einer Höhe von 59 Metern einer der höchsten Wassertürme der damaligen Zeit, ist in neuromanischem Stil errichtet worden. Er erinnert eher an einen mittelalterlichen Wehrturm als an ein technisches Bauwerk. Diese fast perfekte Verkleidung der Funktion ist typisches Merkmal gründerzeitlicher Industriebauweise. Den Zweiten Weltkrieg überlebte der Turm als Kirche getarnt, im dem man die Attrappe eines Längsschiffes anbaute. Noch heute dient der Turm den Stadtwerken als Wasserspeicher.

Abwasserbeseitigung: Eng verbunden mit der Errichtung einer zentralen Wasserversorgung war der Aufbau eines geeigneten Entsorgungssystems für Abwässer und Schmutzstoffe.

Um die Mitte des 19. Jahrhunderts waren die hygienischen Verhältnisse in Münster ebenso unerträglich wie in vielen anderen deutschen Städten. Regenwässer und das Schmutzwasser der Haushalte, teilweise auch Ableitungen von Gewerbebetrieben ergossen sich zu beiden Seiten der Fahrdämme entlang der offenen Rinnsteine in die Aa. Fäkalien wurden in Senkgruben direkt aus den darüber stehenden Hofabtritten entleert. Der Inhalt dieser, meist durchlässigen Gruben - nicht selten lagen sie in unmittelbarer Nähe der Wasserpumpen - wurde nur zwei bis drei Mal jährlich entleert. Übler Gestank gehörte damals zum städtischen Leben.

Um die schlimmsten Mißstände zu beheben, waren in einigen Stadtbereichen Entwässerungskanäle gelegt worden, die die Abwässer unterirdisch in die Aa leiteten. Gesammelt wurden diese Wässer allerdings nach wie vor zunächst in den offenen Rinnsteinen, die es dann den Kanalstücken zuführten. Zur Ableitung der Abwässer auf den privaten Grundstücken dienten die sogenannten „Bümmelken", die sich als offene Gräben an der Rückseite der Grundstücke entlang zogen und ebenfalls in die Aa einmündeten.

1878 entschloß man sich endlich zum Bau einer unterirdisch verlegten Kanalisation. In zehnjähriger Bauzeit wurde das Kanalnetz erstellt. Es diente aber lediglich zur unterirdischen Ableitung der Abwässer. Zur Abführung der Fäkalien und des Regenwassers war es ungeeignet. Das System genügte weder den hygienischen Anforderungen noch war es in der Lage, die mit dem Bau des Wasserwerkes erhöht anfallenden Wassermengen ordnungsgemäß abzuleiten. 1899 faßte die Stadt daher den Beschluß, ein umfassendes Entsorgungssystem anzulegen mit Röhrenleitungen, die die Fäkalien und das Schmutzwasser nicht mehr in die Aa ableiteten, sondern einem Berieselungsfeld zur Reinigung zuführten. In einem ersten Schritt wurde das bestehende Kanalnetz nach dem sogenannten Schwemmprinzip umgestaltet und größere Sammelkanäle gebaut, bei denen durch starkes Sohlengefälle Ablagerungen von Sinkstoffen vermieden bzw. durch Spülung leicht abgeschwemmt werden konnten. Die früher offen in die Aa mündenden Kanäle wurden durch zwei Sammelkanäle rechts und links der Aa abgefangen. Sie endeten am Rande der bebauten Stadt in ein Ringkanalsystem, das die Abwässer zu dem 1901 errichteten Pumpwerk an der Gartenstraße führte (Abb. 76 - 78). Dort wurde es zunächst in zwei Pumpsümpfen gesammelt und anschließend mit Hilfe von elektrischen Pumpen über eine vier Kilometer lange Druckrohrleitung in die Rieselfelder gepumpt.

Diese Felder lagen nördlich der Stadt in der Coer- und Gelmerheide. Sie umfaßten anfänglich eine Fläche von ungefähr 60 ha, die später auf 540 ha ausgeweitet wurden, und waren mit einem aufwendigen Drainsystem ausgestattet. Die Reinigung des Wassers erfolgte über Bodenfiltration. Die Drainagen führten anschließend das Wasser über die Vorfluter und Grenzbäche in die Aa und die Ems. Eingestellt wurde die Beschickung der Rieselfelder erst 1975, als eine mechanisch-biologische Kläranlage ihren Betrieb aufnahm. Weite Teile der Rieselfelder haben sich inzwischen zu einem bedeutenden Vogelreservat entwickelt, weil die teilweise versumpften und überstauten Felder hervorragende Rast- und Brutplätze bieten (Abb. 79).

Abb. 76 Das Kanalwasserpumpwerk an der Gartenstraße entstand 1901. Die Architektur des Gebäudekomplexes orientiert sich an dem sachlichen Reformstil der Jahrhundertwende. Es besteht aus einer großen Maschinenhalle und einem seitlich anschließenden Wohntrakt, in dessen Erdgeschoß Büro, Werkstatt und Schaltraum für den Betrieb lagen. In den beiden oberen Geschossen waren Wohnungen für Bedienstete eingerichtet. Die Fassade des Wohngebäudes ist reich gegliedert. Der Wechsel von hellen und dunklen Wandflächen sowie die Anwendung unterschiedlicher Materialien, Fachwerk, Putz, Ziegel lassen das hohe dreieinhalb geschossige Haus weniger massiv erscheinen. Die Wände der Maschinenhalle sind durch hohe Fenster und Oberlichter mit runden Sturzbögen durchbrochen. Ziegelbänder, besonders in der oberen Wandzone, gliedern den ansonsten recht schmucklosen Bau.

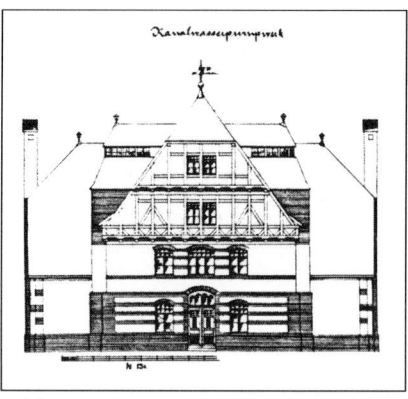

Abb. 77 Ansicht von Osten auf den Wohn- und Verwaltungsteil

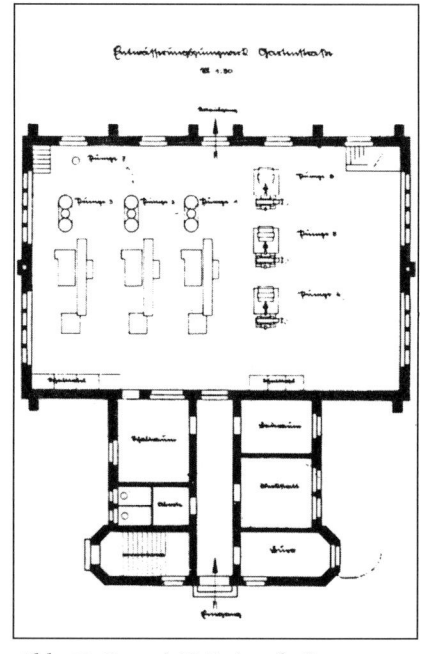

Abb. 78 Grundriß Erdgeschoß

Abb. 79 Heute sind die Rieselfelder ein viel beachtetes Vogelschutzreservat.

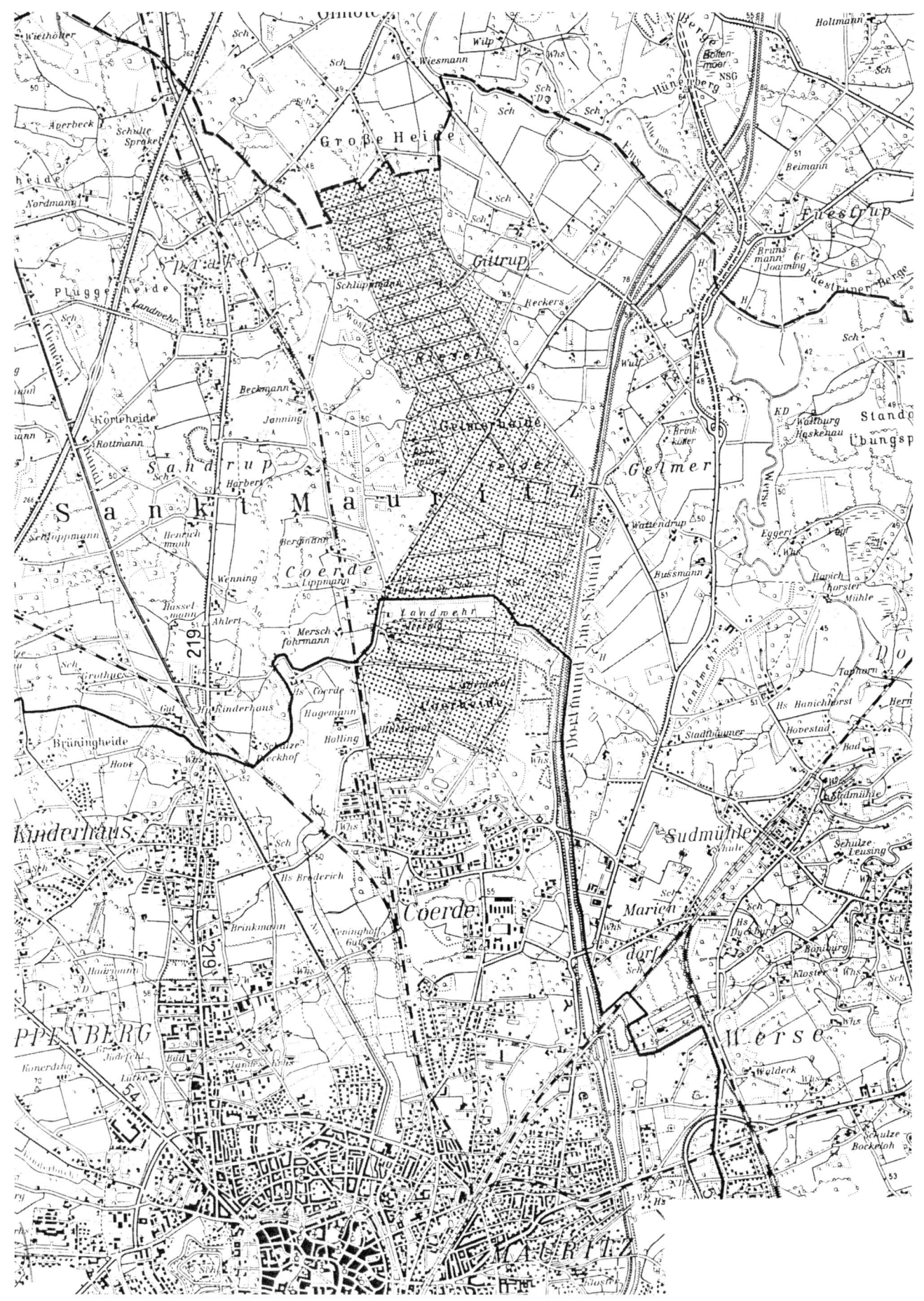

Abb. 80 Die Rieselfelder im Norden der Stadt; die Abwässer wurden durch Rohrleitungen in die Felder geleitet und dort verrieselt.

Abb. 81 Das Elektrizitätswerk mit Betriebsbahnhof für die Straßenbahn

Abb. 82 Die städtische Betriebsverwaltung nach einem Aquarell von Grabbe

Elektrizitätswerk

Als zweite Energieversorgungsquelle neben dem Gas wurde 1901 die Elektrizität in Münster eingeführt. Zusätzlich zur eigenen Stromproduktion erhielt die Stadt seit 1921 Fernstrom durch die Vereinigten Elektrizitätswerke.

Im Jahre 1898 faßte die Stadtverordnetenversammlung den Beschluß, ein Elektrizitätswerk zu bauen. Ermutigt durch eine Umfrage bei den Bürgern, die großes Interesse am Bezug von elektrischem Strom zeigten, sah sie einen genügend großen Absatzmarkt für diese neue Art der städtischen Energieversorgung. 1900 erging der Bauauftrag an die Firma Lahmeyer und Co. aus Frankfurt. Bereits 1901 war die erste Maschine für die Stromabgabe an die Straßenbahn - ebenfalls eine neue Errungenschaft dieser Zeit in Münster - betriebsbereit. Im Spätherbst des Jahres 1902 wurde die endgültige Fertigstellung des Werkes am Albersloher Weg unweit des Stadthafens gefeiert (Abb. 81, 82).

12 Jahre später, 1914, hatte das Elektrizitätswerk die Grenze seiner Kapazität erreicht. Eine weitere Vergrößerung oder, als Alternative, der Anschluß an ein Überlandwerk wurde in Erwägung gezogen, doch der Beginn des Ersten Weltkriegs verhinderte eine Entscheidung. Unzulängliche Kohlelieferungen führten dazu, daß das Werk in den Kriegsjahren die Stromabgabe einschränken mußte. Elektrischer Strom wurde zur Mangelware. Erst 1921 begannen neue Verhandlungen, die im folgenden Jahr ihren Abschluß mit dem teilweisen Fernstrombezug von den Vereinigten Elektrizitätswerken (VEW) in Dortmund fanden.

Am 14.12.1922 erhielt Münster zum ersten Mal Strom über die VEW. Die Umwandlung des hochgespannten Fernstroms in die dem städtischen Stromnetz angepaßten Stromarten machten Umformeranlagen notwendig, die in den Jahren 1922 bis 1927 errichtet wurden (Abb. 84). Die

Abb. 83 Turbinenanlage im Maschinenhaus des Elektrizitätswerks (um 1910)

Abb. 84 Umspannwerk der VEW an der Weseler Straße. 1923 entstand hier anstelle des heutigen Umspannwerkes eine erste Hauptschaltstation der VEW. Etwa 10 Jahre später wurden die zwei schlichten achsensymetrischen Wohngebäude für Werksbedienstete errichtet.

Jahr	Einwohnerzahl Münsters	Stromerzeugung Selbsterzeugung kWh	Stromerzeugung Fernbezug kWh	auf 1 Person entfallen kWh	Abgabe an Private u. Wasserwerk kWh	Abgabe an Straßenbahn kWh
1903	76 487	1 540 866	—	20,1	824 541	470 307
1904	78 499	1 890 712	—	24,1	1 104 084	467 025
1905	81 468	2 265 300	—	27,8	1 594 423	490 402
1910	91 207	3 333 085	—	36,5	2 585 467	568 697
1914	100 672	7 432 488	—	73,8	6 240 018	756 491
1918	99 212	7 410 643	—	74,7	6 411 341	461 756
1921	103 206	7 278 833	—	70,5	6 249 142	482 817
1922	104 271	5 009 512	1 142 125	59,0	5 086 398	236 369
1923	105 296	491 313	5 595 455	57,8	4 753 661	79 534
1924	107 107	1 669 910	7 401 760	84,7	6 839 228	857 698
1927	113 921	5 798 100	8 744 305	127,7	11 234 086	1 171 450
1929	118 568	5 660 240	11 982 920	148,8	13 984 550	1 289 360
1930	120 343	6 344 170	10 796 401	142,4	13 479 185	1 176 690
1931	121 662	7 793 870	7 684 362	127,2	12 379 359	1 032 540
1932	122 664	8 458 310	6 634 965	123,0	11 906 145	996 670
1933	125 225	8 954 580	6 699 751	125,0	12 715 477	1 038 230
1934	127 889	9 269 550	7 272 622	129,3	13 398 568	1 066 780
1935 (Etat)	132 443	9 163 540	9 106 545	137,7	13 831 687	1 166 739
1936 (Etat)	132 663	—	—	—	—	—

Abb. 85 Übersicht über die Entwicklung des Elektrizitätswerkes zwischen 1903 und 1936

Stromlieferung mit niedergespannten Drehstrom in die neuen Stadtteile außerhalb des Ringes erfolgte über Transformatorenstationen, so daß auch hier die elektrische Straßenbeleuchtung eingeführt werden konnte. Der elektrische Strom, zunächst nur für elektrische Beleuchtung, verdrängte nach und nach die Gasmaschine (Abb. 85). Nur in der Wärmewirtschaft konnte Elektrizität bis in die 30er Jahre nicht Fuß fassen, *„obwohl die gefällige Form, die die Industrie den Geräten verleiht, die im Haushalt durch Strom in Tätigkeit gesetzt werden, und die unmittelbare Betätigung dieser Geräte durch einen Hebeldruck dem Verbraucher Freude bereiten"* (A. Prahl: Die eigenwirtschaftliche Tätigkeit der Stadt Münster, 1934, S. 83).

Öffentlicher Personennahverkehr

Mit der flächenhaften Ausdehnung der Stadt Münster und der sich allmählich vollziehenden Trennung von Wohn- und Arbeitsstätten ergab sich auch die Notwendigkeit eines innerstädtischen Verkehrssystems, mit dem die Menschen die immer größer werdenden Distanzen überwinden konnten. Individuelle Verkehrsmittel wie das Auto waren technisch noch nicht ausgereift und für die meisten noch unerschwinglich.

Die erste Phase des öffentlichen Nahverkehrs begann 1888 mit Pferdeomnibussen, die aber bald durch die Einführung der *„Elektrischen"* abgelöst wurde. Als wesentliche Ergänzung dieses Verkehrsmittels richtete die Stadt ab 1927 Autobuslinien ein, um auch die neu entstandenen Siedlungsgebiete an der Peripherie mit dem innerstädtischen Verkehrsnetz zu verbinden.

Pferdeomnibusse als erste öffentliche Nahverkehrsmittel: Am 5. August 1888 eröffnete der Mietkutscher Heinrich Hagenschneider seinen Pferdeomnibusbetrieb. Eingesetzt wurden zunächst drei Wagen, die auf der Strecke vom Bahnhof zum Gericht und vom Prinzipalmarkt über die Warendorfer Straße bis in das Ostviertel in Höhe des heutigen Kaiser- Wilhelm-Ringes verkehrten. Die dritte Linie pendelte zwischen Prinzipalmarkt und dem Schützenhof in der Südstadt (Abb. 86).

Trotz Bestandsvergrößerung war Hagenschneiders Betrieb den Anforderungen des Verkehrs bald nicht mehr gewachsen. Mit einer Einwohnerzahl von ca. 64.000 Einwohnern begann Münster um 1900 allmählich zu einer Großstadt heranzuwachsen. Die neuen Stadtteile schoben sich immer weiter in das ländliche Umland vor. Für die Strecken zwischen den einzelnen Stadtteilen und zur Innenstadt waren die Pferdeomnibusse nur unzureichende - und unbequeme - Verkehrsmittel, die das Fahrgastaufkommen nicht bewältigen konnten.

Elektrische Straßenbahnen: Die Lösung der Verkehrsprobleme wurde immer dringlicher, so daß sich die Stadt nach längerer Beratung für den Bau einer elektrischen Straßenbahn entschied. Die Voraussetzungen dafür waren durch den Bau des Elektrizitätswerkes geschaffen worden. Während das Elektrizitätswerk von der Stadt selbst betrieben wurde, war vorgesehen, die Leitung des Verkehrsbetriebes der privaten Baufirma Lahmeyer zu übertragen. Am 13.7.1901, noch vor der endgültigen Fertigstellung des Elektrizitätswerkes, nahm die Straßenbahn erstmals ihren Betrieb auf. Betriebshallen und -bahnhof lagen am Albersloher Weg (Abb. 87).

Die *„Rote Linie"* führte vom Bahnhof über den Servatiiplatz, dem zentralen Umsteigebahnhof, durch die Altstadt und über das Neutor und die

Abb. 86 Hagenschneiders Pferdeomnibus und die elektrische Straßenbahn

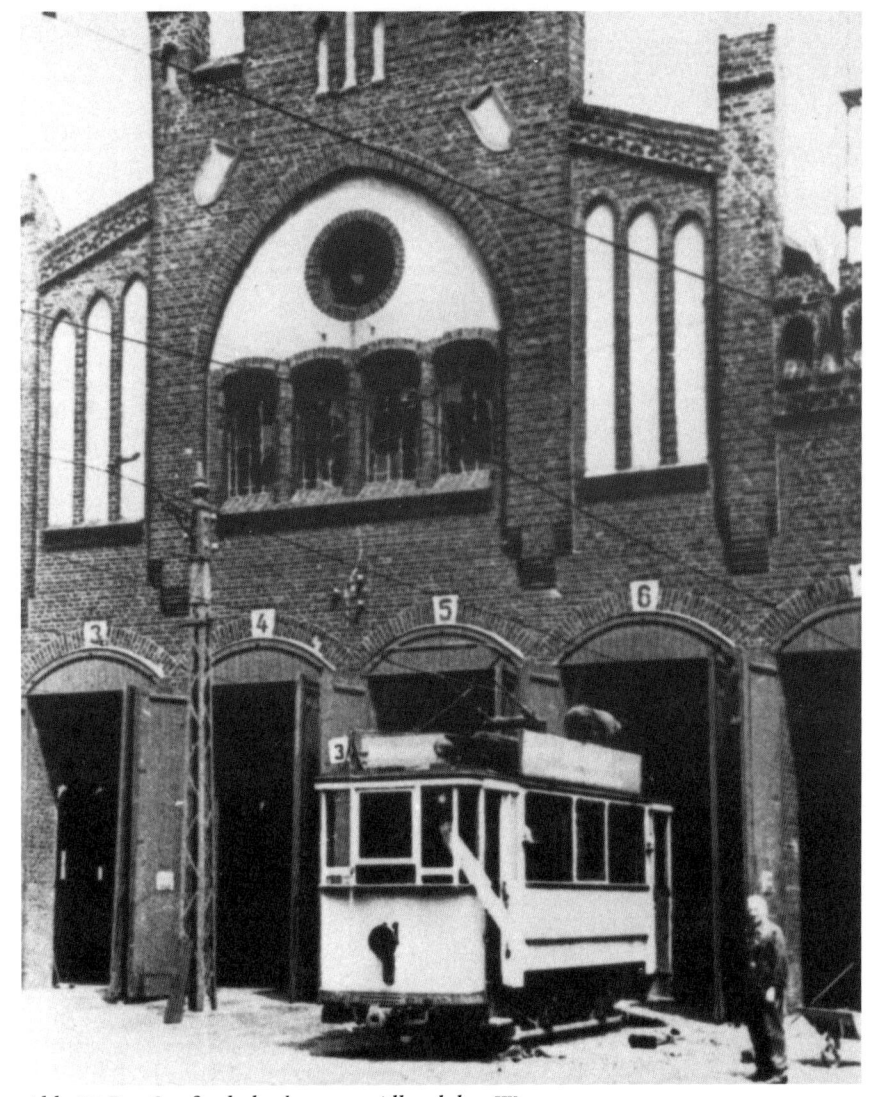

Abb. 87 Das Straßenbahndepot am Albersloher Weg

Abb. 88 Straßenbahn auf dem Ludgeriplatz

Abb. 89 Die Verkehrsmittel zu Anfang des 20. Jahrhunderts.

Steinfurter Straße bis zur Einmündung der Schmalen Straße. Die „*Gelbe Linie*" verkehrte zwischen der Warendorfer Straße (Höhe Schiffahrter Damm) und dem Schützenhof an der Hammer Straße im Südviertel (Abb. 88, 89).
Eine „*Grüne Linie*", die vom Marienplatz über Verspoel, Windhorst-, Bahnhofs- und Hafenstraße bis zum Albersloher Weg in Höhe der Lippstädter Straße verlief, wurde bald nach Eröffnung wegen Unwirtschaftlichkeit wieder eingestellt. Den Streckenanteil vom Albersloher Weg bis zum Bahnhof übernahm die „Rote Linie".
Das neue Verkehrsmittel wurde von den Münsteranern so gut angenommen, daß man schon bald vom Zwölf-Minuten- auf den Sechs-Minuten-Takt überging.

Erweiterung des Streckennetzes:
Nachdem die Betriebsleitung im Jahre 1909 an die Stadt übergegangen war, begann man mit dem Ausbau der Strecke Servatiiplatz-Wolbecker Straße bis zur Höhe Liboristraße. Damit wurde auch der südliche Bereich des inzwischen dichtbesiedelten Ostviertels an den öffentlichen Nahverkehr angeschlossen. Am 1.1.1910 wurde diese neue Linie, von nun an „*Grüne Linie*" genannt, eröffnet. Die Gesamtstrecke der Bahn erhöhte sich damit auf 9 Kilometer.
Drei Jahre später, 1913, wurde das Streckennetz zum zweiten Mal erweitert: Das Nordviertel, seit Anfang des Jahrhunderts zu einem begehrten Wohnstandort herangewachsen, erhielt nun eine Anbindung an die Innenstadt. Das Gesamtstreckennetz umfaßte damit 12 Kilometer. Die Gleise durch das Nordviertel wurden mit denen der „*Grünen Linie*" verbunden, und die ganze Strecke in „*Blaue Linie*" umbenannt. Während des Ersten Weltkrieges übernahmen die Straßenbahnen neben der Personenbeförderung auch Verwundetentransporte und Fahrten zur „*Volksspeisung*", der Lebensmittelversorgung in den einzelnen Stadtteilen.
In den Jahren der Inflation wurde der Verkehrsbetrieb zu einer schweren finanziellen Belastung für die Stadt. Trotz mehrfacher Preiserhöhung stiegen die Defizite. Sparmaßnahmen führten dazu, daß zunächst die nur noch wenig benutzte Strecke Nordplatz-Wolbecker Straße (1920), dann zwei Jahre später der gesamte Verkehr eingestellt wurde.
Nach den Jahren der Inflation nahm man den Verkehr probeweise wieder auf. Ab Februar 1924 verkehrten die Linien wieder regelmäßig und wurden aufgrund des ständig steigenden Bedarfs weiter ausgebaut. Die Strecke Marienplatz-Schützenhof sowie der Prinzipalmarkt, Wolbecker-, Friedrich- und Bahnhofstraße sowie die Hafenstraße und der Albersloher Weg erhielten zwischen 1925 und 1927 ein zweites Gleis. Durch diesen Ausbau konnte auf Teilstrecken ein Tempo von 40 Kilo-

metern in der Stunde erreicht werden. Der Beginn der Wirtschaftskrise Ende der 20er Jahre verhinderte jedoch den weiteren Ausbau der restlichen Teilstrecken.

Im Zuge einer allgemeinen Modernisierung benannte man auch die einzelnen Linien um: Statt ihrer „farbigen" Bezeichnung wählte man für die „Rote Linie" die Nummer 1, für die „Gelbe Linie" Nummer 2, und die „Blaue Linie" wurde zur Nummer 3. Nach dem Ende des Zweiten Weltkrieges baute man die zerstörten Verkehrsanlagen wieder auf, doch schon bald verstärkte sich die Meinung, die elektrische Straßenbahn sei der zukünftigen Verkehrsentwicklung nicht mehr angemessen. 1954 wurde der Verkehr zugunsten der Oberleitungsbusse endgültig eingestellt.

Autobuslinien: Zur Ergänzung des schienengebundenen Nahverkehrs wurden ab 1925 Autobusse eingesetzt. Sie sollten die immer stärker besiedelten Außenbezirke mit der Kernstadt verbinden.

Abb. 90 Im Lazarettwagen der städtischen Straßenbahn

Ein besonders dringliches Problem war die fehlende Verbindung zwischen Hauptbahnhof und den Universitätskliniken, deren Bedeutung weit über die Grenzen der Stadt hinausging; sie wurden von zahlreichen Auswärtigen aufgesucht, die in erster Linie mit dem Zug anreisten. So hatte sich bereits Anfang der 20er Jahre eine erste frühe Bürgerinitiative, die „West- Münster-Bewegung", gebildet, zu deren Hauptziel die Anbindung des Klinikviertels an das Straßenbahnnetz gehörte.

Am 1.1.1925 wurde die erste Autobuslinie, die Linie 4, über rund 5 Kilometer eröffnet. Drei Omnibusse fuhren über die Haltestellen Bahnhof, Ludgeriplatz, Weseler Straße,

Abb. 91 „Verkehrsknotenpunkt" Bahnhofsvorplatz Anfang der 30er Jahre

Abb. 92 Autobus in den 30er Jahren

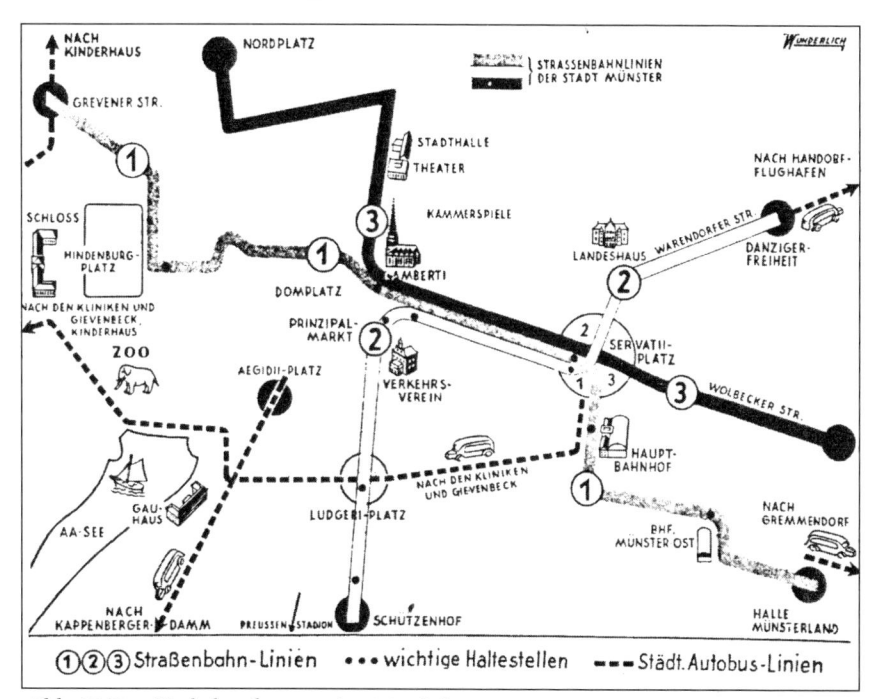

Abb. 93 Der Verkehrsplan aus den 30er Jahren

Zentralfriedhof, Hüffer Stiftung, Universitätskliniken, Roxeler Straße bis zur Endstation an der Grevener Straße. (Abb. 91, 92). Zwei Jahre später, 1927, erfolgte die Eröffnung der nächsten Linie, die zwischen der Infanteriekaserne an der Grevener Straße und der Reiterkaserne an der Steinfurter Straße pendelte (Linie 5). Zu bestimmten Tageszeiten fuhr sie sogar bis zur Poststelle Kinderhaus (Linie 6). 1931 eröffneten die Städtischen Verkehrsbetriebe eine weitere Linie (Linie 7), die von der Aegidiistraße über die Weseler Straße bis zum Duesbergweg führte und bald darauf bis zur Siedlung der Kriegerheimstätte erweitert wurde. Im Süden der Stadt lag nach dem Ersten Weltkrieg ein Schwerpunkt der Siedlungsentwicklung Münsters. Durch den gemeinnützigen Wohnungsbau auf der Geist und am Kappenberger Damm hatte die Bevölkerung hier stark zugenommen. Günstige Verkehrsverbindungen zur Innenstadt mußten geschaffen werden.

Zwischen 1936 und 1938 entstanden weitere Buslinien: Die Linie 8 nach Gremmendorf mit Haltestellen an der Halle Münsterland und Loddenheide, die Linie 9, die auf der Ringstraße zwischen Ludgeriplatz und Niedersachsenring verkehrte, sowie die Linien 10 und 10a, die zwischen der Danziger Freiheit und dem Flughafen Handorf bzw. dem Fliegerhorst pendelten. Diese neuen Verkehrsanbindungen waren vor allem vor dem Hintergrund einer schnellen Erreichbarkeit der militärischen Einrichtungen entstanden.

1939 umfaßte das Streckennetz 44 Kilometer. Rund 2,6 Millionen Fahrgäste wurden in jenem Jahr befördert. Die höchsten Fahrgastzahlen wies dabei die Strecke zu den Universitätskliniken auf (Abb. 93, 94).

Jahr	Einwohnerzahl Münsters	Gefahrene Wagenkilometer	Beförderte Personen	Ein Einwohner ist gefahren
1924	107 107	40 824	133 354	1,2
1925	108 210	184 179	567 994	5,3
1926	110 459	193 219	620 327	5,6
1927	113 921	286 858	879 744	7,7
1928	116 040	240 964	906 070	7,8
1929	118 568	232 825	960 500	8,1
1930	120 343	243 937	744 652	6,2
1931	121 662	314 092	870 998	7,2
1932	122 664	343 798	881 270	7,2
1933	125 225	371 999	913 908	7,3
1634	127 889	334 436	932 656	7,3
1935 (Etat)	132 663	349 134	1 038 039	
1936 (Etat)	--			7,8

Abb. 94 Übersicht über die Entwicklung der Kraftwagenlinien

41

Entwicklung der Stadtplanung: Planungsinstrumente und Zielvorstellungen für die neuen Stadtteile

Die ersten städtebaulichen Erweiterungsplanungen aus den Jahren 1854 und 1864 blieben für die Siedlungsentwicklung ohne Bedeutung. Erst durch die Fluchtlinienpläne, die sich aus der preußischen Gesetzgebung ergaben, entwickelte sich die Bautätigkeit ab 1875 nach den Zielvorstellungen der städtischen Baubehörden. Mit der Verschärfung der Baupolizeiordnung und der Einführung von Bauzonenordnung und Freiflächenplan verstärkte sich der Einfluß eines planerischen Gestaltungswillen. Unter nationalsozialistischer Herrschaft entstanden weitreichende Planungen für eine Stadterweiterung nach Westen.

Anfänge der Stadtplanung - erste Stadterweiterungspläne von 1854 und 1864

Seit Mitte des 19. Jahrhunderts war die Zahl der Wohngebäude entlang der Ausfallstraßen und auf den vorstädtischen Gartenparzellen, die sich wegen ihres Zuschnitts hervorragend als Baugrundstücke eigneten, gewachsen.

Entsprechend dem Grundsatz jener Zeit, dem Bürger ein Höchstmaß an persönlicher Freiheit zu gewähren, war auch die Baufreiheit nur durch wenige behördliche Bestimmungen eingeschränkt. *„In der Regel ist jeder Eigentümer seinen Grund und Boden mit Gebäuden zu besetzen wohl befugt. Doch soll zum Schaden oder Unsicherheit des gemeinen Wesens und zur Verunstaltung der Städte und öffentlichen Plätze kein Bau und keine Veränderung vorgenommen werden."* (Art. 65, Allgemeines Preußisches Landrecht von 1794)

Bautechnische Mängel, Verunstaltungen des Stadtbildes, besonders aber Verstöße gegen die Feuersicherheit waren die einzigen Gründe, die zur Ablehnung eines Baugesuchs führen konnten. Die Festlegung und Überwachung der Bauvorschriften waren Sache der Polizei, die für die Aufrechterhaltung von Sicherheit und Ordnung verantwortlich war.

Als 1848 die Bahnlinie Münster - Hamm eröffnet wurde, setzte in Nähe der Bahnanlagen im Osten und Süden der Stadt eine verstärkte Bautätigkeit ein. Nicht nur Wohnhäuser, sondern auch kleine Fabriken entstanden auf den vorstädtischen Flächen, ohne daß jedoch bereits eine geregelte Erschließung vorausgegangen war. Um diesen auch für andere aufstrebende Städte Preußens charakteristischen planlosen Siedlungserweiterungen entgegenzuwirken und eine gesetzliche Grundlage für alle Stadterweiterungen zu schaffen, erließ das Königliche Ministerium für Handel, Gewerbe und öffentliche Arbeiten 1855 eine *„Anweisung für die Aufstellung und Ausführung städtischer Bau- und Retablissementpläne"*. Die eine Hälfte der Anweisungen zielte auf Pläne zur Erweiterung der Städte oder zur Anlegung neuer Stadtteile, die andere Hälfte bezog sich auf Wiederaufbaupläne bei Zerstörung einzelner oder mehrerer Stadtteile durch Feuer oder Wasserfluten. Während bei den Wiederaufbauplänen für alte Stadtteile die Verbesserung des Verkehrs und der Feuersicherheit im Vordergrund standen, wurden für die Stadterweiterungen Rahmenrichtlinien und - allerdings nur in geringem Umfang - Planinhalte festgelegt.

So wurde die Straßenbreite auf mindestens 24 Fuß (7,4 m) und die Steigung einer Straße auf höchstens 11,5% festgelegt. Auf das künftige Bedürfnis an Infrastruktur (Marktplätze, öffentliche Schulen, Kirchen und Gerichtsgebäude) wurde lediglich hingewiesen, *„da in Ermangelung einer solchen Fürsorge später unverhältnismäßige Opfer erheischt werden"* (§ 5 der Anweisung für die Aufstellung und Ausführung städtischer Bau und Retablissementpläne, Berlin 1855).

Planungen des preußischen Bauinspektors Teuto: Im Vorgriff auf diese Anweisung begann man in Münster bereits 1854 mit einer Planung für das Gebiet um den Bahnhof, *„um bei der Erteilung von Bau-Konsensen darauf Bedacht zu nehmen, daß nicht Bauten entstehen, durch welche die Durchführung eines regelmäßigen auf eine Reihe von Jahren berechneten, dem muthmaßlichen Bedürfnisse entsprechenden Bauplanes ganz unmöglich oder doch wenigstens sehr erschwert und nur verhältnismäßig kostspielig gemacht wird."* (Bericht zum Bebauungsplan, Stadtarchiv, Fach 129 Nr. 11) Die Königliche Regierung (Abteilung des Inneren) hatte mit dieser Aufgabe ihren Bauinspektor Teuto betraut, der auch schon für andere Städte Erweiterungskonzepte entworfen hatte. Wie für viele Erweiterungspläne jener Zeit typisch, entstand ein starrer Straßenplan mit vorwiegend rechtwinkliger Blockaufteilung parallel zur Bahntrasse (Abb. 95). Dieses formale Prinzip eines Rastergrundrisses war von den französischen Stadtneugründungen des 17. und 18. Jahrhunderts übernommen. Die einzelnen Blöcke besaßen eine durchschnittliche Tiefe von 150 und eine Länge von 150 bis 200 Metern, die Breite der projektierten Straßen war auf 24 Fuß festgelegt und lag damit deutlich über den bisher üblichen Straßenquerschnitten. Während die beiden großen Ausfallstraßen, die Warendorfer und die Wolbecker Straße sowie der Lütkenbecker Weg in die Planung integriert wurden, blieben die teilweise schon bebauten Gartenstiegen völlig unberücksichtigt.

Der Erläuterungsbericht empfahl, in der Achse des Bahnhofs eine Brücke über den Stadtgraben zu bauen, um *„die gewerbetreibende Klasse näher an den Bahnhof"* zu rücken. Diese Forderung wurde tatsächlich erst in den 90er Jahren nach langwierigen Verhandlungen mit der Militärbehörde, der Eigentümerin der ehemaligen Befestigungsanlagen, durch den Bau der Windthorststraße verwirklicht. Der Teuto-Plan sollte als genereller Bauplan für die nächsten 70 bis 100 Jahre gelten, aus dem, wenn erforderlich, spezielle Bebauungspläne zu entwickeln wären. Doch verlief die weitere räumliche Entwicklung unabhängig von Teutos vorgesehenem Konzept. Auch wenn es schon kurz nach der endgültigen Feststellung des Planes zu Berechnungen für die Ausführung kam, wurde der Plan nie realisiert.

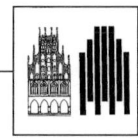

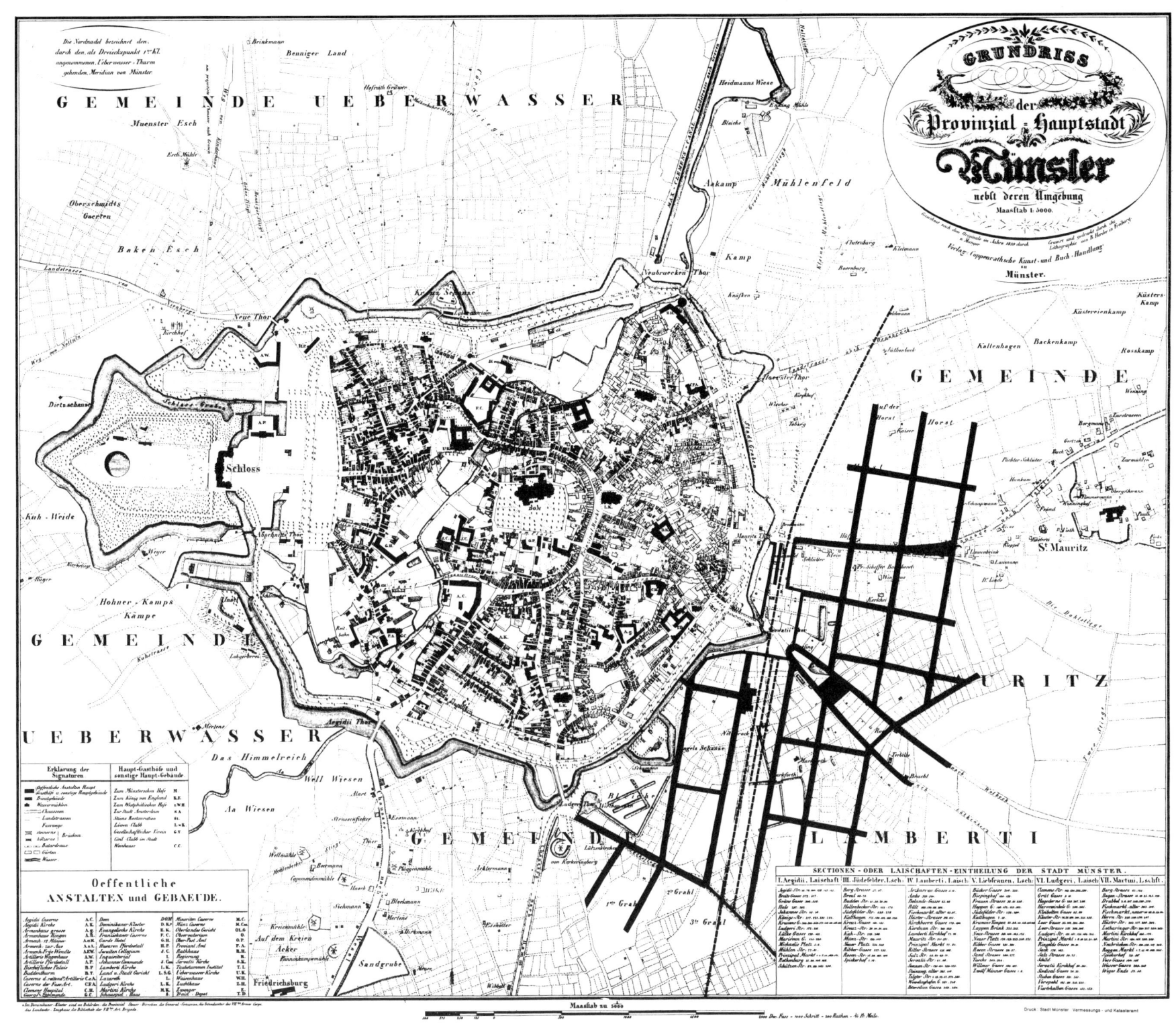

*Abb. 95 Der Entwurf für den Bebauungsplan östlich des Bahnhofs (1854)
Umzeichnung nach dem Original auf der Grundlage der Karte von
v. Manger aus dem Jahre 1839.*

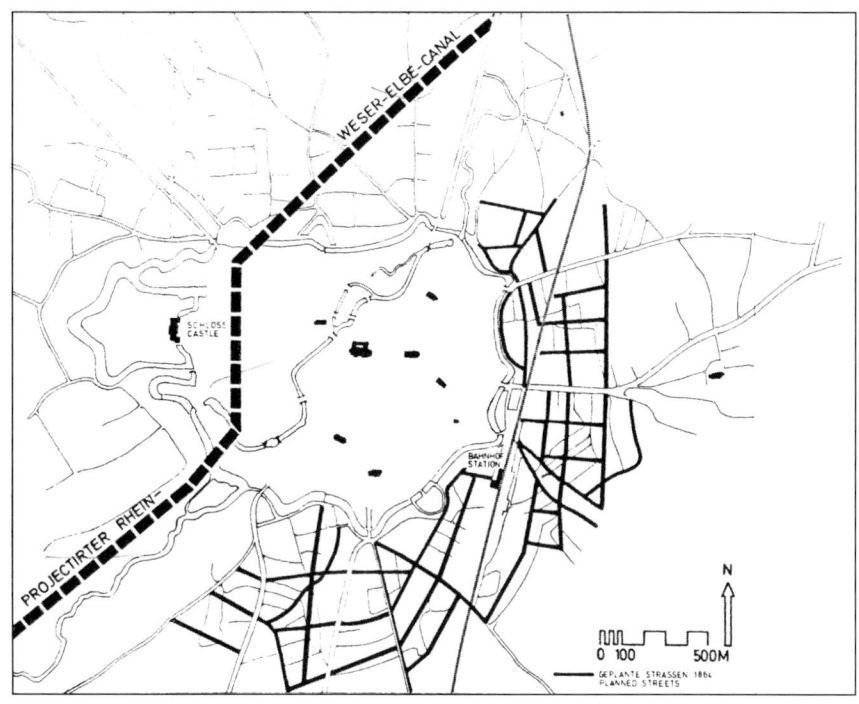

Abb. 96 Planung für den Osten und Süden der Stadt von 1864

Teutos zweite Stadterweiterungspläne: Das gleiche Schicksal widerfuhr 10 Jahre später, 1864, auch dem zweiten Versuch einer systematischen Stadterweiterungsplanung. Im Zuge der Planung für den Rhein-Weser-Elbe-Kanal war ein Bebauungsplan nicht nur für den Osten, sondern auch für die südlichen Vorstadtgebiete aufgestellt worden (Abb. 96). Der östliche Bereich sollte, wie schon im ersten Konzept, mit Hilfe eines starren Blockrasters erschlossen werden. Für den neuen Planbereich zwischen Mecklenbekker Straße (heute Scharnhorststraße) und Gasstraße (Hafenstraße) hielt man sich an ein ähnlich formales Prinzip: die historischen Ausfallstraßen bildeten das Gerüst des vorgesehenen Straßennetzes. Sie sollten durch parallel verlaufende Querstraßen miteinander verbunden werden, so daß große, unregelmäßige Blöcke entstünden, an denen sich die Bebauung vollziehen sollte.

Beide frühen Ansätze einer gelenkten und geordneten Stadterweiterung haben auf die siedlungsstrukturelle Entwicklung Münsters keinen Einfluß nehmen können. Ihr Scheitern hatte mehrere Ursachen. Bei beiden Planungen waren die durch die Gartenparzellen vorgegebenen Besitzstrukturen und die teilweise schon vorhandene Bebauung völlig außer acht gelassen worden. Die Durchsetzung der starren Pläne hätte so eine Vielzahl von Enteignungs- und Entschädigungsverfahren zur Folge gehabt, für die das bestehende rechtliche Instrumentarium noch nicht ausgereift war. So konnte zum Beispiel das Enteignungsrecht nur durch königliche Verordnung für den jeweiligen Einzelfall verliehen werden. Ein weiterer wesentlicher Grund lag auch in der mangelnden Bereitschaft der Landkommunen, die von den Aufsichtsbehörden geforderten Bebauungspläne auch tatsächlich auszuführen, weil für sie damit zu hohe Kosten verbunden gewesen wären.

Planwerke des Stadtbaumeisters Bender: Vorgaben für den gründerzeitlichen Städtebau

Das Jahr 1875 brachte für die Stadt Münster und für die Entwicklung einer *„modernen"* Stadtplanung entscheidende Fortschritte. In jenem Jahr war das preußische Fluchtliniengesetz verabschiedet worden. Es legte die Initiative zur Aufstellung und zum Beschluß von Fluchtlinienplänen eindeutig in die Hände der Gemeinde. Die Kommunen besaßen von nun an das Recht zur Setzung der Fluchtlinien, daß heißt der Grenzen, über die hinaus nicht gebaut werden durfte, ein Recht, das bisher nur die Polizeibehörden besessen hatten. Fluchtlinienpläne dienten somit nicht allein der Gefahrenabwehr, sondern konnten vielmehr auch als städtebauliches Gestaltungsmittel eingesetzt werden.

Mit dem Fluchtliniengesetz wurde weiterhin ein tragbares Enteignungsrecht für den Bau von Straßen sowie eine einheitliche Regelung der Entschädigungsfrage und die Anliegerbeitragspflicht eingeführt, so daß von da an die Durchsetzung von Bebauungsplänen wesentlich erleichtert war. Bis zur Schaffung des Bundesbaugesetzes 1960 blieb das Fluchtliniengesetz eines der wichtigsten rechtlichen Instrumente des Städtebaus überhaupt.

Für die Stadtplanung Münsters kam besonders begünstigend hinzu, daß in jenem Jahr durch die erste Eingemeindung die Erweiterungsgebiete unter die Verwaltungshoheit der Stadt gefallen und somit die Voraussetzungen für eine einheitliche Planung geschaffen waren. Allerdings besaßen die Bebauungspläne, die auf der Grundlage des Fluchtliniengesetzes entstanden, nach wie vor den Charakter reiner Straßenbaupläne. Was hinter der Fluchtlinie auf den privaten Grundstücken geschah, blieb dem Bauherrn weitestgehend selbst überlassen.

Um die willkürliche Bebauung außerhalb der in den Bebauungsplänen festgelegten Bereiche zu verhindern, beschloß die Stadtverordnetenversammlung 1877 ein Ortsstatut, nach dem Bauvorhaben nur bewilligt werden durften, die in den Bebauungsplänen ausgewiesen waren.

Das erste Planwerk Sebastian Benders von 1881: Auf der Grundlage dieser Regelung begann noch im gleichen Jahr der Stadtbaumeister Sebastian Bender mit der Erarbeitung von Bebauungsplänen, die alle neu eingemeindeten Stadtteile umfassen sollten. Dieses erste, von ihm geschaffene Planwerk, bestehend aus 33 Teilplänen im Maßstab 1:2.500, wurde bis 1881 endgültig festgestellt (Abb. 97). Benders Planungen orientierten sich nicht mehr an dem formalen Prinzip, das den Plänen von 1854 und 1864 zugrunde gelegen hatte. Vielmehr nahm er in seinem pragmatischen Entwurf das überkommene Wegenetz - die historischen Straßen und Gartenstiegen - als Grundgerüst für das zukünftige Straßenraster auf: die Gartenstiegen sollten verbreitert und - um Sackgassen zu vermeiden - bis zu den nächst liegenden Querstraßen verlängert werden. Nur für das Gebiet südlich der Gasstraße, wo sich in Nähe des städtischen Gaswerkes kleinere Fabriken angesiedelt hatten, war eine völlig neue Erschließung vorgesehen (vgl. Abb. 98).

Der Schwerpunkt der Planung lag, wie schon bei Teuto, im Osten und Süden der Stadt. Im Norden und Westen waren lediglich einige Querverbindungen zwischen den Überlandstraßen und -wegen vorgesehen, da man hier keine starke Bautätigkeit erwartete. Dem gesamten Planwerk von 1881 lag noch kein übergeordnetes städtebauliches oder gar ästhetisches Prinzip zugrunde. Die Stadterweiterung wurde von Bender - ebenso wie von vielen Städtebauern der damaligen Zeit - eher als ein technisches Problem gesehen, das er auf pragmatische Weise zu lösen versuchte. Sein Ziel, die vorstädtischen Gartengrundstücke einer geordneten Bebauung zuzuführen, ohne dabei in besondere Konflikte mit den Grundeigentümern zu geraten, wurde in den folgenden Jahren Schritt für Schritt erreicht.

Abb. 97 Umzeichnung des Bebauungsplanes von Münster aus dem Jahre 1879/80 in die Stadtkarte von 1873. Das Planwerk umfaßte insgesamt 33 Blätter.

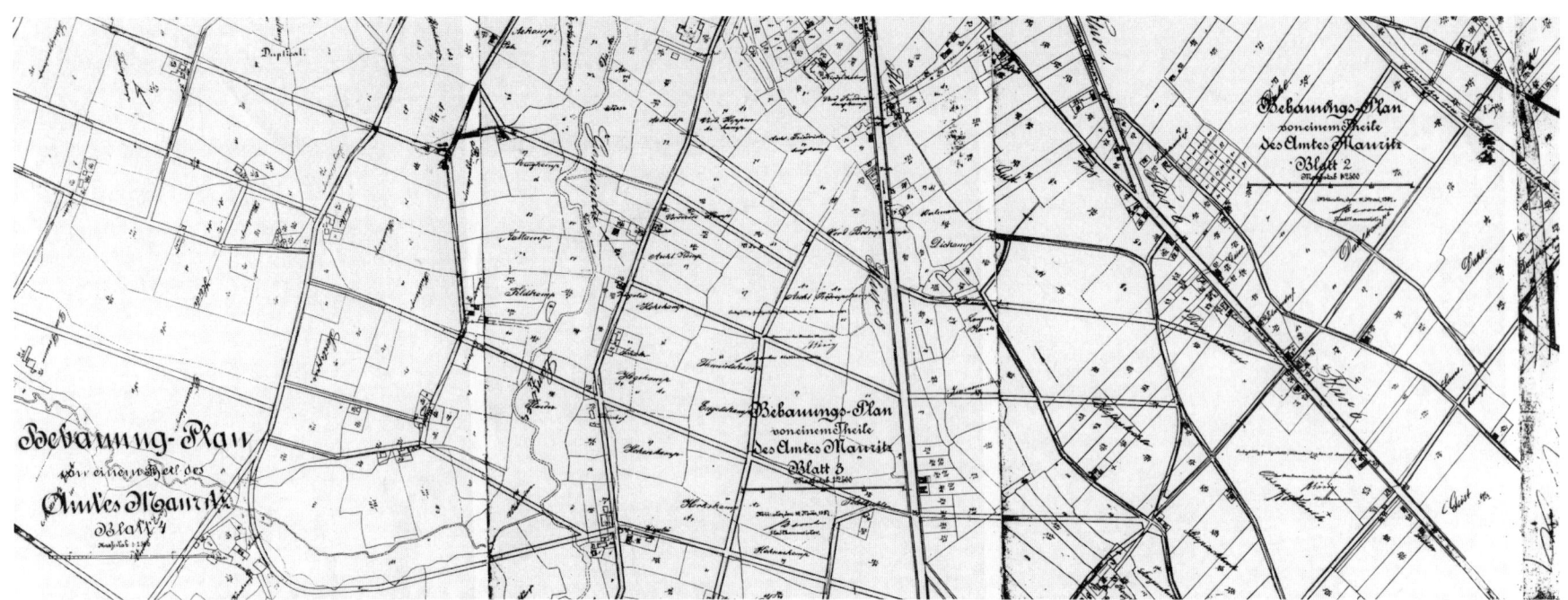

▲ *Abb. 99 Benders Planung für das Amt St. Mauritz 1887 (Südlicher Bereich Blatt 2 - 4)*
◄ *Abb. 98 Neue Verkehrserschließung zwischen Süd- und Gasstraße*

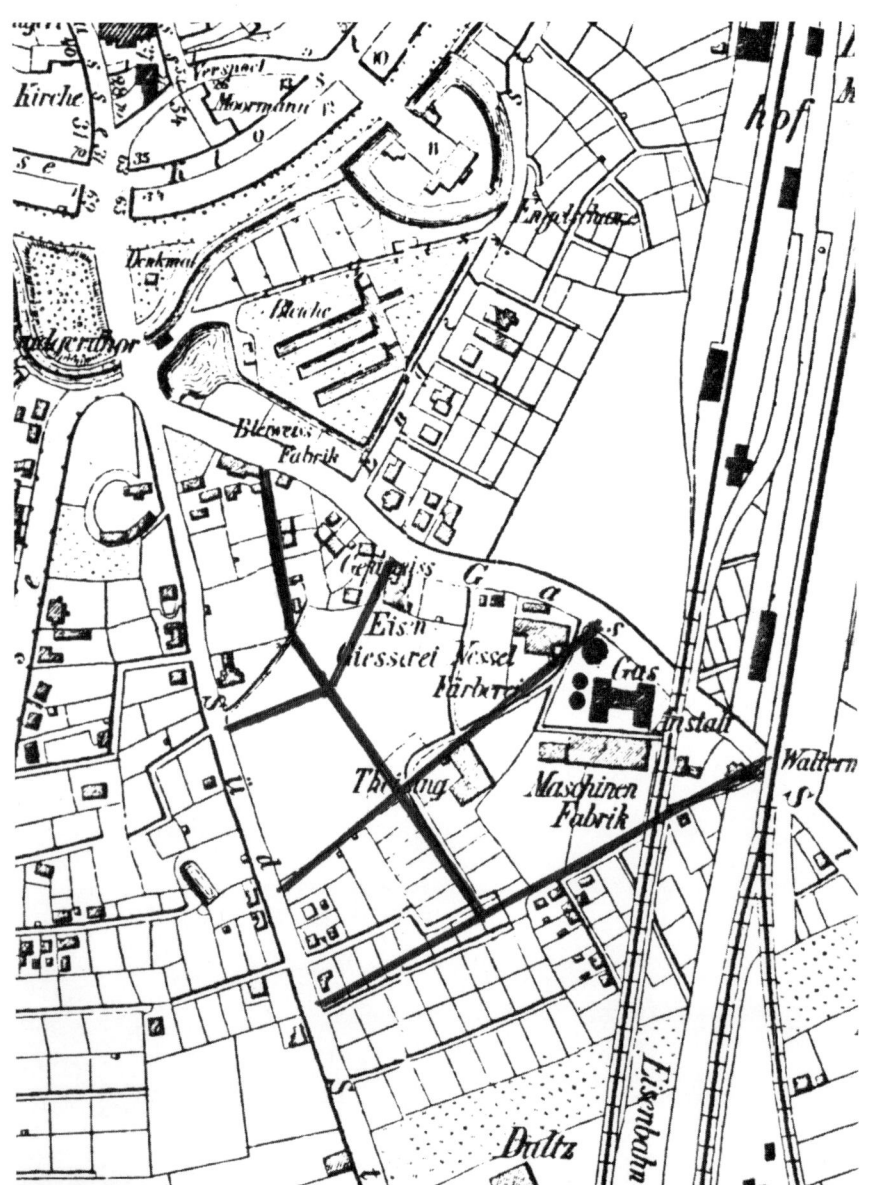

Abb. 100 Münster — Straßennetzplanung 1903

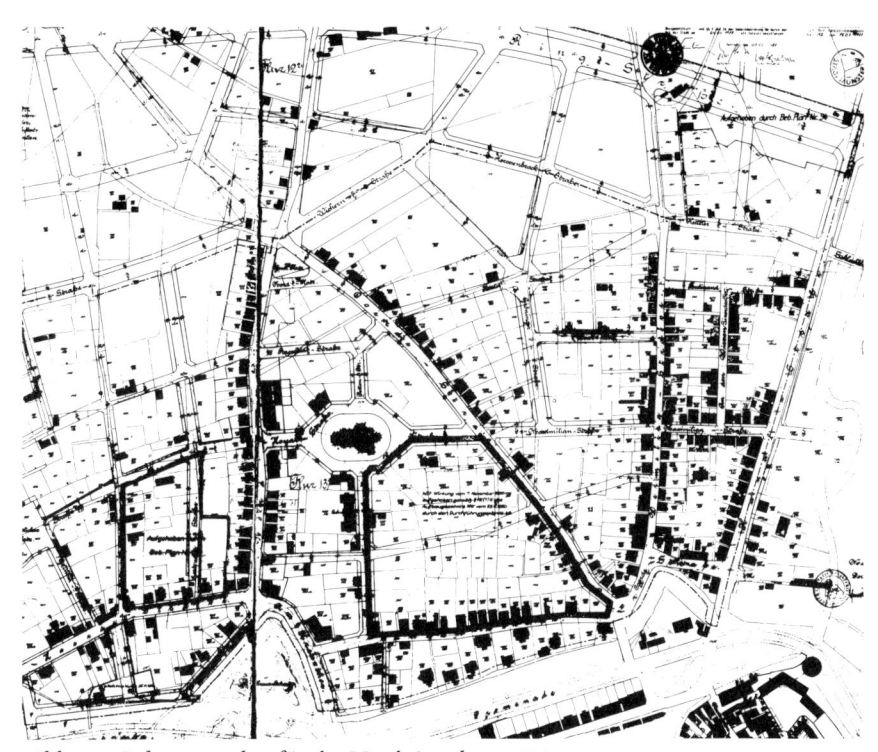

Abb. 102 Bebauungsplan für das Nordviertel von 1895

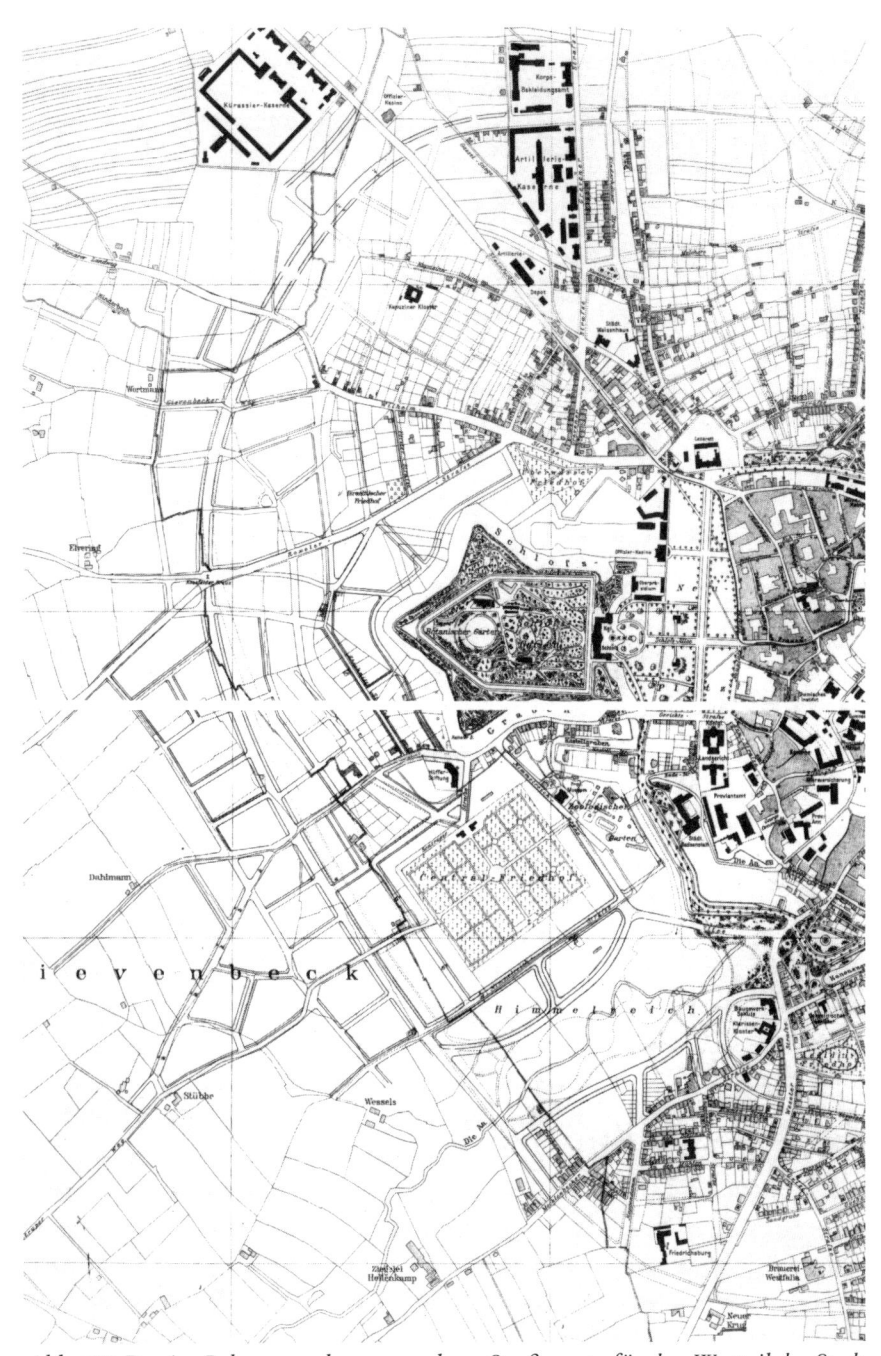

Abb. 101 Das im Bebauungsplan vorgesehene Straßennetz für den Westteil der Stadt, eingezeichnet in die Stadtkarte von 1903

Benders Planungen für das Amt St. Mauritz: Während seiner Tätigkeit in Münster überplante Bender nicht nur städtisches Verwaltungsgebiet. In den 80er Jahren erarbeitete er für das Amt St. Mauritz einen aus 17 Einzelblättern bestehenden Bebauungsplan, der 1887 endgültig fertiggestellt wurde. Die Einzelblätter 2 bis 4 (Abb. 99) für den südlichen Teil des Amtes machen die für die damalige Zeit völlig überdimensionierte Planung deutlich, deren Prinzip an die Entwürfe Teutos von 1854 erinnert: Ein riesiges Straßengitter überzieht das vorstädtische Agrarland. Die großen Überlandstraßen bilden das Gerüst, während die projektierten Querverbindungen die einzelnen Fluren durchschneiden. Aus welchen Gründen heraus dieses Planwerk entstanden ist, dessen Planungshorizont bis weit in das nächste Jahrhundert hineinreichte, ist nicht mehr zu klären. Tatsächlich setzte die bauliche Entwicklung auf diesen Flächen erst 70 Jahre später ein.

Benders zweites Planwerk für die Stadt Münster: In den 80er Jahren schritt die Bautätigkeit in den neuen Stadtteilen immer weiter voran. Die projektierten Straßen wurden in Altstadtnähe langsam ausgebaut. Um 1891 begann Bender mit der Arbeit an neuen Bebauungsplänen, die die erst 10 Jahre gültigen Pläne von 1881 ablösen sollten. Nacheinander entstanden die Pläne für das Ostviertel (1891/92) (Abb. 103), das Südviertel (1893) und das Nordviertel (1896) (Abb. 102).
Diese Entwürfe sind ein gutes Beispiel für die städtebauliche Praxis des späten 19. Jahrhunderts in Deutschland. Das Hauptelement des von Bender vorgesehenen Verkehrswegenetzes war eine Ringstraße als Bindeglied zwischen den neuen Stadtteilen, die allerdings im Süden nicht geschlossen war (und bis heute nicht geschlossen wurde). Innerhalb dieses Ringstraßensystems, in dem das konzentrische Modell der mittelalterlichen Stadt konsequent fortgeführt wurde, waren die Schnittpunkte zahlreicher projektierter Straßen als Stern- oder Dreiecksplätze ausgebildet.
Der Bebauungsplan für das Nordviertel zeigt das Prinzip des Straßengrundrisses, zu dessen großen Vorbildern der Haussmann'sche Plan von Paris (1852/71) gehörte: Recht- und dreieckig angelegte Plätze, langgezogene und geradlinige Straßen mit überdimensionierten Breiten und einige für diese Epoche typische Diagonalstraßen zur *„Erleichterung der Communication"*.
Aus Anlaß der Eingemeindung von 1903 wurden Benders Bebauungspläne für die einzelnen Stadtteile erstmals in einem Plan zusammengetragen. Die neugeplanten Straßen überzogen netzartig das gesamte Stadtgebiet, wobei die Ausfallstraßen und die Ringstraße die Beziehungslinien bildeten (Abb. 100).
Benders Pläne wurden im Laufe der Zeit immer wieder überarbeitet und verändert. So wurde z.B. von den vielen beabsichtigten Plätzen lediglich der Nordplatz im Kreuzviertel an der Wegegabelung zweier historischer Landwege ausgebaut und der Platz an der Kreuzkirche gestaltet. Benders Planungen bilden aber die Grundlage, auf die sich der Städtebau in Münsters Erweiterungsgebieten stützt. Besonders die Realisierung seines Konzeptes einer Ringstraßenanlage hat die Verkehrs- und Siedlungsstruktur wesentlich beeinflußt. Noch heute ist sie zentrales Element des innerstädtischen Verkehrssystems.

Abb. 103 Kombinierte Darstellung der Bebauungspläne für das Mauritzviertel (1894) und das Ost-Viertel (1891/92)

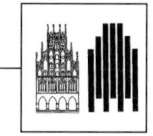

Bauzonenordnung, Freiflächenplan und Bauklassenplan - neue Instrumente für den Städtebau nach der Jahrhundertwende

Bauzonenordnung von 1905: Während die Bebauungspläne die zukünftigen Straßenführungen und Baufluchtlinien festlegten, enthielten die Baupolizeiordnungen zunächst nur Ausführungsbestimmungen für Bauvorhaben in Bezug auf Konstruktionssicherheit, Feuerschutz und hygienische Mindestanforderungen. Die Folge war häufig ein uneinheitliches Stadtbild, ein Nebeneinander unterschiedlicher Nutzungen, Baustile, Geschoßzahlen und Wohndichten.

Ein erster Ansatz, mit Hilfe der Bauordnung auch stadtgestaltend zu wirken, wurde in Münster Anfang des Jahrhunderts gemacht, als 1905 die erste Bauzonenordnung eingeführt wurde und diese sich rasch zu einem Instrument städtebaulicher Gliederung entwickelte. Das auf dieser Bauordnung aufbauende Gliederungsprinzip ist an den Baustrukturen der älteren Stadterweiterungsgebiete erkennbar und beeinflußt durch das Gebot der Anpassung an die vorhandene Bebauung noch heute das Baugeschehen in diesen Gebieten. Mit der Bauordnung von 1905 wurde die Stadt nunmehr in drei Zonen eingeteilt, in denen abgestufte Festsetzungen zur Bauweise - geschlossene oder offene - und zur Gebäudehöhe bzw. zur Geschoßzahl getroffen wurden.

1. die Altstadt, die das Gebiet innerhalb der Promenade umfaßte. Die Bauzonenordnung sah hier eine bis zu viergeschossige geschlossene Bebauung vor.
2. die innere Zone der Neustadt, zu der die Stadtflächen zählten, die 1875 eingemeindet wurden. Für die meisten Straßen war hier die geschlossene Bauweise vorgeschrieben. In einigen Wohnbereichen wurden aber auch Villenstraßen mit offener Bauweise (hierzu gehörten u.a. Kanonengraben, Fürstenbergstraße, Piusallee, Erphostraße, Stolbergstraße, Burchardtstraße, Kaiser-Wilhelm- und Hohenzollernring) und halboffener Bauweise (Rudolfstraße, Gutenbergstraße, Warendorfer Straße) ausgewiesen. Die Geschoßzahlen durften drei Geschosse einschließlich eines Kniestocks oder eines ausgebauten Daches nicht überschreiten. Ausnahmen von dieser Regelung bildeta dabei das Baugebiet zwischen Ludgeriplatz, Promenade, Servatiiplatz und Bahngleisen sowie die Bahnhofstraße zwischen Herwarthstraße und Urbanstraße. Hier durften sogar vier bzw. fünfgeschossige Gebäude gebaut werden, um den Bahnhofsbereich aufzuwerten und ihm ein urbanes Gepräge zu geben.
3. In der äußeren Zone, die die 1903 neu eingemeindeten Gebietsanteile umfaßte, sah die Bauzonenordnung bei offener Bauweise eine zweieinhalbgeschossige Bebauung vor. Die seitlichen Abstände zwischen den Wohngebäuden sollten bis zu 12 Meter betragen.

Abb. 104 Allgemeiner Freiflächen und Grünzonenplan 1920

Freiflächenplan und Bauklassenplan: Nach dem Ende des Ersten Weltkrieges setzte sich ein neues planerisches Leitbild durch, mit dessen Hilfe man die Probleme, besonders die verdichtete Bebauung, die der gründerzeitliche Städtebau geschaffen hatte, in Zukunft vermeiden wollte.

Das neue Ziel der Städtebauer, das sich stark an der Gartenstadtidee Ebenezer Howards und dem aufkommenden Heimatschutzgedanken orientierte, hieß nun *„landschaftsgebundenes Bauen, Auflockerung der gebauten Stadt durch Grün- und Freiflächen"*. Die Umsetzung dieses Leitbildes gelang am eindrucksvollsten bei der Errichtung der Gartenstadt Habichtshöhe/Grüner Grund von 1926 bis 1931.

Von Beginn der 20er Jahre an stand nun bei fast allen Entwürfen zur Stadterweiterung das organische Bauen, die Integration von heimischer Landschaft und gebauter Stadt im Vordergrund. Für den Planer galt, *„die Stadt aus dem Boden und Wesen ihrer Landschaft für das Land zu entwickeln, Gesundheit und Schönheit durch naturgebundenen Weiterausbau anzustreben, den Rhythmus der heimischen Landschaft, Feld und Wald, Heimatrecht selbst mitten in der größeren Stadt zu wahren"* (C. Brand, 10 Jahre neuzeitliche Planung, in: Monographie deutscher Städte, Band 35, Berlin 1930, S. 102).

Der auf diesen Zielen aufbauende Freiflächenplan von 1920 (Abb. 104) bildete als Rahmenplan fortan die Grundlage aller Bebauungspläne der Zwischenkriegszeit und kann somit als Vorläufer unseres heutigen Flächennutzungsplanes gelten. In ihm wurden ganze Zonen freien Landes auch im engeren Stadtbezirk als beständige und gleichberechtigte Flächen neben den bisher allein üblichen Baugebieten festgelegt. Die Grünzonen sollten als Grundgerüst für den Gesamtausbau der Stadt dienen. Freilich griff man dabei nur auf solche Flächen zurück, die sich wegen ihrer Lage und Beschaffenheit nicht als Bauland eigneten, wie z.B. die Flußniederung der Aa. Innerhalb der Baugebiete und Häuserzeilen führte die Bauordnung von 1923 zu einem angemesseneren Verhältnis von Bauflächen und Hof- bzw. Gartenanteilen und damit zu

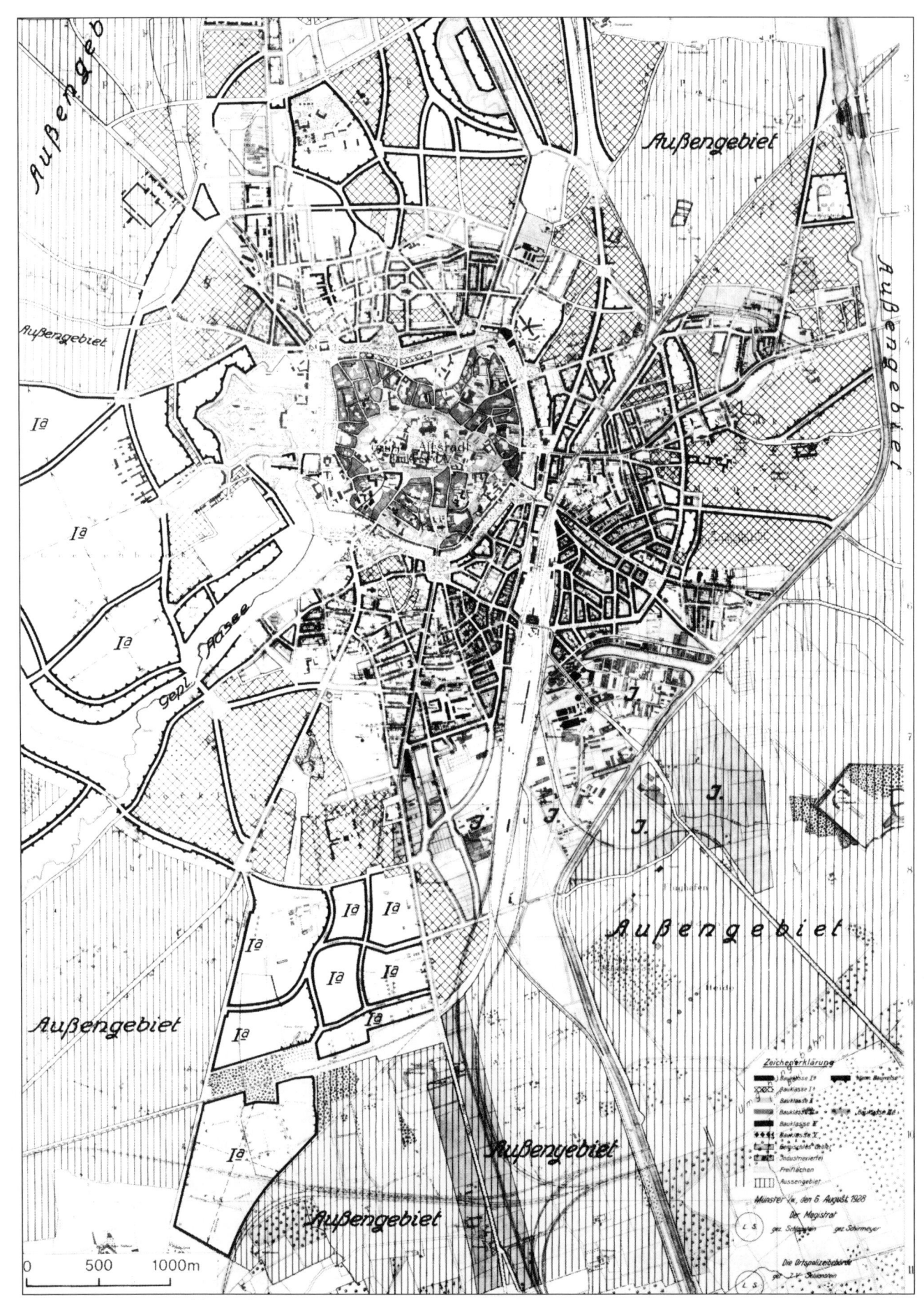

Abb. 105 Münster - Bauklassenplan 1928

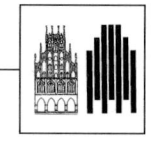

einer besseren Durchgrünung und Durchlüftung der einzelnen Stadtviertel.

Der Bauklassenplan von 1925 (1928 überarbeitet) (Abb. 105) brachte einen weiteren entscheidenden Fortschritt für Stadtplanung und Städtebau. Mit ihm schuf die Stadtverwaltung die Voraussetzung für ein diffenrenziertes, zweckmäßiges und homogenes Bauen in Münster. Der Plan im Maßstab 1 : 5.000 umfaßte zum ersten Mal das gesamte Stadtgebiet und trennte flächendeckend Außengebiete von Baugebieten. Er sah größere Erweiterungsgebiete im Norden jenseits des Friesen- und Cheruskerringes, im Westen auf der Sentruper Höhe und im Süden auf der Geist. Zum ersten Mal erhielt der Plan auch Festsetzungen über Art und Maß der baulichen Nutzung. Er legte die Trennung von Wohn- und Gewerbeflächen innerhalb des Stadtgebietes fest und ermöglichte über die Ausweisung von sechs verschiedenen Bauklassen - zwei- bis fünfgeschossig, in offener oder geschlossener Bauweise - eine Kontrolle der Baudichte.

Zu den bedeutensten Erweiterungen, die in den 20er und 30er Jahren gemäß dem Bauklassenplan entstanden, gehören die Siedlungsgebiete der Geist, die Siedlung Schnorrenburg am Niedersachsenring, der Baublock Ostmarkstraße, die Baugruppe Schützenhof sowie die Mietshäuser an der Grevener Straße und das Dechanei- und Dichterviertel.

Bis 1935 wurden die Aufgaben der Stadtplanung vom Vermessungsamt wahrgenommen. Erst in diesem Jahr kam es zur Gründung eines eigenständigen Stadtplanungsamtes, dessen erste Arbeit die Erstellung eines Generalbebauungsplanes sein sollte. Von dem Plan wurden entscheidende Aussage zur Neuordnung des Verkehrs und zur Nutzung erwartet. Der Plan wurde aber bald durch andere Projekte ersetzt.

Universitätsforum und Zentrum der „Gauhauptstadt Münster": die planerischen Zielvorstellungen in den 30er Jahren

In den 30er Jahren richtete sich das Hauptaugenmerk städtebaulicher Zielvorstellungen auf den Westen der Stadt, das Gelände zwischen Kliniken und dem neu geschaffenen Aasee. Nach dem Willen der Planer sollte hier ein neues Zentrum von bisher ungekannten Ausmaßen entstehen. Durch die Regulierung der Aa waren die Voraussetzungen für eine Bebauung in diesem Bereich geschaffen worden.

Planung eines Universitätsforums: Um 1930 entstand die Idee, auf der Sentruper Höhe zwischen Klinikviertel und dem neu geschaffenen Aasee ein Universitätsforum zu errichten. Die noch erforderlichen Institutsgebäude der naturwissenschaftlichen Fakultäten, öffentliche und kirchliche Gebäude sowie Wohnhäuser sollten hier gebaut werden. Entscheidend für die Planungen, die von dem Mülheimer Architekten Theodor Suhnel ausgingen, war die allgemeine Idee eines einheitlichen Konzeptes unter künstlerischen Gesichtspunkten, nicht der Zweck oder die Einzelbestimmung der Gebäude. Diese sollten - je nach Bedarf und vorhandenen Mitteln - erst später festgelegt werden. Es war beabsichtigt, im Anschluß an die bereits fertigen Klinikbauten die neuen Einrichtungen baulich so anzuordnen, daß ein repräsentativer geschlossener Mittelpunkt der Institute entstünde. Die Vorschläge erstreckten sich vor allem in drei Richtungen:
- Gruppenuferbebauung entlang der Bismarckallee bis zur Brücke einschließlich des Brückenvorplatzes. Als Abschluß der Bismarckallee und Dominante des Brückenplatzes war eine Kirche vorgesehen, die als Monumentalbau das städtebauliche Bild am See beherrschen sollte.
- Offene Bebauung am nördlichen Ufer von der Annette-Droste-Hülshoff-Allee bis zum Gievenbach und zur Waldeyer Straße. Im Kern der offenen Bebauung ist eine Achse auf die Sportplätze am See geplant.
- Einfügung einer Achse vom See bis zur Klinik mit Universitäts- bzw. öffentlichen Bauten (Abb. 106 - 109).

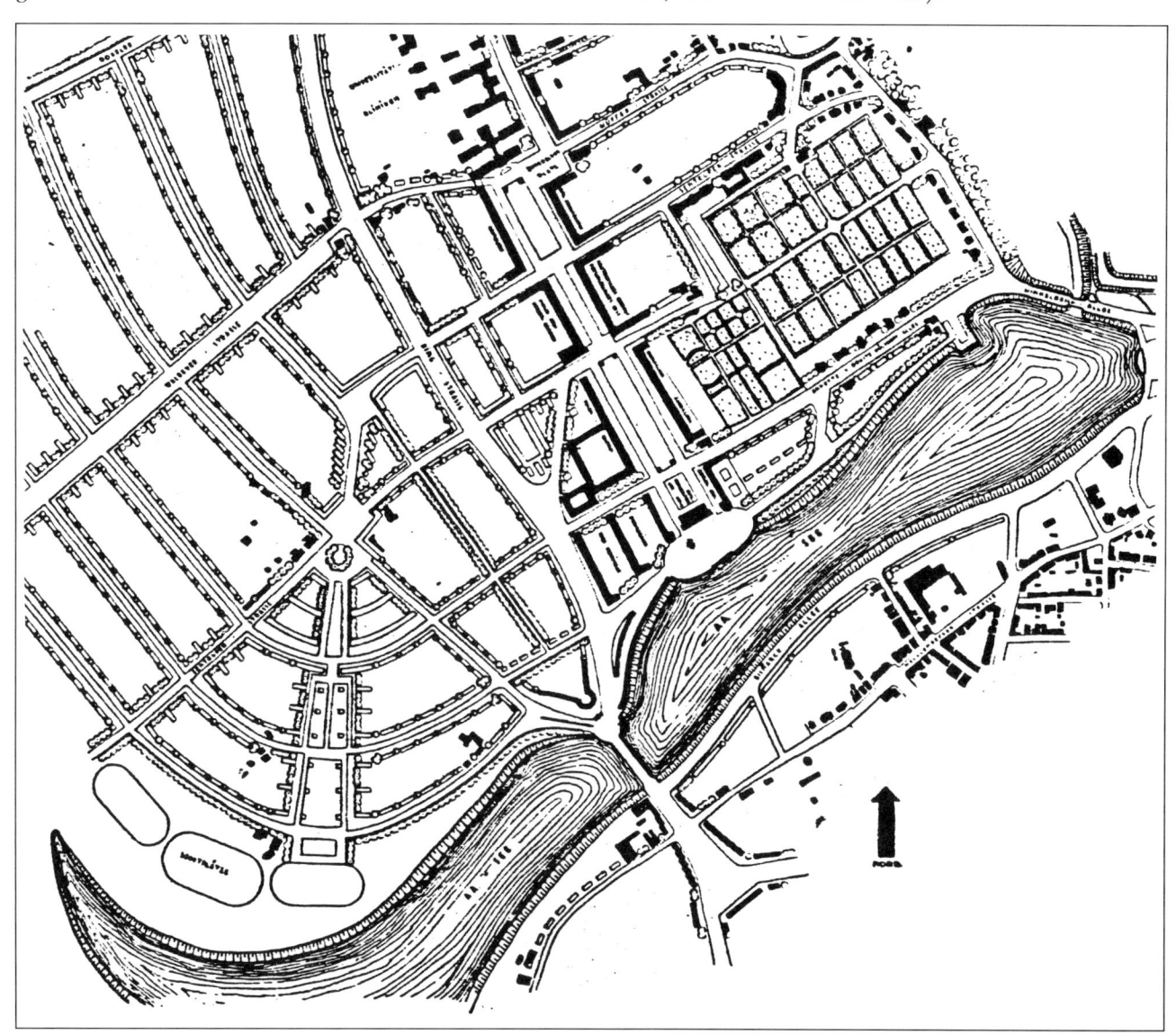

Abb. 106 Bebauungsplan vom Aasee-Gelände

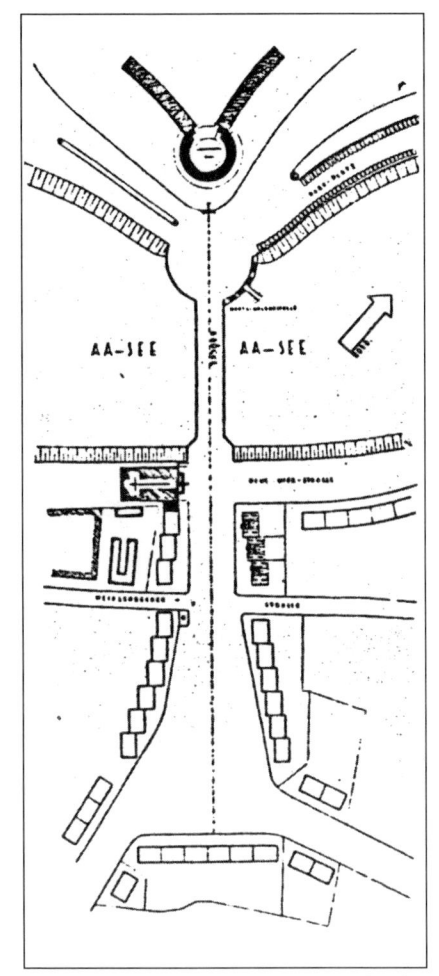

Abb. 107 Lageplan von der Brückenbebauung

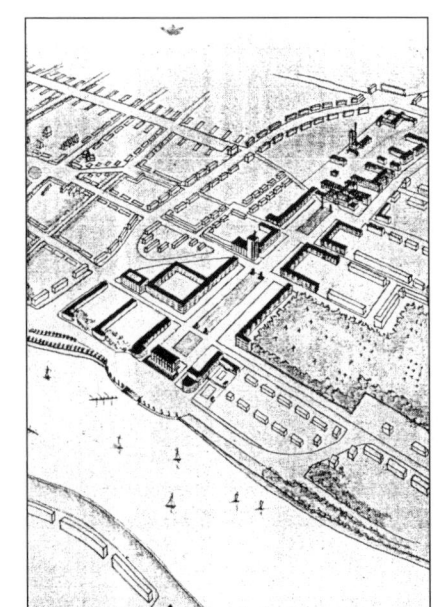

Abb. 108 Schaubild auf das Universitäts-Forum

Abb. 109 Bebauung des Brückenplatzes mit Rundbau-Abschluß

Abb. 110 Neugestaltung der Gauhauptstadt Münster, Modellfoto

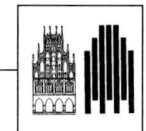

Pläne für die Umgestaltung Münsters zur „Gauhauptstadt": Unter nationalsozialistischer Herrschaft änderten sich die städtebaulichen Zielvorstellungen für die Sentruper Höhe. Die Entwürfe für die Entwicklung eines Universitätszentrums wurden abgelöst durch gigantische Planungen zum Aufbau eines Partei- und Verwaltungszentrums, das der neue Mittelpunkt Münsters werden sollte (Abb. 110). Nach dem Willen der politischen Führung sollte Münster als Hauptstadt und Sitz der Gauleitung einer „*großzügigen städtebaulichen Umgestaltung unterzogen werden*", deren Kernstück das Parteiforum auf der Sentruper Höhe war. In Zusammenarbeit zwischen Gauleitung und Stadtverwaltung entstanden im Rahmen des Gesetzes „*zur Neugestaltung deutscher Städte*" (1937) die ersten Skizzen und Entwürfe.

Für die Gestaltung des Aaseegeländes wurden zwar formale Aspekte der vorangegangenen Planung aufgenommen, die Nutzung sollte aber eine völlig andere sein. An Stelle eines Universitätszentrums sollte ein riesiges Areal für den Partei- und Behördenapparat der nationalsozialistischen Führung entstehen. Im

Abb. 111 Planung für die „Gauhauptstadt" 1938. Bezugspunkt des Planes zur Umgestaltung Münsters auf dem wesentliche Teile der neuen Bauflächen, das Straßen- und Eisenbahnnetz ausgerichtet sind, ist das Parteiforum am Aasee.

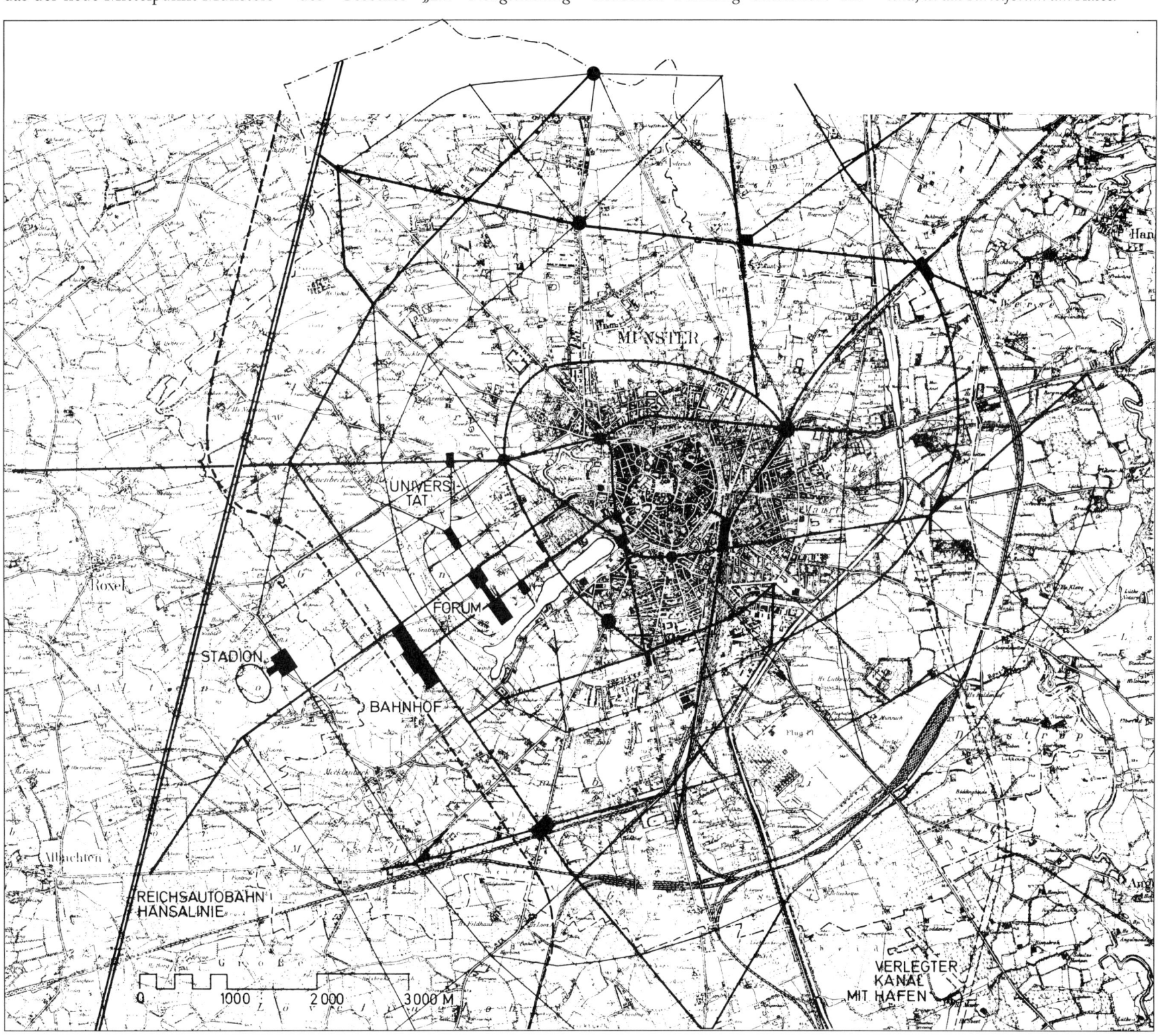

Anschluß daran wurde ein neues Verwaltungs- und Wohnviertel sowie ein Sportstadion mit großzügigen Wettkampfanlagen in Aussicht gestellt.

Die gesamte Planung sollte als repräsentativer Rahmen der Selbstdarstellung von Partei und Staat dienen. Das Forum mit den monumentalen Bauten der Partei, der Deutschen Arbeitsfront und der großen Volkshalle für politische Kundgebungen schob sich bis in die Wasserfläche des Aasees vor und bildete so den südwestlichen Abschluß des Geländes. Zwischen Forum und Kliniken lag das Verwaltungs- und Wohnviertel, dessen Mittelachse wiederum auf die Volkshalle, den zentralen Baukörper der Gesamtanlage, führte.

Nicht nur die Sentruper Höhe, sondern das ganze Stadtgebiet war in die Planungsüberlegungen einbezogen. Besonders die vorhandene Verkehrsinfrastruktur sollte derart umgestaltet werden, daß die Randlage des Forums aufgehoben würde. Breit angelegte Straßen sollten die übrigen Stadtteile, besonders die Altstadt, mit dem neuen Zentrum verbinden. Die Planung sah vor, den Bahnhof vom Osten in den Westen in die unmittelbare Nähe zum Parteiforum und zur geplanten Reichsautobahn zu verlegen. Selbst für den Kanal war eine neue Trasse weiter östlich der städtischen Besiedlung geplant, vermutlich um größere Gewerbeflächen zu schaffen. Mecklenbeck sollte als Wohngebiet großzügig ausgebaut werden.

Mit der städtebaulichen Planung wurde der Stadtbaurat Peter Poelzig betraut, mit der Bearbeitung der Entwürfe für die einzelnen Bauten die Architekten Bartels und Ganteführer. Das riesige Projekt nahm jedoch nie konkrete Formen an, die neue Gauhauptstadt blieb Utopie. Arbeiten für die Wehrmacht - der Bau von Kasernen, Luftschutzbunkern und Fliegerhorsten - und dann, nach Kriegsausbruch, die Beseitigung der Folgen der Luftangriffe und die Wiederaufbauplanung der zerstörten Stadtteile gehörten bald zu den Hauptaufgaben der Stadtplanung.

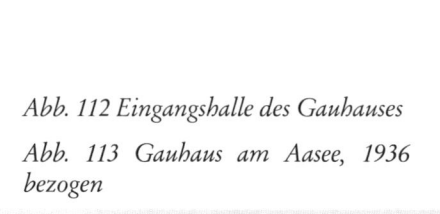

Abb. 112 Eingangshalle des Gauhauses

Abb. 113 Gauhaus am Aasee, 1936 bezogen

Zweiter Hauptteil:
Entwicklung der neuen Siedlungsgebiete

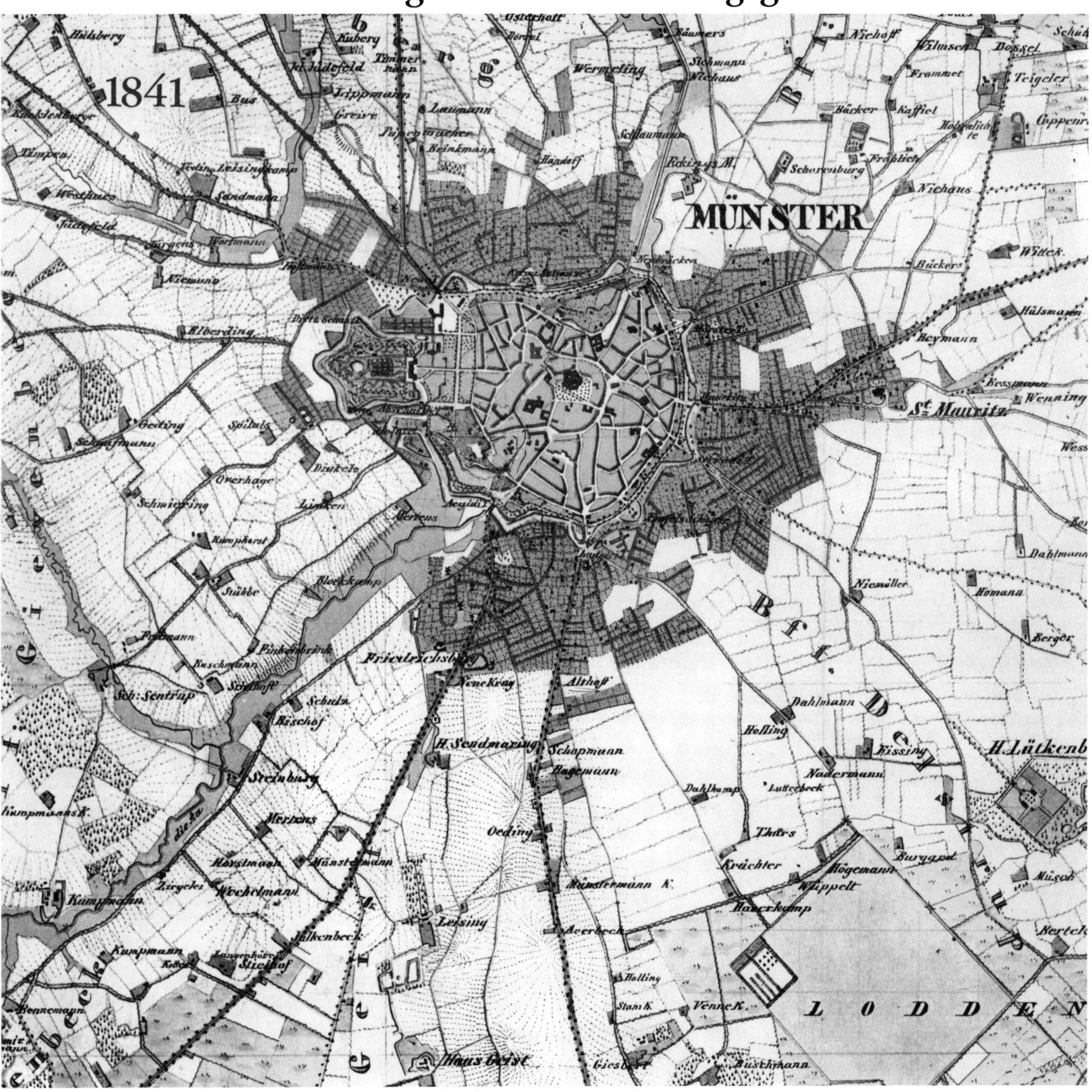

Abb. 114 Die Stadt mit ihrem Gartenvorland (Preußischer Generalstab, Aufnahme 1841, Bande X, Blatt 2)

Das Siedlungsgefüge vor der ersten Stadterweiterung

Die Ernennung Münsters zur Provinzialhauptstadt Westfalens im Jahr 1815 und der damit verbundene Bedeutungszuwachs der Stadt blieb in den ersten Jahren ohne nennenswerte Auswirkungen auf die Siedlungs- und Baustrukturen außerhalb des Promenadenringes.

Wohnquartiere innerhalb der Wallanlagen waren in noch ausreichendem Maße vorhanden. An den Hauptstraßen des mittelalterlichen Wegenetzes existierte in der Kernstadt eine durchgängige, meist giebelständige Bebauung, während in den kleinen Nebenstraßen und Gassen die Häuser traufständig errichtet waren. Die Aa-Niederung blieb lange Zeit unbebaut, weil der sumpfige Untergrund eine Besiedlung nicht zuließ.

Als die Einwohnerzahl weiter zunahm und Wohnraum allmählich knapp zu werden drohte, ging man dazu über, die Häuser durch An- und Ausbauten zu erweitern und neue Gebäude an den Außenseiten der alten Mauerstraßen zur Promenade hin zu errichten.

Jenseits dieser ehemaligen Wallanlage, die ja zugleich die administrative Grenze der Stadt war, begann das „platte Land". Ein vorstädtischer Gartenring von etwa einem Kilometer Tiefe, aufgeteilt in eine Vielzahl von kleinen Parzellen, umschloß die Stadt (Abb. 114). Die einzelnen Grundstücke besaßen eine durchschnittliche Größe von etwa 800 qm und befanden sich fast ausschließlich im Besitz Münsteraner Bürger, die hier, in einer Zeit, wo das Reisen noch nicht üblich war, ihre Sommerfrische verbrachten. Einige der Gärten waren auch an Mittellose verpachtet, die durch den Verkauf von selbstgezogenem Gemüse ihren Unterhalt zu verbessern suchten.

Historisch belegt sind diese Gärten schon seit dem 14. Jahrhundert. Im Laufe der Zeit hatten viele Eigentümer kleine Lauben errichtet, die aber in Kriegszeiten häufig wieder niedergerissen wurden, um ein freies Schußfeld vor der Stadt zu schaffen. Ende des 18., Anfang des 19. Jahrhunderts begann man, einige dieser Lauben umzugestalten und zum Teil als Wohnungen zu nutzen. Zwei dieser Gartenhäuser haben sich bis heute - trotz der vielschichtigen und gravierenden Veränderungen, die der Gartenring erfahren hat - im Stadtbild an der Josefstraße im Südviertel und an der Goldstraße nahe des Hörster Tors erhalten können (Abb. 115- 118). Auch das alte Netz der Gartenstiegen läßt sich noch mühelos an den heutigen Straßenführungen ablesen (Abb. 119 und 120).

Unmittelbar im Anschluß an die Gartengrundstücke begann das bäuerliche Münsterland mit seinen weit verstreuten Hofstellen, Gutshöfen und kleinen Kötterhäusern. Nur die Stiftssiedlung St. Mauritz und Kinderhaus - im 14. Jahrhundert als Leprosenstation entstanden - zeigten ansatzweise einen kleinen Siedlungskern. Die übrigen Landgemeinden, heute fast alle in das Stadtgebiet eingemeindet, lagen nach den damaligen Verkehrsverhältnissen noch weit vor den Toren der Stadt.

Abb. 115 Gartenhaus an der Josefstraße. Ursprünglich stand das von 1749 datierte Gartenhaus in der Karlstraße südlich des Mauritztors. 1911 war es von J. Hötte aufgekauft und an der Josefstr. 2 in der Südstadt unter Verwendung des alten Materials wieder aufgebaut worden.

Abb. 116 Gartenhaus an der Josefstraße, Seitenansicht

Abb. 117, 118 Gartenhaus an der Goldstraße. Wahrscheinlich wurde es um 1780 erbaut, 1989 fand eine umfangreiche Renovierung statt

Abb. 119, 120 Ein Teil des Wegenetzes aus der Zeit um 1840 läßt sich in den Straßenführungen des heutigen Stadtgrundrisses leicht wiedererkennen.

Abb. 121 Promenade, bis 1875 die Stadtgrenze von Münster

59

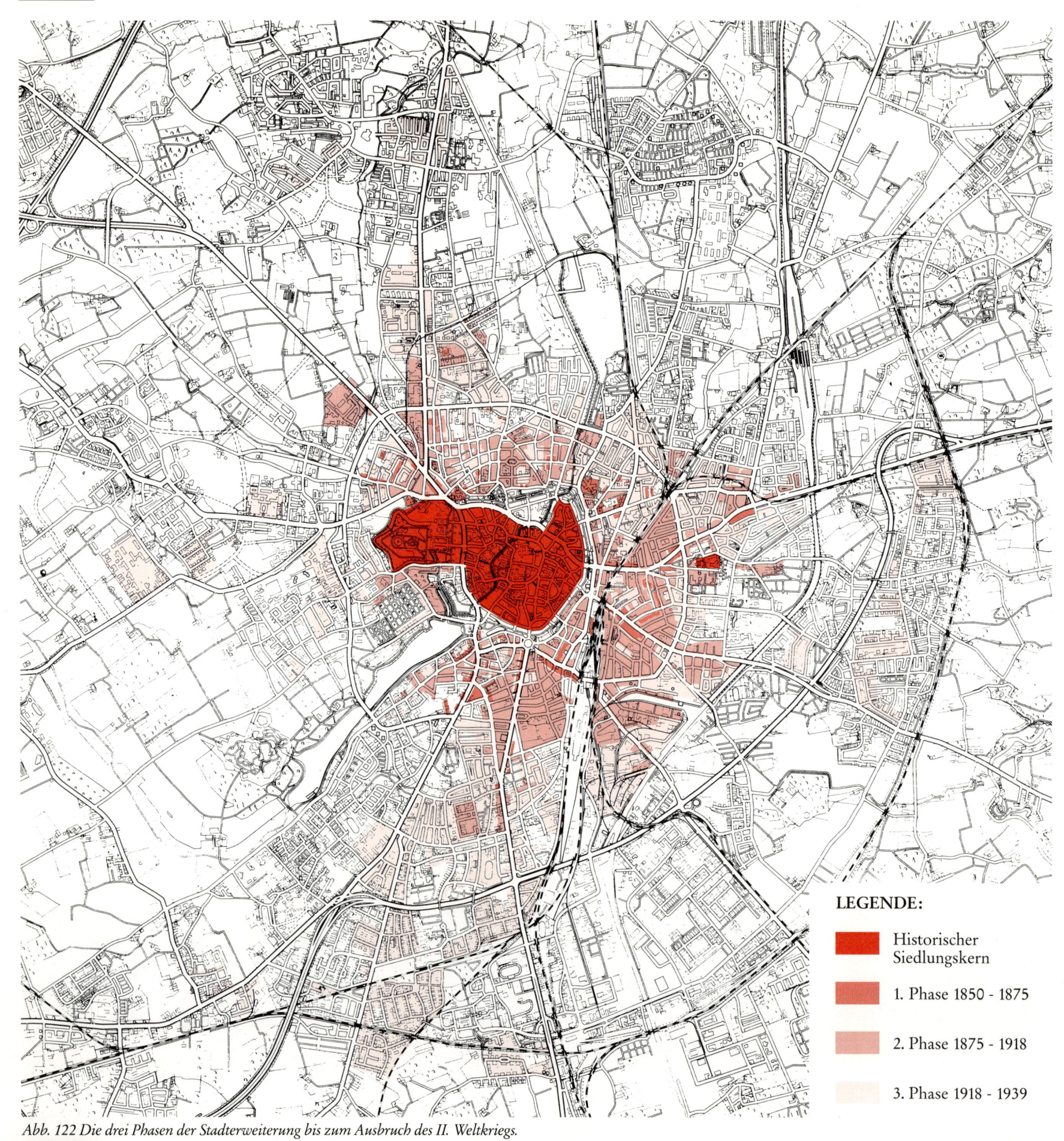

Abb. 122 Die drei Phasen der Stadterweiterung bis zum Ausbruch des II. Weltkriegs.

LEGENDE:

- Historischer Siedlungskern
- 1. Phase 1850 - 1875
- 2. Phase 1875 - 1918
- 3. Phase 1918 - 1939

Drei Phasen der Stadterweiterung: vom Garten- und Bauernland zu neuen Stadtteilen

Das Siedlungswachstum über den Promenadenring hinaus vollzog sich bis zum Beginn des Zweiten Weltkriegs, der für den Städtebau Münsters eine deutliche Zäsur setzte, in drei deutlich voneinander abgrenzbaren Perioden (Abb. 122).

1850 - 1875: Erste Phase der Stadterweiterung

Die erste Phase der Siedlungserweiterungen setzte in etwa mit dem Bau der Eisenbahnlinie Münster-Hamm (1848) ein und endete mit der ersten Eingemeindung von 1875, als auch das Preußische Fluchtliniengesetz für eine geordnete städtebauliche Entwicklung in Kraft trat.

Charakteristisch für diese Zeit war die punktuelle, noch völlig ungeregelte Besiedlung einzelner Gartengrundstücke, vor allem in Stadtnähe entlang der Ausfallstraßen und der Bahnlinie.

Außer einigen staatlichen und kommunalen Einrichtungen, wie z.B. dem Zuchthaus und dem ersten städtischen Gaswerk, die in der eng bebauten Stadt keinen Standort fanden und einer kleinen Anzahl herrschaftlicher Villen, deren Besitzer „auf dem Land" jenseits der Promenade gebaut hatten, um es dem Adel mit seinen Sommersitzen gleichzutun, entstanden in erster Linie kleine, einfache Wohnhäuser der ärmeren Bevölkerung.

1875 - 1918: Stadterweiterungen der Kaiserzeit

In dieser Zeitspanne, in der auch die zweite territoriale Gebietserweiterung fiel (1903), bildeten sich die Siedlungsstrukturen heraus, die heute noch das Stadtbild bestimmen.

Die punktuelle, lockere Bebauung des vorstädtischen Gartenlandes verdichtete sich zu einer mehr oder weniger kompakten Vorstadt mit der notwendigen sozialen und technischen Infrastruktur: Kirchen und Schulen wurden gebaut, die Wohnviertel erhielten Gas, Strom und Anschlüsse an das Wasserversorgungsnetz. Neu geschaffene Institutionen fanden hier ihren Standort, aber auch alteingesessene Einrichtungen aus der Altstadt wurden in die neuen Stadtviertel verlagert.

Die Stadterweiterungsgebiete nahmen nun bereits mehr Fläche ein als der alte Stadtkern. Besonders stark war die Bauentwicklung im Süden und Osten. Im Norden setzte sie erst etwas später ein und im Westen blieb sie zunächst auf einige Einzelprojekte beschränkt.

Um die immer größer werdenden Distanzen zwischen den einzelnen Stadtbezirken zu überwinden, wurde eine Straßenbahn gebaut, ein großzügiges Verkehrssystem geplant und zum Teil ausgeführt (Ringstraße), das in etwa dem konzentrischen Wachstum entsprach.

Parallel zu der immensen Bautätigkeit entwickelte sich mit Fluchtlinienplänen, Bauordnung und Bauzonenordnung ein Planungsinstrumentarium, das der Stadt die Möglichkeit gab, das Siedlungswachstum in geordnete Bahnen zu lenken und nach eigenen Vorstellungen zu gestalten.

Der Wohnungsbau selbst lag fast ausschließlich in privater Hand; auch die Anlage von Erschließungsstraßen wurde zum Teil von Privatunternehmern übernommen. Es gab aber auch Ausnahmen: um für die große Gruppe der in Münster arbeitenden Beamten Wohnungen zu schaffen, wurde nach dem Reichsgesetz vom 1.5.1889 als erste gemeinnützige Baugenossenschaft am 23.11.1893 der Beamtenwohnungsverein gegründet. Unter seiner Leitung wurden in den folgenden Jahren eine Reihe von Bauvorhaben in den neuen Stadtvierteln verwirklicht. Auch die Stadt selbst übernahm kurz vor Ausbruch des Ersten Weltkrieges erstmals die Aufgabe, Wohnraum für ihre Angestellten zu schaffen (Liboristraße, Moselstraße).

In der durch Verwaltung, Militär und Kirche geprägten Stadt unterblieb der groß angelegte Mietskasernenbau mit den daraus resultierenden hygienischen und sozialen Problemen. Vielmehr waren es eher die zum Teil recht repräsentativ gestalteten Mehrfamilienhäuser des Mittelstandes in den unterschiedlichsten Architekturformen des Historismus, die das Bild der Straßen Münsters bestimmten.

Der Erste Weltkrieg setzte der regen Bautätigkeit ein Ende. 1917 kam es sogar zu einem behördlich angeordneten Baustopp.

1918 - 1939: Stadterweiterungen der Zwischenkriegsjahre

Die Siedlungsentwicklung wurde in der Zeit zwischen den beiden Weltkriegen ganz entscheidend geprägt durch den sozialen Wohnungsbau.

Nach Kriegsende herrschte in Münster akute Wohnungsnot. Die Stadt blieb zwar von Zerstörungen verschont, doch gab es eine große Zahl von Grenz- und Auslandsdeutschen sowie Zuwanderer aus den besetzten Rheinprovinzen und dem Ruhrgebiet, die hier eine neue Heimat suchten. Staat und Kommunen mußten sich daher aktiv für eine Lösung der Wohnungsprobleme einsetzen. Auf der Grundlage des Preußischen Wohnungsgesetzes vom 28.3.1918 wurden Wohnungsbaugesellschaften gegründet, die mit Beihilfen von Reich und Land sowie Geldern der Landesversicherungsanstalt und der Berufsgenossenschaften Wohnungen im ausreichenden Maße und für erschwingliche Mieten erstellten.

In den 20er Jahren entstanden unter dem Motto „*Von der Wohnungskultur der wenigen zur Wohnungskultur der vielen*"weitläufige Siedlungen an der Peripherie der Stadt, wobei ein besonderer Schwerpunkt im Süden und Nordosten lag (Geist und Schnorrenburg). Das Siedlungswachstum erfuhr somit erstmals eine Nord-Süd gestreckte Ausrichtung.

Flach- und Stockwerksbauten - freistehende Ein- und Zweifamilienhäuser auf großen Grundstücken und mehrgeschossige Häuserzeilen mit großzügigen zusammenhängenden Grünflächen - waren die bevorzugten Bautypen. Der Städtebau orientierte sich dabei zunehmend an den Leitsätzen der Gartenstadtbewegung.

Zu den öffentlichen Großprojekten jener Jahre gehört die Fertigstellung der Universitätskliniken und der Bau des Aasees, der im Rahmen eines umfangreichen Arbeitsbeschaffungsprogramms geschaffen wurde. Aber auch die Anlage vieler Sportstätten und Kleingartenanlagen fällt in diesen Abschnitt der Siedlungsgeschichte.

Mit der Weltwirtschaftskrise seit 1928/29 brach der soziale Wohnungsbau großen Stils zusammen. In den darauffolgenden Jahren wurden in den Außenbereichen der Stadt noch sogenannte Kleinsiedlungen errichtet: in Gievenbeck, in Mecklenbeck, in Kinderhaus, am Vennheideweg an der südlichen Peripherie und nahe der Mondstraße. Diese Siedlungen, die auf der Grundlage der Brüning'schen Notverordnung vom 6.10.1931 zur Schaffung einer Existenzgrundlage für sozial Schwache und Arbeitslose entstanden sind, nahmen aber bei weitem nicht den Umfang des sozialen Wohnungsbaus der 20er Jahre ein.

Mit der Machtübernahme der Nationalsozialisten flossen staatliche Gelder in erster Linie in Rüstungsbauten. Architektonische Zeugen dieser Zeit sind die Luftschutzbunker und Kasernenbauten, die sich über das ganze Stadtgebiet verteilen.

Am 1.11.1939, kurz nach Ausbruch des Zweiten Weltkrieges, wurde ein vollkommenes Bauverbot verfügt. In den folgenden Jahren durften nur noch solche Bauten errichtet werden, die von zuständiger Stelle als „*kriegswichtig*"anerkannt wurden.

Städtebauliche Entwicklung im Süden

Die Stadterweiterungen haben im Süden ihren Anfang genommen. Nach der ersten noch lückenhaften Bebauung entlang der Ausfallstraßen und auf den Gartenparzellen entwickelte sich zwischen 1875 und 1914 das gründerzeitlich beeinflußte Siedlungsbild der Vorstadt bis ungefähr in Höhe des Schützenhofes. Der Erste Weltkrieg unterbrach die rasche Bauentwicklung. Der Wohnungsbau der 20er und 30er Jahre war besonders geprägt durch die Tätigkeiten der Siedlungsgesellschaften, die auf der Geist neue Wohnformen für sozial schwächer gestellte Bevölkerungsschichten schufen. Zu Beginn des Zweiten Weltkrieges hatte die Bebauungsgrenze bereits die Höhe der Umgehungsbahn erreicht (Abb. 123).

Abb. 123 Die Siedlungsflächen im Süden. Sie reichen von der Promenade und Hafenstraße im Norden bis zu den kleinen Siedlungseinheiten am Krieger- und Vennheideweg im Süden. Aasee und Mecklenbecker Straße stellen die westliche, der Bahnkörper die östliche Begrenzung dar.

Südliches Umland in der ersten Hälfte des 19. Jahrhunderts: Vorstadtgärten und Äcker der Geister Bauern bestimmen die Landschaft

Das Gelände der Bauerschaft Geist, aus der die heutige Südstadt hervorgegangen ist, wird zu einem großen Teil von der „Geest" (gest, güst = trocken), dem schwach gewölbten, eiszeitlich geformten Kiessandrücken eingenommen, der in einem weiten Bogen über das Stadtgebiet von Münster verläuft und der Bauerschaft ihren Namen gegeben hat (Abb. 124).

Zwei der wichtigsten Fernverbindungen der Stadt, die Weseler und Hammer Straße, führten über dieses Gebiet. Die übrigen Wegeverbindungen waren lediglich schmale Feldwege. Selbst der Kappenberger Damm als alter Handelsweg wurde erst in den 30er Jahren unseres Jahrhunderts chausseemäßig ausgebaut. Vor allem waren es zwei Nutzungen, die bis zum Einsetzen der Siedlungserweiterung das Bild der südlichen Vorstadtgebiete bestimmten. Zum einen war es der vorstädtische Gartenring, der vom Promenadenwall bis ungefähr in Höhe des Wirtshauses Neuer Krug und der heutigen Josefskirche reichte. Nur die Talaue der Aa und größere Flächen („1tes, 2tes, 3tes Grahl") östlich der Südstraße - damals noch ein schmaler Feldweg, der zur Loddenheide führte - waren unparzelliert (Abb. 124). Innerhalb des Gartenkranzes lagen auch der Aegidiikirchhof und die Friedrichsburg. Diese war 1725 von dem Domdechanten Friedrich von Galen erbaut worden und diente nach seinem Tode den Jesuiten und später den Ordensfrauen der Göttlichen Vorsehung als Kloster. Heute noch bildet diese Anlage mit ihrem großen Park und Nutzgärten eine grüne Insel im bebauten Stadtgebiet (Abb. 125).

Jenseits der Gartenparzellen wurde der Boden der Geist landwirtschaftlich genutzt. Auf dem sandigen

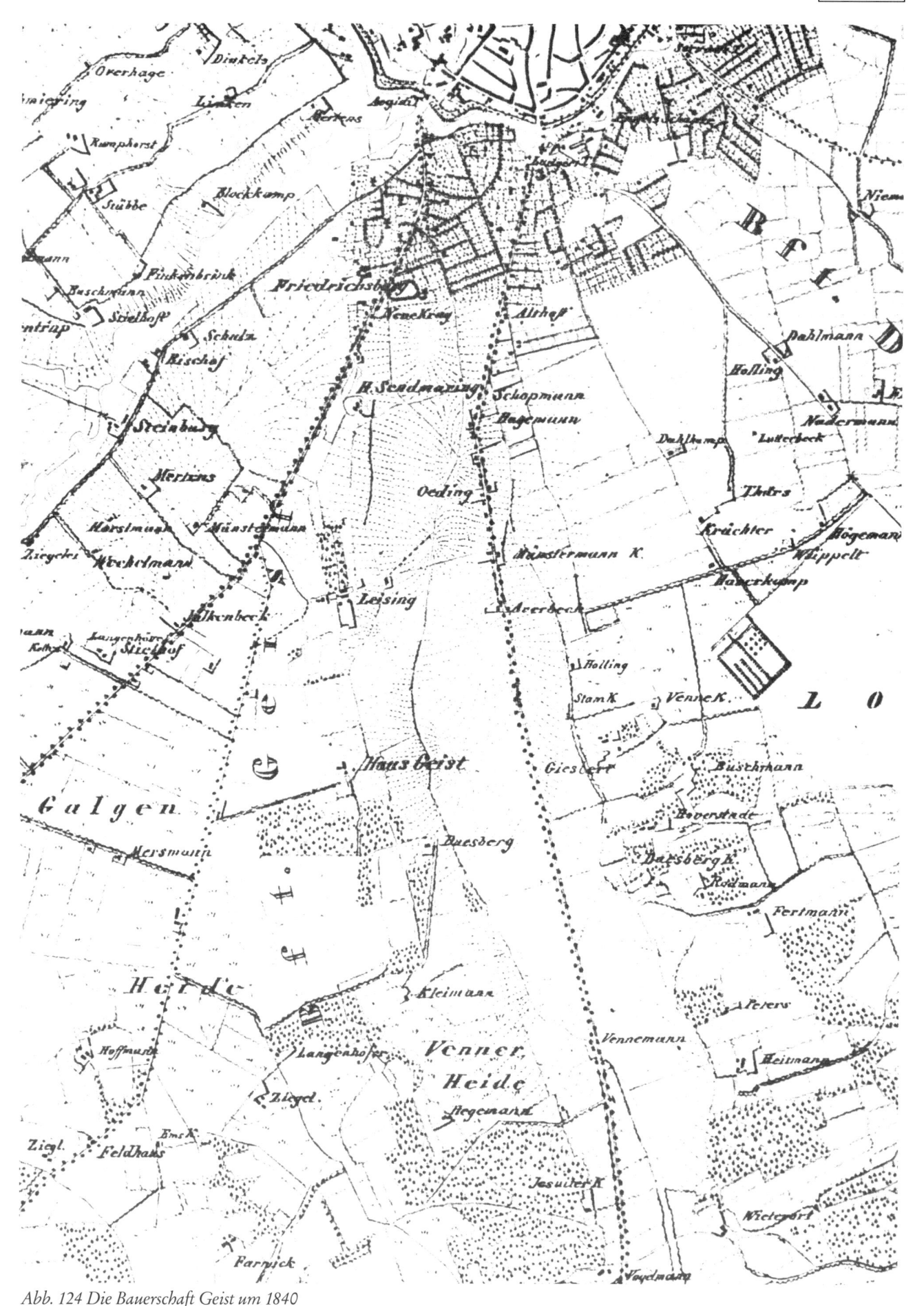

Abb. 124 Die Bauerschaft Geist um 1840

Abb. 125 Die Friedrichsburg an der Weseler Straße

Abb. 126 Die „Duesbergklause" an der Ecke Kappenberger Damm - ehemals ein typischer Geistkotten.

Geestrücken wurde vor allem Getreide angebaut, das in den vielen Mühlen zu beiden Seiten der Weseler Straße verarbeitet wurde (Pennekamps Mühle, Pluggendorfer Mühle, Coppenraths Mühle). Schon früh hatte man damit begonnen, daß Sandvorkommen der Geist wirtschaftlich zu nutzen. Entlang der Hammer und Weseler Straße reihten sich die Gruben, aus denen das wichtige Baumaterial gewonnen wurde. Eine der größten befand sich im spitzen Winkel zwischen Weseler und Geiststraße.

Neben den vollbäuerlichen Höfen und den damals noch zahlreichen, weißgetünchten kleinen Fachwerkkotten (Abb. 126, 127) gab es auf der Geist vier große Gutshöfe: Haus Geist, Gut Insel, der Schulzenhof Althoff und Haus Sentmaring (Abb. 128-132). Die Höfe waren ursprünglich kirchliche Lehensgüter, deren Besitzer nach der Säkularisierung häufig wechselten. Ihr zusammenhängender Großgrundbesitz sollte für die Siedlungstätigkeit nach dem Ersten Weltkrieg von außerordentlicher Bedeutung werden.

Von den Anlagen der Güter Geist, Insel und Althoff sind heute nur noch Fragmente vorhanden. Lediglich Haus Sentmaring konnte sich als einziges Anwesen bis heute gegenüber städtebaulichen Eingriffen behaupten. Zwar wurden auch hier nach dem Ersten Weltkrieg viele Morgen Land als Baugrund veräußert, doch blieb das Hauptgebäude und der Park mit dem alten Baumbestand im wesentlichen unverändert. Seit Ende des Zweiten Weltkrieges dient es als Ausbildungsstätte für den Jesuitenorden.

Abb. 127 Alter Fachwerkkotten an der Weseler Straße.

Abb. 128 Haus Geist, ein Gräftenhof, auf dem der Freiherr von Fürstenberg 1763 nach Entwürfen von Schlaun ein Herrenhaus erbauen ließ, gehörte von 1850 bis 1871 dem damaligen Oberpräsidenten der Provinz, Franz von Duesberg. Spätere Besitzer waren u. a. der Reichskonsul Schenking, die Brauerei Westfalia und die Stadt Münster. 1952 ging das Gut durch Tausch endgültig an die Diözese Münster, die 1959 auf dem Hofgelände durch die Genossenschaft der Clemensschwestern das Clemenshospital errichten ließ. Von der historischen Anlage sind heute nur noch die Gräften erhalten geblieben.

Abb. 129 Das Wirtschaftgebäude von Haus Geist

Abb. 130 Gut Insel diente nach Aufgabe der Landwirtschaft längere Zeit als Erholungsheim der Jesuiten. Nach dem Ersten Weltkrieg erwarb die Stadt diesen Besitz und baute den Betriebshof zur städtischen Gärtnerei um mit zahlreichen Gewächshäusern und einer Orangerie.

Abb. 131 Der alte Schulzenhof Althoff hatte seinen Ursprung schon zu sächsischer Zeit. Reste der alten Parkanlage, ein Baumrondell und das alte Wegesystems sind heute noch erhalten. In den 60er Jahren wurde das Hofgelände für den Bau der Trabantenstadt Berg Fidel völlig neu überplant.

Abb. 132 Haus Sentmaring, eine Vorkriegsaufnahme

1850 bis 1875: Erste städtische Bebauung erobert den Gartenring

Um 1850 begann die erste noch völlig planlose Besiedlung *„vor dem Ludgeritore"* (Abb. 133, 134). Bauliche Zeugnisse dieser ersten Phase der Stadterweiterung gibt es heute nicht mehr. Sie fielen dem *„Bauboom"* der Jahrhundertwende zum Opfer oder wurden während des Zweiten Weltkrieges vernichtet. Lediglich das Klarissenkloster, 1862 erbaut, ist an seinem ursprünglichen Standort verblieben und wurde nach dem Krieg in ähnlicher Form wieder aufgebaut (Abb. 135, 136).

Ausgelöst wurde die rege Siedlungstätigkeit im Süden vor allem durch den Bau der Eisenbahnstrecke von Münster nach Hamm und der ersten Gasanstalt Münsters. Als die Stadt diesen Betrieb 1854 im Winkel zwischen Bahngleisen und der *„Blockstiege nach Albersloh"*, der späteren Gasstraße, eröffnete, wurde er rasch zum Kristallisationspunkt für die Ansiedlung weiterer kleinerer Fabriken im Dreieck zwischen der heutigen Grael-, Hafen- und Dammstraße. Bis 1875 entstanden hier eine Maschinenfabrik, eine Nesselfärberei, eine Eisengießerei und ein Holzlager sowie unweit des Ludgeritores eine Bleiweißfabrik (Abb. 134).

Auch am Dahlweg und am südlichen Ende der Südstraße entstanden neue Fabrikgebäude. An der Mecklenbekker Stiege, unweit der Aa, ließen sich eine Papierfabrik (Wersebeckmann) und eine Spinnerei (Rohling und Schmitz) nieder, die das für ihre Produktion notwendige Wasser aus der Aa entnahmen.

Aufgrund dieser Ansammlung von kleinen Gewerbe- und Industriebetrieben und der Nähe zu den Bahngleisen, waren es vornehmlich Arbeiter und Bahnbedienstete, die sich hier im Süden der Stadt niederließen. Aber auch Zuwanderer, die zwar innerhalb Münsters einen Arbeitsplatz, aber keine Unterkunft fanden, wurden im südlichen Vorfeld der Stadt ansässig.

Die ersten Wohnhäuser waren von sehr einfacher Architektur. Es handelte sich zumeist um einfache, ein- bis eineinhalbgeschossige Putzbauten, ähnlich den kleinen Kötterhäuschen auf der Geist. Wegen ihrer schlechten Bausubstanz überdauerten sie oft nicht einmal eine Generation.

Um 1865 erbaute ein Webereibesitzer für einen Teil seiner Arbeiter im Dahl eine kleine Siedlung zur *„Förderung des körperlichen und moralischen Wohles"*. Im Jahre 1869 berichtete er in einem Brief an den Magistrat der Stadt über die Vorteile solcher Siedlungen:

... Für einen Theil meiner Arbeiter habe ich draußen im Dahl Wohnungen erbaut, jeder Arbeiter hat drei bis vier Zimmer, Kellerraum, Bodenraum, einen kleinen Stall und einen kleinen

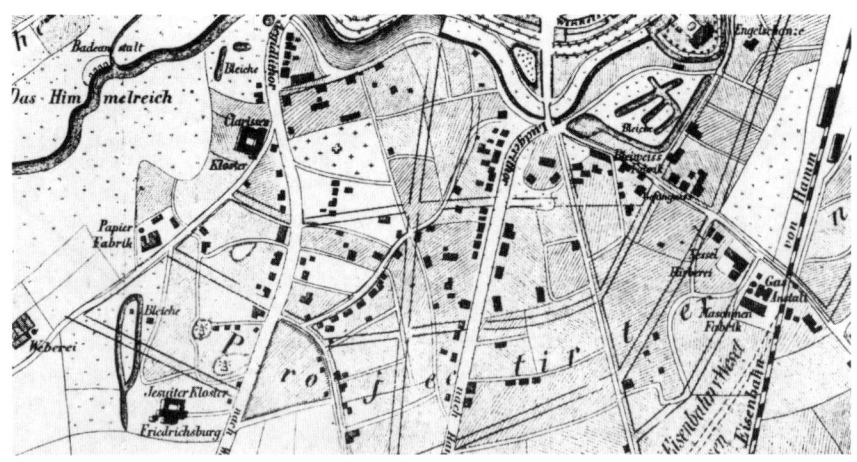

Abb. 133 Stadtplan von 1864 (Teilausschnitt)

Abb. 134 Stadtplan von 1873 (Teilausschnitt)

Abb. 135 Blick von der Weseler Straße auf das Klarissen-Kloster. es gehört zu den ersten Klöstern, die außerhalb der Stadt neu angelegt wurden.

Abb. 136 Klostereingang Scharnhorststraße

Abb. 137 Ähnlich wie dieses Haus an der Geiststraße sahen die ersten Siedlungshäuschen aus.

Garten zu mäßigem Preise. Es ist zum Erstaunen, von welchem günstigen Einflusse auf Gesundheit und das Gemüth solche Wohnungen sind. Da herrscht die größte Ordnung und Vertragsamkeit, und mit wirklichen Freuden sieht man, welche Zufriedenheit da eingekehrt ist. Nach der Arbeit in der Fabrik erholt sich der Arbeiter, indem er seinen Garten bestellt oder gemütlich gesunde Luft im Kreise seiner Familie genießt. Es sind ganz andere Menschen geworden. Von allen so verschiedenen Maßregeln, den Arbeiterstand in moralischer und körperlicher Hinsicht zu heben, ist keine durchgreifender und praktischer, als wenn man gesunde Wohnungen schafft." (Stadtarchiv, Stadtregistratur Fach 80 Nr. 8)

Diese Arbeitersiedlungen blieben in Münster aber die Ausnahme. Anfang der 60er Jahre des 19. Jahrhunderts hatten auch wohlhabende Münsteraner Bürger damit begonnen, ihre Villen jenseits der Stadtgrenze zu errichten. Sie lagen südlich des Promenadenwalles am Kanonengraben und an den beiden Hauptstraßen unmittelbar vor den Stadttoren.

Im Laufe der Jahre schritt die Bautätigkeit immer weiter voran. Die ersten Feldwege wurden zu Straßen verbreitert (Süd- und Geiststraße) und entlang der Hammer Straße, die zu jener Zeit noch den Namen Hiltruper Straße trug, entstand in enger Reihung eine zweigeschossige traufenständige Wohnbebauung. An den übrigen Straßen vollzog sich die Bebauung in etwas aufgelockerterer Bauweise. Selbst die alte Sandgrube im spitzen Winkel zwischen Geist- und Weseler Straße wurde als Baugrund genutzt. Die kleinen, schlichten Fachwerkbauten ragten mit ihren Firsten kaum an das Straßenniveau heran.

Als eine der ersten öffentlichen Einrichtungen, die dem wachsenden Stadtteil zugute kam, wurde 1873 die Josefsschule gebaut. Sie lag an der Hammer Straße in Höhe eines schmalen Verbindungsweges zur Geiststraße, der nach seinem Ausbau Peterstraße genannt wurde.

1875 - 1918: Die Südstadt erhält ihr urbanes Gesicht

In der Zeit zwischen der ersten Gebietsvergrößerung und dem Beginn des Ersten Weltkrieges schritt die Besiedlung der Südstadt stark voran (Abb. 138-141). Die Bebauung verdichtete sich immer mehr, geschlossene Wohnblöcke und Straßenzüge unterschiedlichen Charakters prägten nun das Bild des ehemaligen Gartenlandes. Grundlage für die Stadterweiterungen in jenen Jahren waren die Bebauungspläne des Stadtbaumeisters Bender von 1881 und 1893.

Am weitesten schob sich die Bebauung entlang der Hammer Straße vor. Sie war in den 70er Jahren zu einer der wichtigsten Verbindungen zwischen Münster und dem Ruhrgebiet geworden, an der sich schnell ein reges Geschäftsleben entwickelte. Obwohl mit der zweiten Gebietsreform 1903 der Rest der Geister Bauerschaft in das Stadtgebiet eingegliedert worden war, konzentrierte sich die Bauentwicklung - bis auf wenige Ausnahmen - weiter auf das alte Stadtgebiet von 1875. Selbst hier blieben noch Teilbereiche unbebaut: die Wiesen unterhalb der Aa, die Kämpe und Eschfluren zwischen Weseler und Geiststraße sowie größere Flächen östlich der Hammer Straße zwischen Schützenhof und Bahngleisen.

Im Zweiten Weltkrieg wurde das einheitliche Bild der gründerzeitlichen Südstadt zerstört. Nur noch einzelne Objekte sind als Dokumente dieser Stadterweiterungsphase übrig geblieben.

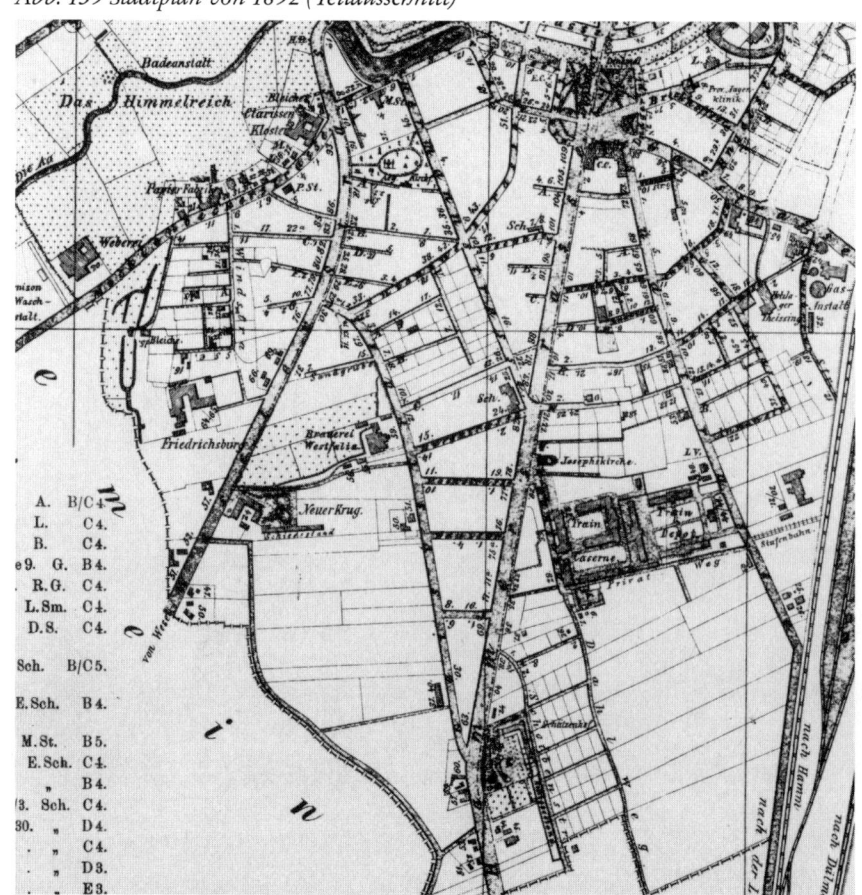

Abb. 138 Stadtplan von 1883 (Teilausschnitt)

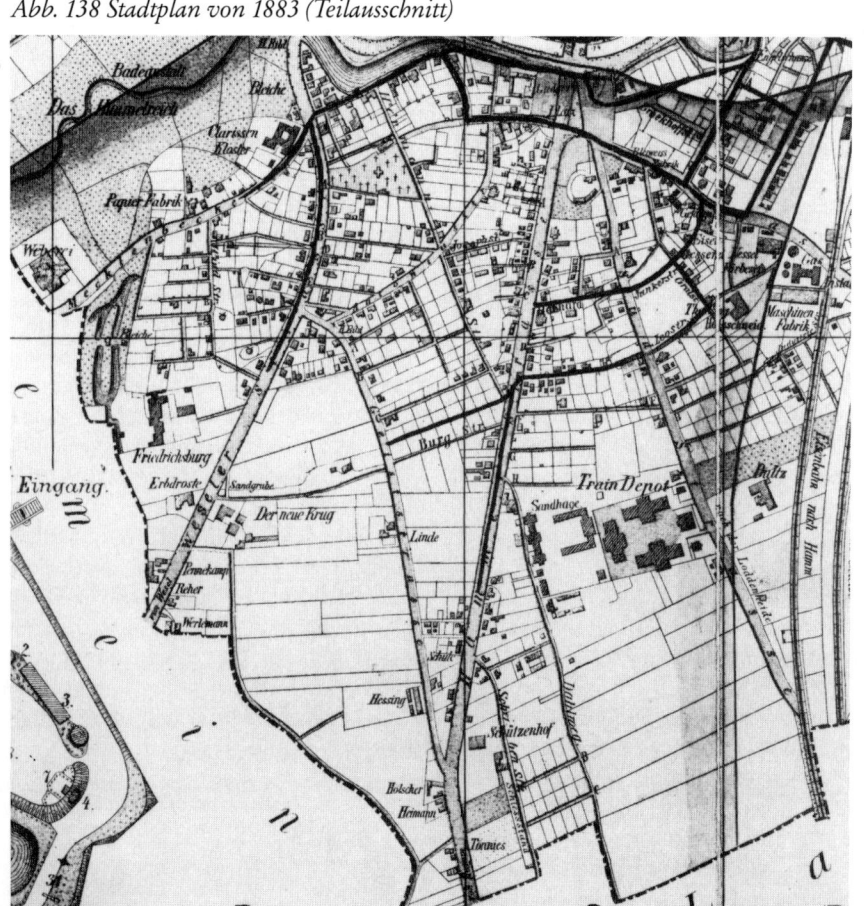

Abb. 139 Stadtplan von 1892 (Teilausschnitt)

Abb. 141 Stadtplan von 1914 (Teilausschnitt)

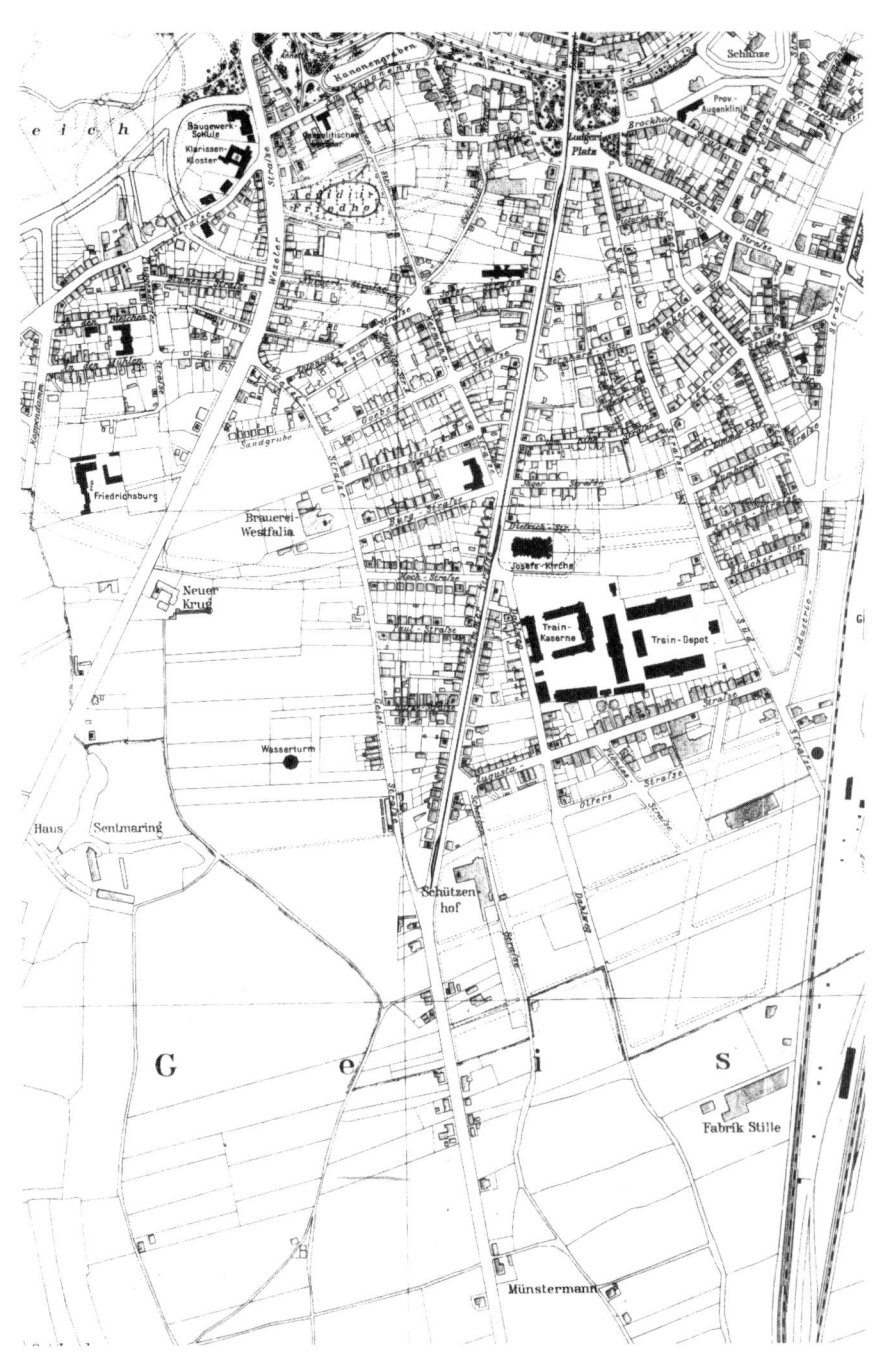

Abb. 140 Stadtplan von 1903 (Teilausschnitt)

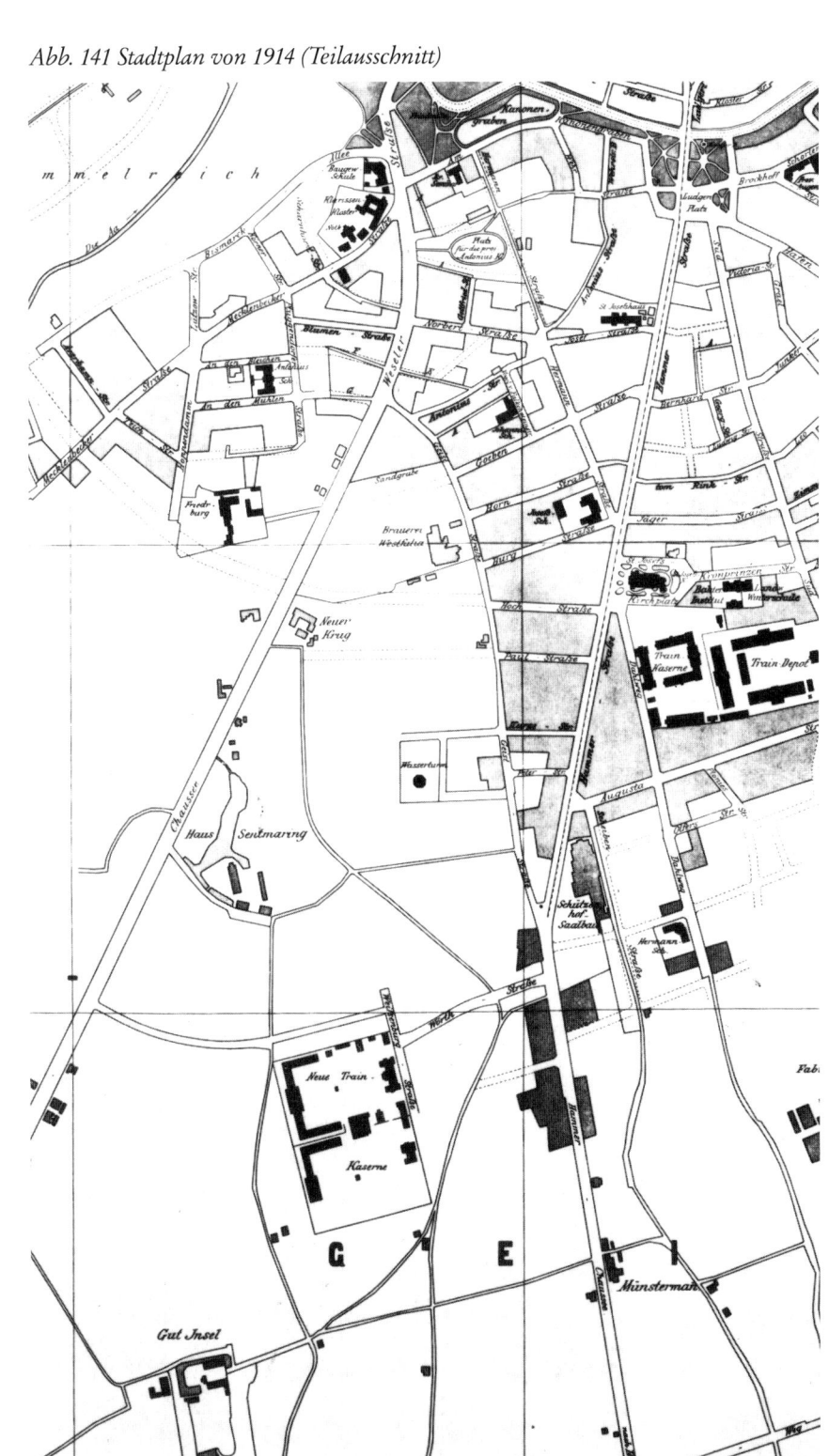

Abb. 142 Altes Wohnhaus im Pluggendorfviertel

Abb. 143 Hinterhof Averkampstraße

Der Ausbau des Wohnviertels zwischen Aawiesen und Weseler Straße: Dieser Bereich vor dem Aegidiitor - nach der ehemaligen Pluggenmühle, die allerdings östlich der Weselerstraße gelegen war - Pluggendorf genannt, wurde bereits in den frühen 80er Jahren ausgebaut. Die Wohngegend galt bald als Arbeiterviertel, wegen der hohen Einwohnerdichte und vor allem wegen der großen Kinderzahl auch scherzhaft „*Millionenviertel*" genannt. Die Bauherren dieses Viertels gehörten zu einem großen Teil den unteren Einkommensschichten an, was sich nicht selten in Baustruktur und Qualität der Häuser widerspiegelte. In enger Reihung entstanden schlichte, zumeist giebelständige Häuser mit bis zu vier Geschossen. Ihre Fassaden blieben ohne schmückende Verzierungen und auch Vorgärten fehlten zumeist (Abb. 142 - 147).

Man war bestrebt, auf möglichst engem Raum möglichst viel Mietpar-

Abb. 144 Teichstraße

Abb. 145 Hinterhof zwischen Blumen- und Brunnenstraße. Das alte Gebäude wird heute gewerblich genutzt.

Abb. 146 Häuser an der Hauptstraße des Pluggendorfviertels, der Scharnhorststraße (früher Mecklenbecker Stiege).

teien unterzubringen. Für eine repräsentative Gestaltung fehlte das Geld. Es gab aber durchaus auch großzügiger angelegte Bürgerhäuser, die vom Wohlstand ihrer Besitzer zeugten (Abb. 148).

Bis etwa um 1910 wurden die Stiegen ausgebaut und zu einem Straßennetz verbunden. Auf diese Weise entstanden Blumenstraße, Pluggendorfer Straße, Hoppendamm sowie die Querstraßen An den Bleichen und An den Mühlen, deren Namen an die ehemalige Nutzung bzw. Bebauung des Geländes erinnern.

Nicht alle Stiegen wurden in jener Zeit zu Erschließungsstraßen umgewandelt. So setzte die Bebauung an der heutigen Brunnenstraße und der damit verbundene Wegeausbau erst in den 20er Jahren ein. Ebenso erhielt die Lühnstiege erst dann eine Anbindung an die Pluggendorfer Straße. Die kleine, ebenfalls von der Weseler Straße abzweigende Sackgasse Pluggendorf hat sogar bis heute noch etwas von ihrem Stiegencharakter beibehalten (Abb. 149).

Nach der Jahrhundertwende erschloß man auch das Gelände zwischen Mecklenbecker Straße und den Aawiesen: die Bismarckallee wurde gebaut, doch nur in Teilabschnitten entstanden hier neue Häuser. Bei Kriegsbeginn bildeten Averkamp- und Teichstraße die südliche Bebauungsgrenze Pluggendorfs.

Abb. 148 An den Bleichen Nr. 14. Das Haus wurde 1897 erbaut.

Abb. 147 Häuser an der Hauptstraße des Pluggendorfviertels, der Scharnhorststraße (früher Mecklenbecker Stiege). Sie wurden im Lauf der Zeit baulich verändert. Vielfach ist aber die Giebelständigkeit beibehalten worden.

Abb. 149 Stiege „Pluggendorf", Blick von der Weseler Straße

Abb. 150 Blick von der Promenade auf den Kanonengraben und die repräsentativen Villen.

Abb. 151 Kanonengraben und angrenzende Bebauung heute

Abb. 152 Burgstraße Nr. 2 und 4

Abb. 153 Paulstraße

Die Bebauung zwischen Weseler und Hammer Straße: Zwischen diesen beiden großen Ausfallstraßen und der Geiststraße schob sich die Bebauung wie ein Keil nach Süden bis etwa in Höhe des Schützenhofes vor (Abb. 140, 141). Der Ausbau der Straßenzüge erfolgte dabei planmäßig entlang der Stiegen und alten Flurgrenzen. Nur nahe des ehemaligen Aegidiifriedhofes zwischen Hermann- und Antoniusstraße blieben die Gartengrundstücke von einer Bebauung ausgeschlossen, weil Besitzzersplitterung und Einsprüche von Grundeigentümern eine Erschließung verhinderten. Erst in den 20er Jahren wurden die nördlichen Teilabschnitte dieser beiden Straßen verkehrsgerecht ausgebaut. Südlich des Kanonengrabens ließen sich - wie schon zu Beginn der Stadterweiterung - wohlhabendere Bürger nieder. Ihre Häuser besaßen zum großen Teil Villencharakter (Abb. 150, 151). Aber auch an den übrigen Straßen entstanden repräsentative bürgerliche Mehrfamilienhäuser, die in der Regel nicht über drei Geschosse hinausgingen. Straßenzüge mit geschlossener Bebauung (zum Beispiel Horn-, Kurze, Peterstraße) wechselten mit solchen, in denen Vorgärten und eine offene

Abb. 154 Die Brauerei Westfalia. Heute steht auf diesem Gelände die Landeszentralbank (Geiststraße 24).

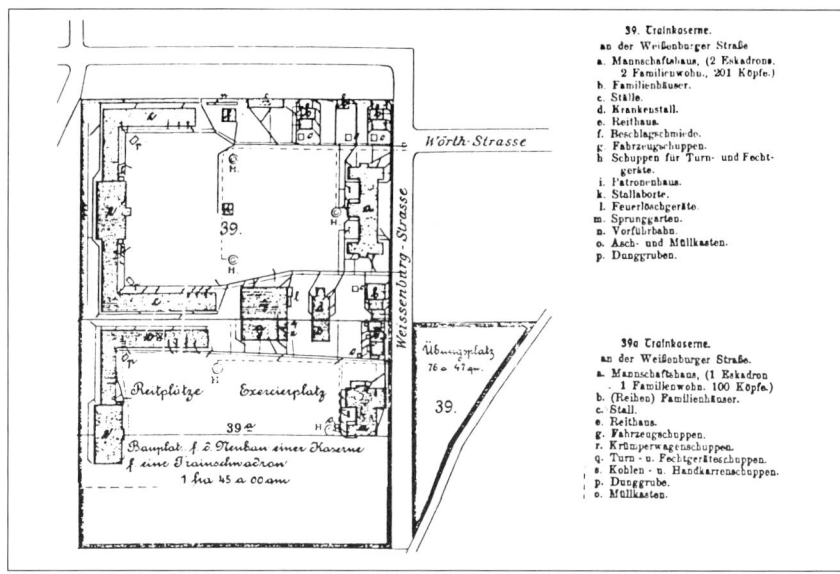

Abb. 156 Lageplan der neuen Trainkaserne an der Weißenburgstraße

Abb. 157 Das Kasernengelände heute: Im Nordteil ist ein neues Wohnviertel entstanden.

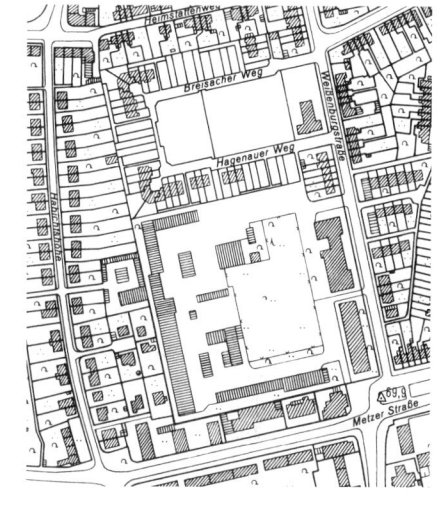

Abb. 155 Der Wasserturm, Wahrzeichen des Südviertels

Bauweise das Stadtbild auflockerten (Abb. 152, 153).

War die Bautätigkeit zwischen Geist- und Hammer Straße besonders intensiv und die Grundstücke bis 1914 fast lückenlos bebaut, so blieb die städtebauliche Entwicklung westlich der Geiststraße weit dahinter zurück. Nur punktuell gab es hier neue Siedlungsansätze. 1881 hatten die Gebrüder Hagedorn und Schulz an der Geiststraße Nr. 37 die Bierbrauerei Westfalia gegründet. Um sich die guten Grundwasserverhältnisse des Kiessandrückens zunutze zu machen, errichteten sie auf einer ehemaligen Sandgrube ihre Bauten, was sich als besonders vorteilhaft erwies, weil ihnen dadurch die Ausschachtungsarbeiten erspart blieben. Bis in die 50er Jahre des 20. Jahrhunderts existierte der Betrieb (Abb. 154).

Südlich der Brauerei erbaute die Stadt Münster 1902 den Wasserturm zur zentralen Wasserversorgung. Er stand zunächst isoliert auf freier Flur, nur über zwei kleine Stichstraßen, die Turmstraße und die Kleine Turmstraße, erreichbar. Erst in den 20er und 30er Jahren wurde er mit Zunahme der Bebauung in das städtebauliche Gefüge der Südstadt integriert und zu einem Wahrzeichen dieses Stadtteils (Abb. 155).

Auch die neue Trainkaserne für motorisierte Einheiten (Weißenburgkaserne), die zweite Kaserne in der Südstadt, wurde um 1910 weit außerhalb des bereits bestehenden Siedlungsgebietes errichtet (Abb. 156-158). Ohne einen direkten Anschluß an eine der Ausfallstraßen, mußten erst neue Erschließungsstraßen angelegt werden. Auf diese Weise entstanden die Weißenburgstraße und Wörthstraße sowie der Sentmaringer Weg und der Heimstättenweg, die allerdings erst nach Kriegsende diese Namensbezeichnung erhielten.

Abb. 158 Die Gebäude der ehemaligen Trainkaserne werden heute von anderen Institutionen genutzt.

Abb. 159 Die Hammer Straße zu Beginn unseres Jahrhunderts

Um 1880 wurde die Trainkaserne errichtet (Abb. 164). Anfänglich nur über die Südstraße erreichbar, nahm die Militäranlage ab 1890 auch ein ehemaliges Fabrikgelände bis zum Dahlweg mit in Anspruch. Zeitweise war sie sogar über eine Stufenbahn, die sich etwa in Höhe der Augustastraße befand, direkt an die Gleise der Reichsbahn angeschlossen. Mit dem Bau der Industriestraße (heute Friedrich-Ebert-Straße) verschwand diese Verbindung aber wieder. Die baulichen Anlagen der Trainkaserne wurden im Zweiten Weltkrieg nur teilweise beschädigt. Nach Kriegsende wurden die Gebäude zunächst von gewerblichen Betrieben - Schlossereien, Metall- und glasverarbeitenden Betrieben - genutzt, bis Anfang der 70er Jahre im Rahmen der Stadterneuerung das rund 6 ha große Areal total saniert und in eine Grünzone, den Südpark, umgestaltet wurde (Abb. 165).

Zwischen Hammer Straße und den Bahngleisen: Schon früh war dieser Bezirk eine beliebte Wohngegend gewesen. In der zweiten Phase der Stadterweiterung setzte sich diese Entwicklung fort. Bis 1914 war das Gebiet bis einschließlich der Augustastraße dicht besiedelt (Abb. 140, 141). Besonders die Hammer Straße trat - im Gegensatz zur Weseler Straße - als repräsentative Wohn- und Geschäftsstraße mit einer geschlossenen, mehrstöckigen Zeilenbebauung hervor (Abb. 159). Hier wurde ab 1888 die erste Pferdebuslinie und ab 1902 die „gelbe Linie" der elektrischen Straßenbahn entlang geführt. Endhaltestelle war der Schützenhof (Abb. 160-161).

Dieser schon seit Mitte des 18. Jahrhunderts bestehende Gasthof mit seinem großen Festsaal und den Schießständen für die Schützen- und Bürgerwehren entwickelte sich im Zuge des Stadtausbaus zum Mittelpunkt des gesellschaftlichen Lebens der Südstadt. Seit 1912, nach einer Erweiterung und Umgestaltung durch das städtische Bauamt, zählte er zu den wichtigsten Veranstaltungsstätten Münsters. Viele große Ereignisse, Freiluftkonzerte, Boxkämpfe, Schützen- und Karnevalsfeste fanden hier statt.

Der Ausbau der Straßen östlich der Hammer Straße folgte im wesentlichen den alten Stiegen. Nur das Gebiet zwischen Gasstraße und Bahngleisen, wo um 1850 die ersten kleinen Fabriken entstanden waren, war völlig neu überplant worden (Abb. 98).

Dieses erste kleine „*Industrieviertel*" Münsters erlebte allerdings während dieser Periode der Stadterweiterung bereits seinen Niedergang. Durch den Bau des Stadthafens und die Verlagerung der städtischen Gasanstalt in das aufstrebende Gewerbe- und Industrieviertel am Alberslohrer Weg (1897) hatte dieser Standort seine Anziehungskraft verloren, zumal die immer dichter werdende Wohnbebauung kaum noch Raum für notwendige Erweiterungen ließ. Die besseren Bedingungen für die Ansiedlung von Gewerbe sollten künftig im Südosten der Stadt liegen. Einige Relikte der alten Fabrikanlagen lassen sich aber bei genauerem Hinsehen noch heute wiederfinden (Abb. 162, 163).

Abb. 160 Der Schützenhof, ein wichtiger Treffpunkt im gesellschaftlichen Leben der Stadt. Nach dem Krieg wurde das zerstörte Gebäude nicht wieder aufgebaut. Das Allgemeine Bürgerschützen-Corps (A-B-C Schützen) fand neue Räumlichkeiten im ehemaligen Offizierskasino an der Steinfurter Straße. Das Gelände an der Hammer Straße ist heute als Grünanlage gestaltet.

Abb. 161 Schützenhof

Abb. 162 Ein altes Fabrikgebäude an der Junkerstraße. Dieses Relikt aus dem ersten kleinen „Gewerbegebiet" Münsters südlich der Hafenstraße mußte 1990 dem Bau eines Wohn- und Geschäftshauses weichen.

Abb. 163 Das alte Gebäude der Firma Carl Nolte, einer Decken- und Segeltuchfabrik, wird heute als Jugendzentrum genutzt.

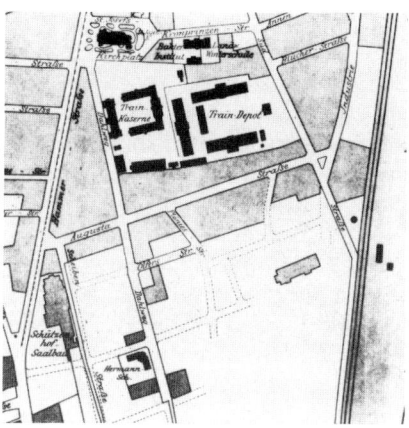

Abb. 164 Der Ausschnitt aus dem Stadtplan von 1892 zeigt die Trainkaserne, die vom Dahlweg bis zur Südstraße reichte.

In unmittelbarer Nähe der Kaserne folgte schnell eine weitere Wohnbebauung. Zwischen 1890 und 1902 hatte der Beamtenwohnungsverein hier ungefähr 30 Neubauten projektiert. Die mehrgeschossigen Miethäuser lagen vor allem an der Blücher- und Annenstraße, aber auch an der Süd-, Plönies- und Frie-Vendt-Straße.

Ein erster Ansatz der heutigen Gewerbezone zwischen Dahlweg, Königsweg und Bahnkörper war die Maschinen- und Fahrzeugfabrik Fritz Stille. 1903 hatte diese Firma ihren Sitz von Lengerich nach Münster an den Dahlweg Nr. 87 verlegt und die Produktion von landwirtschaftlichen Erntemaschinen aufgenommen. Einen besonderen Aufschwung erlebte die Firma, als der Fahrzeugbau als zweiter Produk-

Abb. 165 Heute erstreckt sich auf dem alten Kasernengelände der Südpark, eine wichtige Grünzone in dem dicht bebauten Stadtteil.

75

tionszweig eingeführt wurde. Bis zu 500 Arbeitnehmer waren hier zeitweise beschäftigt. Nicht zuletzt auf diesen Betrieb ist der Charakter des nördlich anschließenden Wohngebietes als ein Arbeiterwohnviertel zurückzuführen (Abb. 167 - 169).

Neue Schulen und Kirchen: Der Wohnbebauung und Gewerbeansiedlung folgten - mit einiger zeitlicher Verzögerung - die ersten kirchlichen und sozialen Einrichtungen für den neuen Stadtteil.

Die alte Josefsschule an der Hammer Straße hatte sich in den 70er Jahren für den wachsenden Stadtteil als viel zu klein erwiesen, um alle Schüler aufzunehmen. 1883 errichtete deshalb die Lambertipfarre die neue Josefsschule an der Hermannstraße/ Ecke Burgstraße (Abb. 170). 13 Jahre später, 1896 erhielt auch das Wohnviertel zwischen Mecklenbecker und Weseler Straße eine Schule, die Antoniusschule an der Pluggendorfer Straße (heute: Körnerstraße). Sie wurde 1910 durch Anbauten und eine Turnhalle parallel zu den Straßen An den Bleichen und An den Mühlen erweitert. Wie notwendig der Bau gerade dieser Schule gewesen war, zeigen folgende Schülerzahlen: Besuchten bei Unterrichtsaufnahme 1896 245 Kinder diese Schule, so waren es 1900 bereits 500 und 1910 945 Kinder. Die Schule existiert heute nicht mehr. 1944 wurde sie bei Bombenangriffen zerstört. Nach dem Krieg errichtete man an dieser Stelle einen Mietshauskomplex, bei dem in etwa die Grundrißformen des Schulgebäudes wieder aufgenommen wurden. Der alte Schulhof blieb unbebaut und dient heute als Spiel-und Grünfläche.

1907 wurde die Hermannschule für den Stadtbezirk östlich der Hammer Straße eröffnet. Der Zustrom protestantischer Bürger in die Südstadt machte den Bau einer evangelischen Volksschule notwendig. Diese Schule, die Johannesschule, entstand um 1910 an der Vogel-von-Falkensteinstraße.

Beim Ausbau der Südstadt entstanden nicht nur stadtteilbezogene Schulen. Es siedelten sich auch solche an, die für die Gesamtstadt, bzw. darüberhinaus von Bedeutung waren:
— die Baugewerkschule an der Weseler Straße (1901 erbaut) (Abb. 171), das israelitische Lehrerseminar (Marks-Haindorf-Stiftung) am Kanonengraben Nr. 4 (Abb. 172),
— die Landwirtschaftsschule an der Kronprinzenstraße.

Die katholische Josefskirche an der Hammer Straße war die erste Kirche der Südstadt. Mitte der 80er Jahre hatte die Lambertipfarre ein zwei Morgen großes Grundstück nördlich der Trainkaserne erworben - die Kosten betrugen damals 15.320 Mark - und durch den Architekten Hilger Hertel die Rektoratskirche St. Josef erbauen lassen. In rund sechs Monaten war der schlichte neugotische Kirchbau fertiggestellt (1888) (Abb. 173). Für die expandierende Südstadt wurde diese Kirche

Abb. 166 Südstraße 89, eines der wenigen Wohnhäuser aus der Zeit um die Jahrhundertwende, die erhalten geblieben sind.

Abb. 167 Die weitläufigen Hallen der Maschinen- und Fahrzeugfabrik F. Stille. Um 1910 waren hier etwa 150 Arbeiter beschäftigt. In späteren Jahren wuchs die Beschäftigtenzahl auf etwa 500.

Abb. 168, 169 Diese Fabrikhalle am Dahlweg ist ein gutes Beispiel früher Industriearchitektur in Münster

Abb. 170 Die „neue" Josefsschule an der Hermannstraße

Abb. 171 Die königliche Baugewerkschule auf dem Eckgrundstück zwischen Weseler Straße und Bismarckallee. Die Bauplanungen für diese Schule begannen 1899. Im Oktober 1900 wurde sie in Benutzung genommen. Heute befindet sich an dieser Stelle die Handwerkskammer.

Abb. 172 Israelitisches Seminargebäude am Kanonengraben Nr. 4. Der große Ziegelbau wurde als Lehrerseminar und jüdische Volksschule genutzt. (Marks-Haindorf-Stiftung)

Abb. 173 Die Rektoratskirche St. Josef. Sie war ursprünglich eine Tochterkirche der Lambertipfarre und die erste Kirche, die im Zuge der Stadterweiterung erbaut wurde.

Abb. 174 St. Joseph vor dem 1. Weltkrieg, der neugotische Kirchbau wurde 1905 eingeweiht.

Abb. 175 Beim Wiederaufbau der Josefskirche verzichtete man auf die beiden Turmspitzen.

bald zu klein. Bereits 1893 betrug die Zahl der katholischen Bevölkerung im Pfarrrektorat 6.000.

Nach der Abpfarrung von St. Lamberti 1898 plante die nun selbständige Kirchgemeinde St. Josef einen Neubau an gleicher Stelle. Mit den Arbeiten beauftragte man den Regierungsbaumeister Bernhard Hertel. In fünfjähriger Bauzeit - von 1900 bis 1905 - wurde die neugotische Kirche mit ihrer charakteristischen doppelten Turmanlage fertiggestellt (Abb. 174, 175). Im Zuge der Bauarbeiten wurde auch der Platz rings um die Kirche großzügig ausgebaut und eine breite Verbindungsstraße, die Kronprinzenstraße zur Südstraße neu geschaffen.

Für den Westteil der Südstadt hatte die Lambertipfarre 1901 eine erste aus einer einfachen Holzkonstruktion bestehenden Notkirche an der Mecklenbecker Straße erbauen lassen. Auch hier zeigte sich bald, daß die Kirche viel zu klein bemessen war. 1914 begann man daher mit dem Bau der Antoniuskirche. Als Standort hatte die neue Pfarre St. Antonius den ehemaligen Aegidiifriedhof gewählt, der bereits seit 1880 geschlossen worden war. Der erste Spatenstich erfolgte im Juni 1914. Trotz Ausbruch des Krieges wurden die Arbeiten fortgesetzt. Die im Barockstil gehaltene Kirche konnte bereits im November 1917 eingeweiht werden (Abb. 176-177).

Abb. 176, 177 Die alte und wiederaufgebaute Antoniuskirche, errichtet auf dem aufgelassenen Aegidiifriedhof.

1918-1939: Die Geist wird zur Gartenvorstadt Münsters

Durch den Erwerb der Güter Insel und Geist mit einem Grundbesitz von insgesamt 600 Morgen stand der Stadt Münster nach dem Ende des Ersten Weltkrieges genügend potentielles Bauland zur Verfügung, um der großen Wohnungsnot zu begegnen und Wohnraum auch für sozial schwächer Gestellte zu schaffen.
An der Peripherie der gründerzeitlichen Südstadt zwischen Weseler und Hammer Straße entstand eine weitläufige Gartenvorstadt, an deren Ausbau fast ausschließlich gemeinnützige Baugesellschaften oder -genossenschaften beteiligt waren (Abb. 178-182).

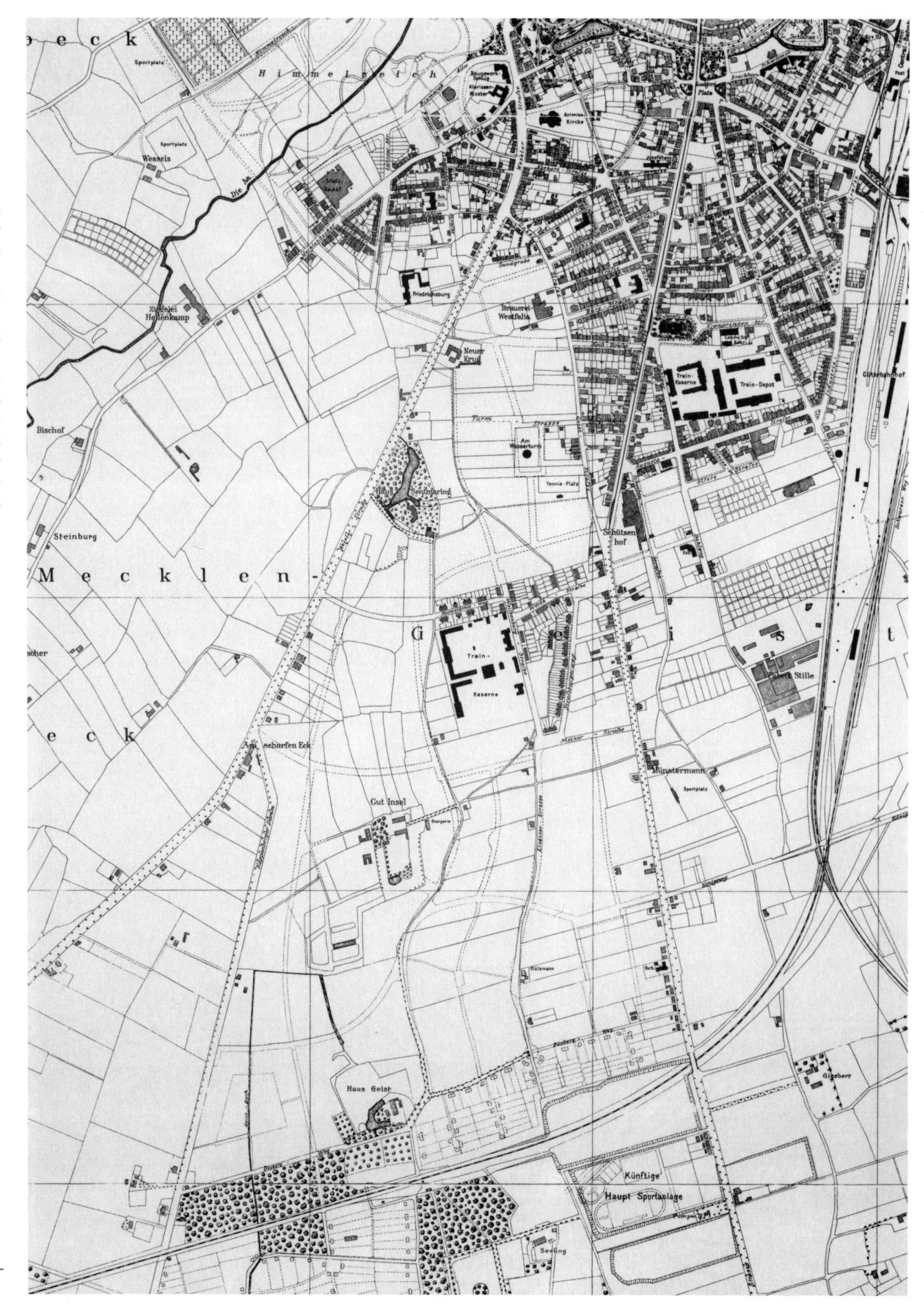

Abb. 178 Stadtplan von 1921 (Teilausschnitt)

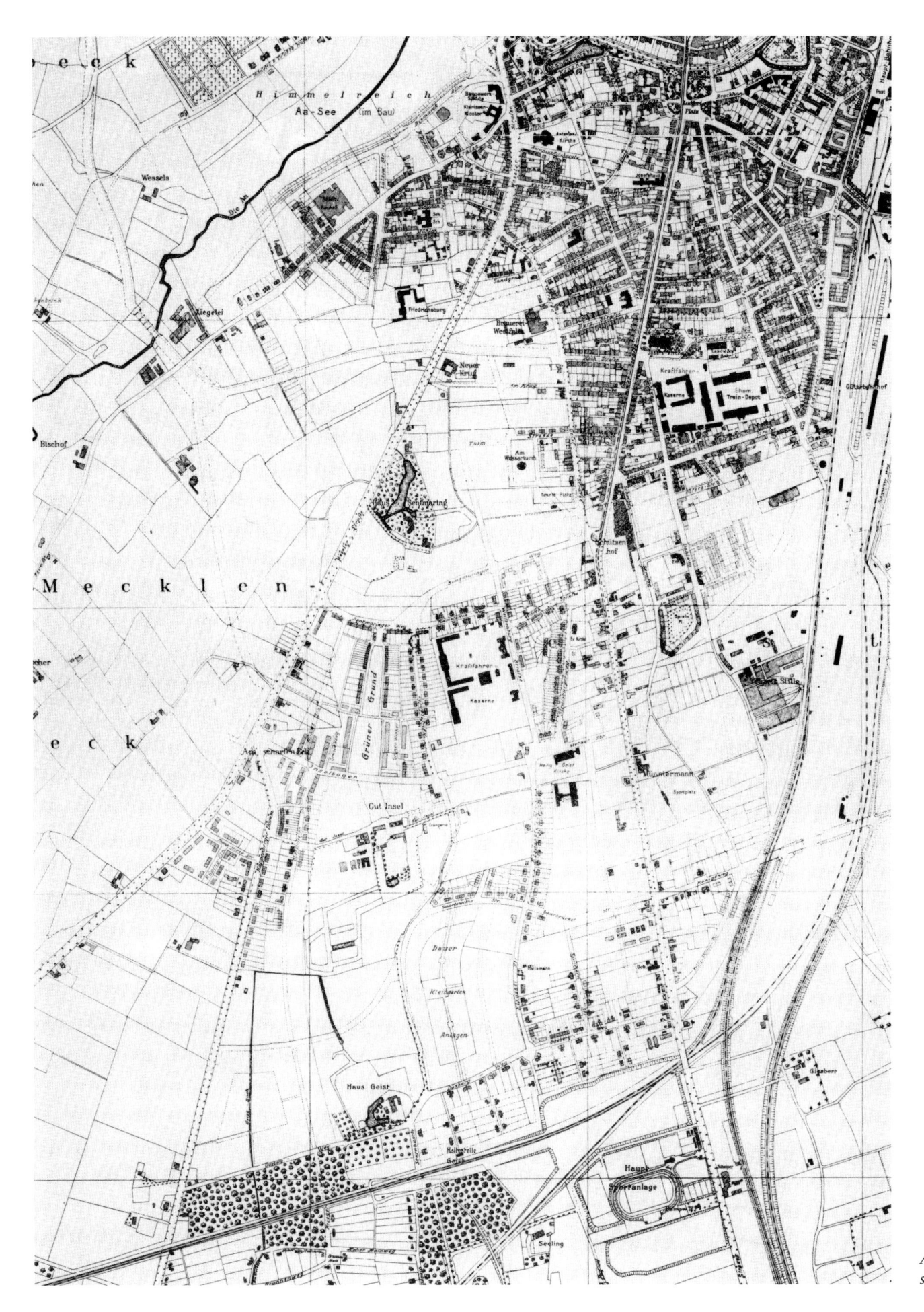

Abb. 179 Stadtplan von 1925 (Teilausschnitt)

Abb. 180 Stadtplan von 1930 (Teilausschnitt)

Abb. 182 Stadtplan von 1939 (Teilausschnitt)

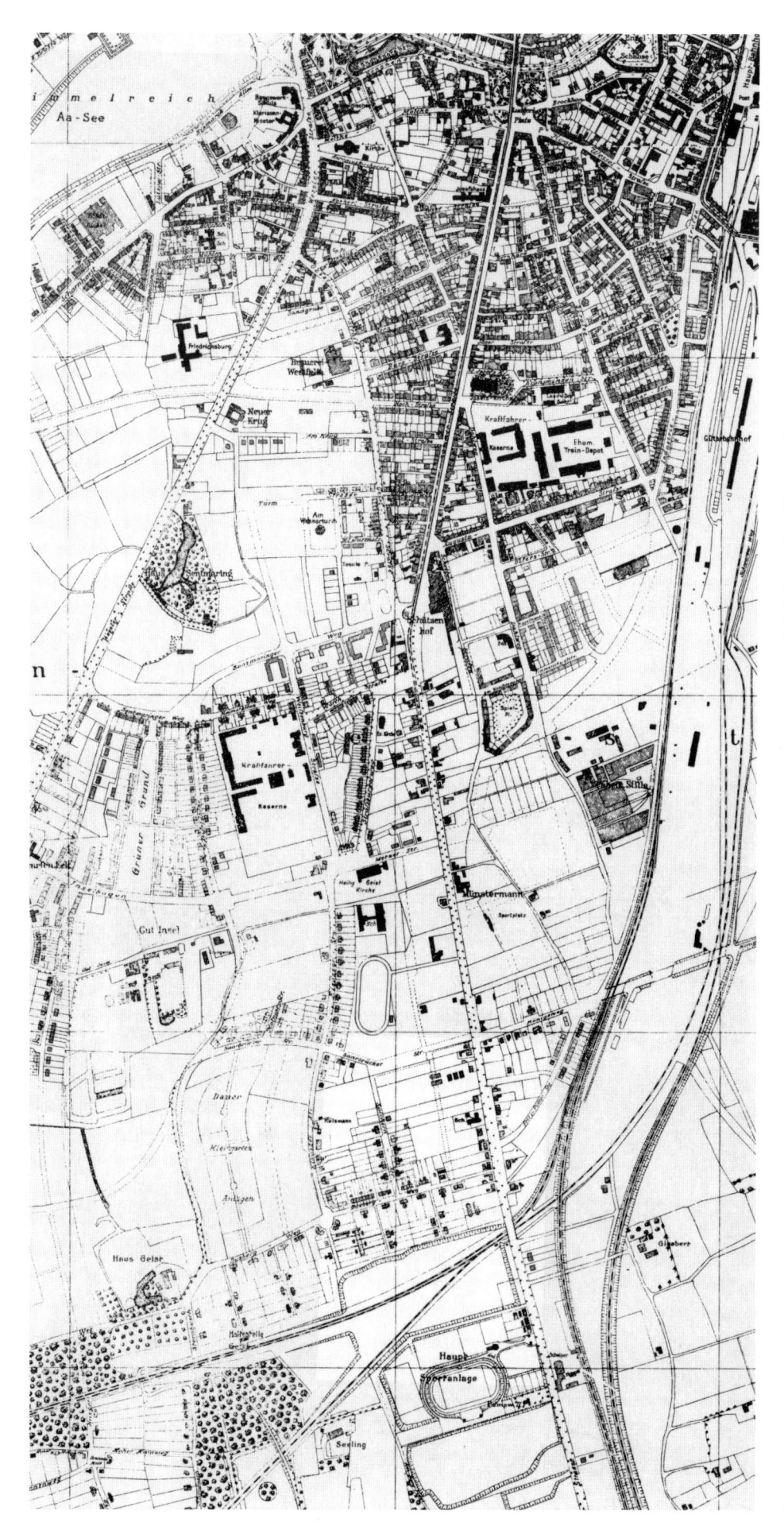

Abb. 181 Stadtplan von 1934 (Teilausschnitt)

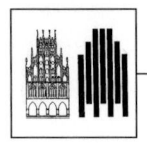

Der Bebauungsplan „Siedlungsgelände Geist": 1920 legte der damalige Stadtvermessungsdirektor Clemens Brand den Bebauungsplan *"Siedlungsgelände Geist"* vor, in denen die Grundkonzeptionen für den späteren Ausbau festgelegt wurden (Abb. 183).

Von der Gartenstadtidee englischer Städtebaureformer beeinflußt, war der Leitgedanke dieser Planung, künftige Bauwerke und die vorgegebene natürliche Landschaft zu einer harmonischen Einheit zusammenzufügen. Die Grünflächen wurden erstmals gleichrangig neben die Bebauung gestellt. So war zweifellos wichtigster Inhalt des Bebauungsplanes eine, vom Park des Hauses Sentmaring ausgehende, breite Grünzone, die maßgeblich von der Auwiese des Geistbaches gebildet wurde. In diese nord-süd-gestreckte Grünachse waren die Außenanlagen der Güter Insel und Haus Geist sowie der Waldbestand am Duesbergweg integriert. Gut Insel kam eine besondere Rolle zu. Hierhin sollte die neue städtische Gärtnerei verlegt werden mit Mustergärten und verschiedenen Versuchsgärten nach holländischem Vorbild (Abb. 184, 185). Wesentliche Voraussetzung für die Erschließung der Geist war durch die Hammer und Weseler Straße sowie durch die Nähe zu den Bahnanlagen bereits gegeben. Schmale Straßen mit dem Charakter von Landwegen parallel zu den Höhenlinien des Geestrückens und Querstraßen mit kleinen Versetzungen zur Verdeckung des Gefällbruchs sollten die endgültige Bebauung vorbereiten. Durch die bestimmende Verkehrsrichtung von Nord nach Süd konnte bei der Planung den meisten Häusern eine Ost-West-Besonnung vermittelt werden.

Eine große Durchgangsstraße war - unter Umgehung einer Geländekuppe - als Fortsetzung des Königsweges geplant (Saarbrücker Straße). Sie sollte das neue Wohnviertel mit dem Gewerbegebiet östlich des Kanals verbinden. Zum besseren Anschluß an die Innenstadt waren die Verlängerung der Straßenbahn bis zum Bahnübergang Hammer Straße sowie ein Bahnhof an der Strecke Münster - Dortmund vorgesehen.

Die geplanten Wohngebäude waren Flachbauten (maximal zweieinhalb-

Abb. 183 Der Bebauungsplan für das Siedlungsgelände „Geist", 1920 von dem Stadtvermessungsdirektor Clemens Brand entworfen.

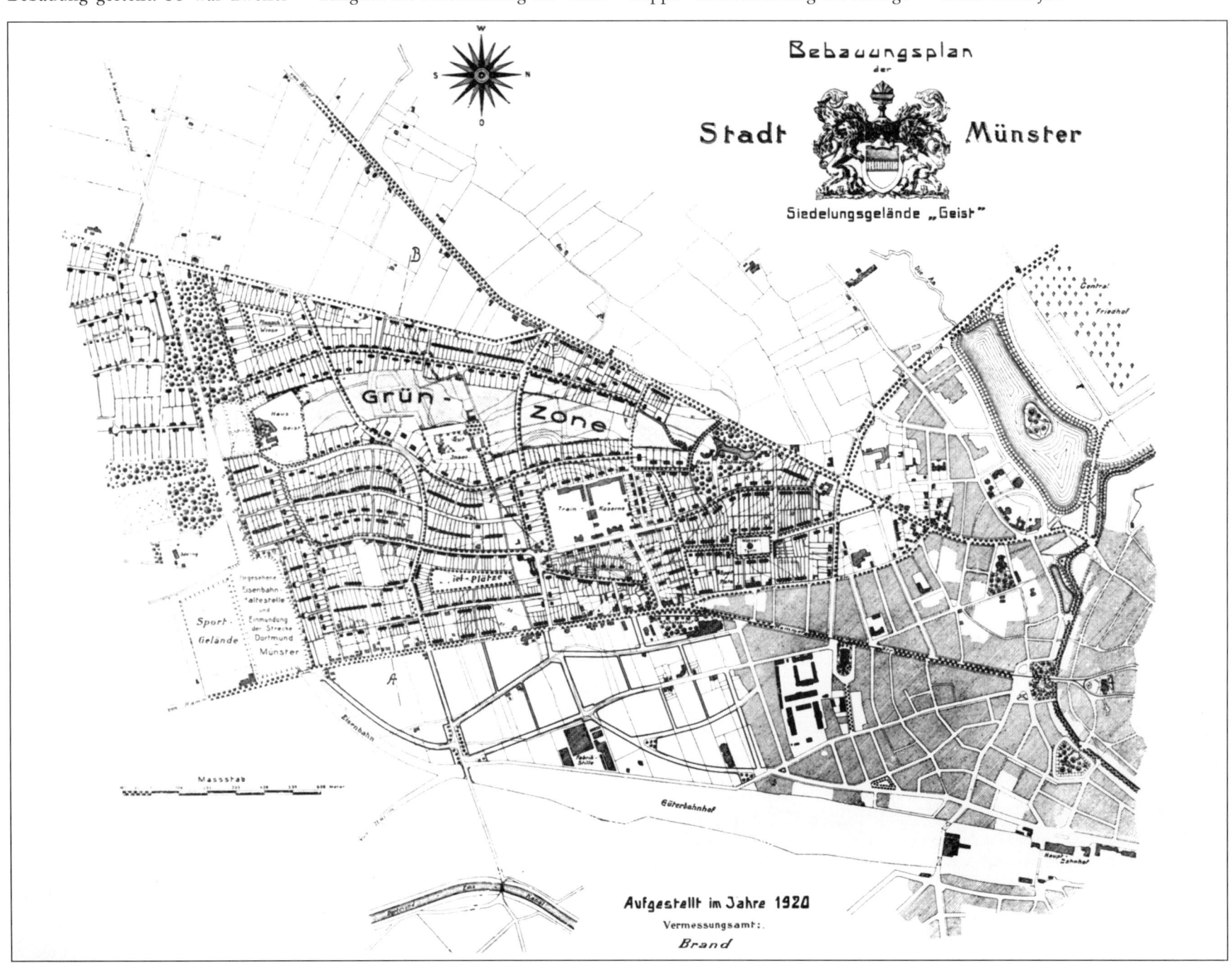

geschossig), die sich in ihrer Höhe langsam von den Hauptverkehrsstraßen abstuften zu den schmaleren Nebenstraßen. Die Einzelhäuser sollten in Gruppen oder reihenweise zusammengefaßt werden, jedes mit großen Nutzgärten und Stallungen zur Kleintierhaltung versehen. Innerhalb der Baublöcke waren die Gärten nicht durch Mauern abgegrenzt, so daß einheitliche große Grünflächen entständen. Innerhalb großer Wohnblöcke sollten die Innenflächen auch als Spiel- oder Sportplätze genutzt werden.

An öffentlichen Gebäuden war eine Kirche und Schule an exponierter Stelle vorgesehen. Ebenso waren zwei große Sportplätze, das Preußenstadion und der Borussenplatz südlich der geplanten Kirche mit in die Planung der Wohnstadt Geist einbezogen.

Abb. 184 Gut Insel mit dem städtischen Gartenbaubetrieb.

Abb. 185 Gebäude des Gartenbauamtes

Abb. 186 Grundrisse der Reihenhausanlage an der Weißenburgstraße/Wörthstraße

Abb. 187 Wörthstraße, Ansicht heute

Der Beginn des Siedlungsbaus: Um 1921 begann der Siedlungsbau auf der Geist. Anders als während der Ausbauphase des späten 19. Jahrhunderts, wo die Bebauung mehr oder weniger sukzessive von der inneren bis in die äußere Zone der Neustadt voranschritt, lagen die einzelnen Siedlungseinheiten zunächst wie kleine Inseln verstreut auf dem Geister Landrücken. Am Aufbau waren mehrere Baugesellschaften und Siedlungsgenossenschaften beteiligt. Als eine der ersten errichtete die Heimstätte für Angestellte zwischen 1920 und 1922 für ihre Mitglieder rund 54 Reihenhäuser mit 70 Wohnungen nahe der neuen Trainkaserne (Wörthstraße, Weißenburgstraße) (Abb. 186, 187). Die Gesellschaft stellte es den künftigen Bewohnern frei, die Häuser zu mieten, mit Vorkaufsrecht zu mieten oder zu kaufen.

Die Kriegerheimstättensiedlung:
Als zweite große Siedlungseinheit wurde ab 1921 die Kriegerheimstättensiedlung am Düesbergweg gebaut. Nach dem Krieg sah man es allgemein als eine Pflicht an, für Kriegsheimkehrer, Kriegsbeschädigte und Hinterbliebene preiswerte und zweckmäßige Wohnstätten zu schaffen. Da auch in Münster großes Interesse an solchen Siedlungen bestand, kam es am 28.6.1919 zur Gründung der Kriegerheimstättengenossenschaft Münster in Westfalen. Zunächst hatte man die Loddenheide als Baugelände vorgesehen, doch als die Stadt der Kriegerheimstättengenossenschaft ein 210 Morgen großes Gebiet am Düesbergweg vorschlug, erwarb diese das Gelände für rund 180.000 Reichsmark.

Die Genossenschaft beauftragte 1920 eines ihrer Mitglieder, den Architekten Henting mit den Planungen. Das Bauprogramm sah Heimstätten mit möglichst großen Gärten und Kleinviehstallungen vor. Gerade den Nutzgärten wurde eine hohe Priorität eingeräumt, war es doch ein Hauptziel der Genossenschaft, die Eigenversorgung der Siedler zu gewährleisten. Die Kleinhaussiedlung paßte sich entsprechend dem Bebauungsplan von Brand dem Landschaftsbild an. Jede Straße, die nicht neues Bauland erschloß, sollte vermieden werden. 1921 setzten die Bauarbeiten für die rund 150 Siedlerstellen mit unterschiedlichen Grundstücksgrößen ein. Die von Henting geplanten verschiedenen Haustypen, eineinhalbgeschossige Einfamilien-, Doppel- und Reihenhäuser (Abb. 188) wurden wegen der hohen Baukosten allerdings nicht realisiert. Es entstanden vielmehr schlichte, einheitliche Haustypen aus heimischen preiswerten Baustoffen, ost-west-ausgerichtete zweigeschossige Doppelhäuser mit Walm- oder Mansardendächern sowie angebauten Stallungen (Abb. 191-192). Es ergaben sich regelmäßige Baublockformen von 90 bis 150 Meter Tiefe. Die Gärten der 700 bis 1.000 qm großen Parzellen wurden durch Hecken und Zäune begrenzt, so daß eine zusammenhängende Grünfläche im Blockinneren entstand, die zur Auflockerung des Siedlungsgefüges beitrug. Wegen der hohen Material- und Bau-

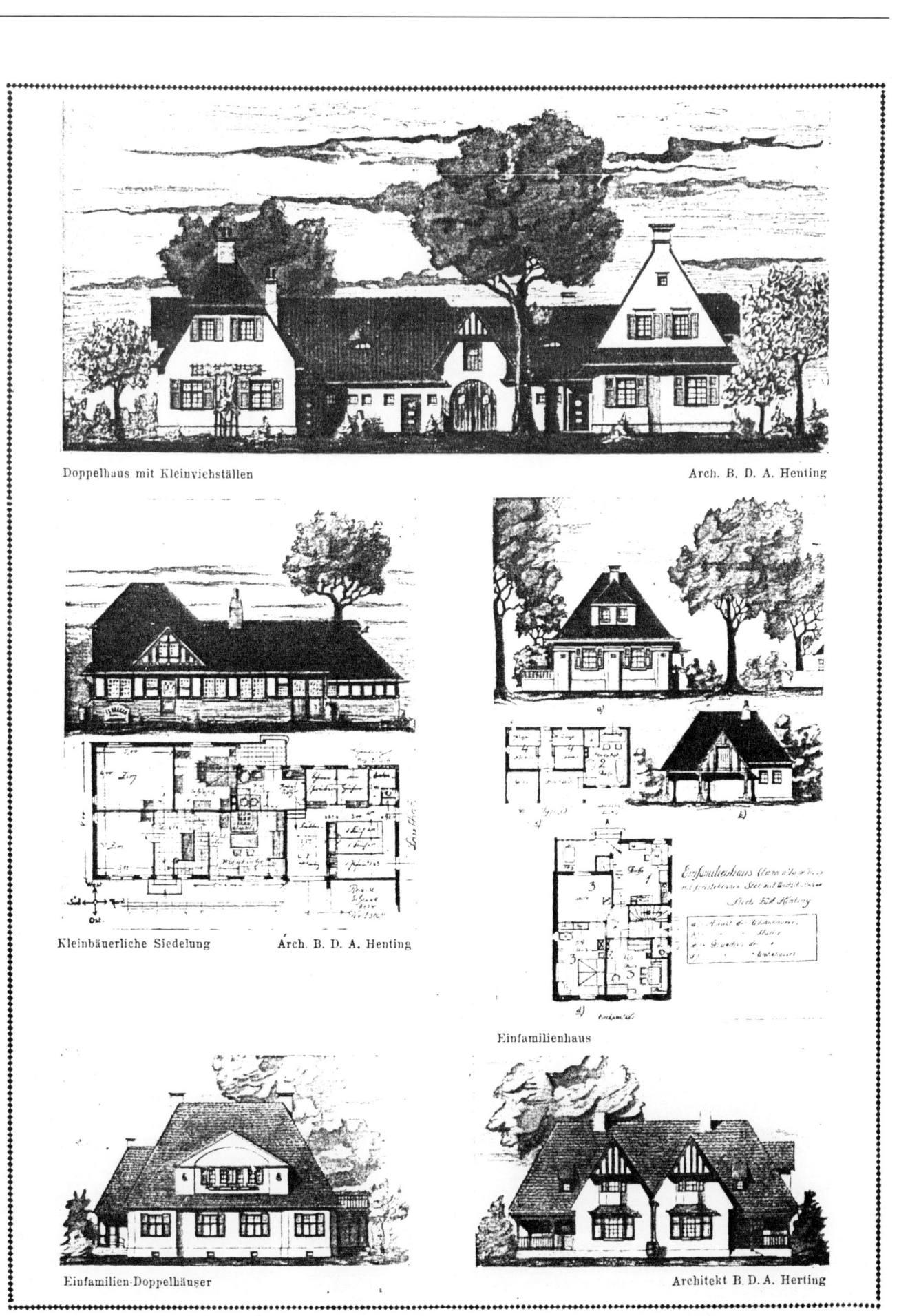

Abb. 188 Die Entwürfe des Architekten Henting für die Kriegerheimstätte.

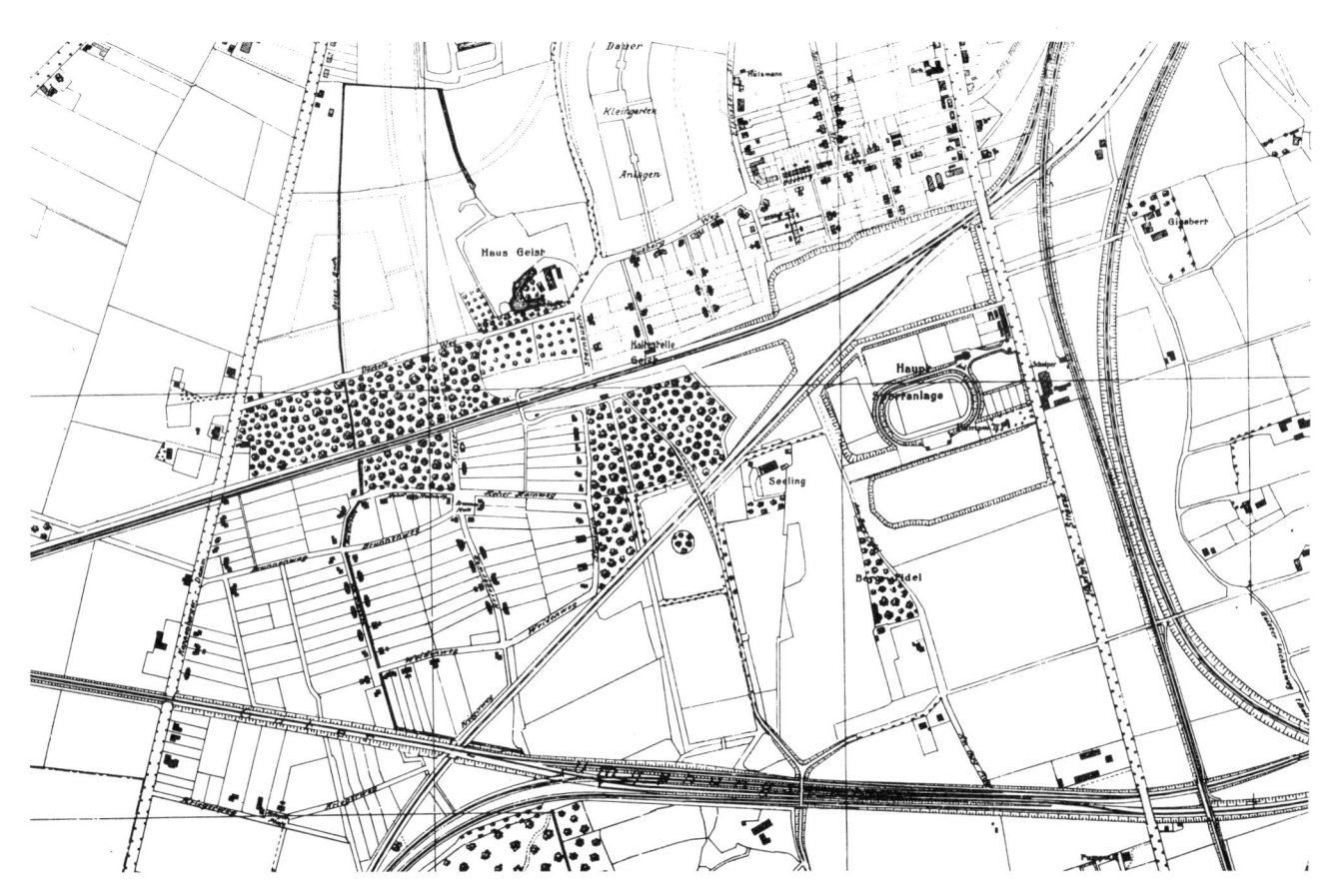

Abb. 189 Einladung zur Gründungsversammlung der Kriegerheimstättensiedlung

Abb. 190 Die Kriegsheimstättensiedlung. Das Siedlungsgebiet war durch die Eisenbahnstrecke Münster-Coesfeld in einen kleineren Nord- und den weitaus größeren Südteil gegliedert. um 1930, als die Trasse der Umgehungsbahn gelegt wurde, wurde der Südzipfel der Siedlung abgetrennt.

kosten leisteten die künftigen Siedler viel in Eigenarbeit. Die Fertigstellung konnte so beschleunigt und der Mietpreis niedrig gehalten werden. Die neue Siedlung war zunächst nur sehr schlecht an die Innenstadt und deren Versorgungseinrichtungen angebunden. Die einzige befestigte Verbindungsstraße war die Hammer Straße, da der Kappenberger Damm erst nach 1930 einen festen Straßenbelag erhielt. Den Endhaltepunkt der Straßenbahn am Schützenhof erreichte man damals nur über sandige Feldwege. Nachdem die Reichsbahn ihr Einverständnis gegeben hatte, errichtete die Genossenschaft auf eigene Kosten ein kleines Bahnhofsgebäude, den Haltepunkt Geist an der Bahnstrecke von Münster nach Coesfeld. Zwischen 1924 und 1953 verkehrten hier täglich bis zu fünf Züge Richtung Coesfeld und drei Züge Richtung Münster Hauptbahnhof. 1937 wurde für die Siedlung zusätzlich eine Buslinie bis zum Kriegerweg eingesetzt.

Abb. 191 Einfamilienhäuser in der Siedlung der Kriegerheimstätten-Genossenschaft

Abb. 192 Düesbergweg Nr. 81 und 83

Abb. 193 Grüner Grund/Habichtshöhe, Ausschnitt Stadtplan 1930

Abb. 194 Grüner Grund/Habichtshöhe, Ausschnitt DGK (1985)

Abb. 198 Die weite Grünfläche am Grünen Grund. Im Vordergrund Brunnen und Habichtsdenkmal.

Abb. 196 Blick auf die Gesamtanlage der Gartenstadt Habichtshöhe. Vorn links: die Trainkaserne, am oberen Bildrand rechts: ein Geländezwickel, der nicht wie ursprünglich geplant mit bebaut werden konnte. Die Flächen wurden weiter von einer Gärtnerei genutzt. Nach dem II. Weltkrieg konnte das Deutsche Heim den Grundbesitz erwerben.

Die Gartenvorstadt Habichtshöhe/Grüner Grund: Zwischen 1924 und 1931 entstand als ein weiteres, besonders herausragendes Siedlungsprojekt auf der Geist, die rund 47 ha große Gartenvorstadt Habichtshöhe/Grüner Grund (Abb. 193-196). Bauherrin war die *Münstersche Eigenheimbaugesellschaft*, später in „*Gemeinnützige Wohnstättengesellschaft Münsterland*" (GWM) umbenannt, eine Tochtergesellschaft der „*Westfälischen Heimstätte*". Sie hatte 1920 von der Stadt billiges Bauland östlich der Weseler Straße - ehemalige Landwirtschaftflächen des Gut Insel - erworben und den leitenden Architekten der Westfälischen Heimstätte, Professor Gustav Wolf, mit der Planung und Bauleitung des Siedlungskomplexes beauftragt. Nach seinem Wechsel zur Handwerker- und Kunstgewerkschule in Breslau 1927 übernahm Eugen Lauffer diese Aufgabe.

Mit der Anlage der Habichtshöhe/Grüner Grund wurde eine heute noch beispielhafte Siedlung von hoher Qualität und außerordentlichem Reiz geschaffen, in der die Integration von Bauwerk und Landschaft zu einer städtebaulichen Einheit besonders gut gelungen ist. Besonderer Reiz der Anlage ist der großzügige baumbestandene zentrale Platz „Grüner Grund", der gleichzeitig wesentlicher Bestandteil des von Brand geplanten Grünzuges über die Geist ist.

Ausgehend von einer städtebaulich markanten Torsituation am Sentmaringer Weg (Abb. 195) erweitert sich der Platz bei einer Länge von 400 Metern keilförmig nach Süden (Abb. 197, 198). Eine querverlaufende Erschließungsstraße mit Spielplatz und dem Habichtsdenkmal gliedert die weite Grünfläche. Die Platzrandbebauung besteht im wesentlichen aus zwei Reihenhaustypen, kleinen Einfamilienhäusern und Vierfamilienhäusern mit dreiräumigen Mietwohnungen. Im südlichen Siedlungsteil am Inselbogen entstanden ebenso wie am Sentmaringer Weg Mietshausgruppen in geschlossener Reihe (Abb. 199). Im östlichen Siedlungsbereich auf der Habichtshöhe wurden größere freistehende Doppelhäuser mit 140 qm pro Wohneinheit errichtet (Abb. 200, 201).

Aus finanziellen, aber auch aus ästhetischen Gründen wurde die

Typenhausbauweise angewandt. Die schlichten Putzbauten lassen deutlich den Einfluß einer traditionalistisch geprägten Architektur erkennen. Bis 1927 entstanden 117 Wohnungen in Reihenhäusern und 399 Wohnungen in zweigeschossigen Mietshäusern, die alle durch große Hausgärten ergänzt wurden. 1931, nach Abschluß des Bauprojektes, waren schließlich insgesamt 650 Wohneinheiten fertiggestellt.

Während des Krieges wurde die Siedlung stark beschädigt, jedoch nach Kriegsende in ihrer ursprünglichen Form wiederaufgebaut. 1978/79, nachdem man anfängliche Pläne zu einem Totalabriß verworfen hatte, wurde eine umfassende Modernisierung vorgenommen.

Abb. 197 Der Habichtsbrunnen war ein beliebter Spielplatz. Er ist heute nicht mehr vorhanden. Geblieben ist das Habichtsdenkmal.

Abb. 195 Torsituation am Sentmaringer Weg

Abb. 200 Die Habichtshöhe mit den typischen, weiß verputzten Doppelhäusern

Abb. 199 Mehrfamilienhäuser am Sentmaringer Weg

Abb. 201 Hauseingänge

Andere Siedlungsprojekte: Bis 1930/31, als mit der Weltwirtschaftskrise auch der gemeinnützige Wohnungsbau zum Erliegen kam, wurden weitere Straßenzüge und Wohnblöcke fertiggestellt (Abb. 180). Neben einigen kleinen Baugesellschaften waren
— die Gemeinnützige Wohnstättengesellschaft Münsterland (Kappenberger Damm, Oberschlesier Straße, Sentmaringer Weg, Althoffstraße),
— der Bauverein der Stadt Münster (Kappenberger Damm, Rüpingstraße, Franz-Hitze-Straße und Eifelstraße) (Abb. 202, 203),
— das Deutsche Heim (Elsässer Straße, Spichernstraße, Duesbergweg) (Abb. 204),
— die Gagfah (Saarbrücker Straße, Kolmarstraße) und
— die Gemeinnützige Wohnungsgesellschaft Nordwestdeutschland (Fritz-Pütter-Straße, Königsweg) Hauptträger des Siedlungsbaus.

Ein Wohngebiet, welches sich durch die geschlossene hohe Bebauung von den übrigen Siedlungen der 20er und 30er Jahre abhob, war das Arbeiterwohnviertel zwischen Augustastraße und projektierter Friedrich-Ebert-Straße. Es entstand zwischen 1926 und 1930 und zeichnete sich durch die Nähe zum Güterbahnhof und zur Fabrik Stille am Dahlweg aus. Die Errichtung der Baugruppe Schützenhof mit Wohnungen für kinderreiche und einkommensschwache Familien wurde von der Baugesellschaft Deutsches Heim vorangetrieben, die den Architekten Diening mit der Planung der rund 90 Wohnungen beauftragte (Abb. 205, 206).

In den folgenden Jahren erweiterte sich die Mietshausbebauung um weitere Baublöcke am Dahlweg und den neuen Wohnstraßen Timmerscheidtstraße, Herdingstraße und Travelmannstraße (Abb. 207). Die Blockinnenbereiche der dreigeschossigen Putzbauten wurden als Grünanlagen mit Spielplätzen gestaltet. Die Mieten in manchen Wohnblocks, an deren Bau sich die Stadt beteiligt hatte, waren gestaffelt nach dem Einkommen der Bewohner. Dies mag wohl auch ein Grund dafür gewesen sein, daß manche Münsteraner von *„Moskauer Verhältnissen"* in diesem Viertel sprachen.

Abb. 202 Siedlungshäuser am Kappenberger Damm

Abb. 205 Schützenhofviertel, Scheibenstraße Nr 51

Abb. 203 Gemeinnütziger Wohnungsbau an der Rüpingstraße. Die Mietshäuser wurden vom Bauverein der Stadt Münster errichtet.

Abb. 204 Die Doppelhäuser an der Elsässer Straße waren von der Baugesellschaft Deutsches Heim projektiert worden.

Abb. 206 Schützenhofviertel, Blockinnenbereich am Alten Schützenhof/Dahlweg/Friedrich-Ebert-Straße/Scheibenstraße

Die Kleinhaussiedlungen im Süden der Stadt: Nach 1931, während der Zeit der großen Weltwirtschaftskrise und den Anfangsjahren des Nationalsozialismus entstanden mehrere für jene Zeit charakteristische Kleinhaussiedlungen, die sich durch möglichst einfache und preiswerte Baustrukturen bzw. Baumaterialien deutlich von den bereits bestehenden Wohnsiedlungen unterschieden. Beiden Siedlungsformen gemeinsam war allerdings die Anlage von Gärten und Kleinviehstallungen zur Selbstversorgung. Wie schon bei den Kriegerheimstätten wurde von den Siedlern viel in Eigenarbeit erstellt, um die Kosten gering zu halten.

Die Horst-Wessel-Siedlung am Kappenberger Damm: Westlich des Kappenberger Dammes legte man 1934 an zwei Parallel- und einer Verbindungsstraße, heute Ascheberger Straße, Davensberger Straße und Rinkerodeweg, die *Horst-Wessel-Siedlung* an, ein Wohngebiet, das vornehmlich von Mitgliedern der SA bezogen wurde (Abb. 209). Daher nannte man diese Siedlung damals auch SA-Siedlung. Die 22 Doppelhäuser auf den großen Gartengrundstücken besaßen die typischen Merkmale von Kleinsiedlungshäusern: eineinhalbgeschossig, einfache Satteldächer und glatte ornamentlose Putzfassaden.

Abb. 207 Schützenhofviertel, Timmerscheidtstraße (um 1930)

Abb. 208 Im Kontrast zur Architektur des Arbeiterwohnviertels: das Verwaltungsgebäude der Firma Stille, 1923 erbaut. Bei der Gestaltung des repräsentativen Gebäudes wurden traditionelle Stilelemente verwandt. Der große Ziegel-Werksteinbau knüpft damit an klassizistisch-barocke Formen an.

Abb. 209 Die Horst-Wessel-Siedlung Ende der 30er Jahre.

Abb. 210 Klausenburger Straße in der Duesbergsiedlung

Abb. 213 1924 wurde die erste Kirche des Geistviertels errichtet. Nach der Apostel- und Erlöserkirche ist die Trinitatiskirche die drittälteste evangelische Kirche Münsters. Im Oktober 1944 fast völlig durch Bomben zerstört, wurde sie nach dem Krieg von ihrem Architekten Mönig wieder aufgebaut. Nach einer Renovierung 1969 erhielt sie ihr heutiges Aussehen.

Abb. 211 Einzelhaustyp in der Duesberg-Siedlung. Der größte Teil der Häuser wurde von den Siedlern in Eigenarbeit erstellt.

Abb. 212 Siedlungshaus am Elsa-Brandström-Weg. Die Gemeinnützige-Wohnstättengesellschaft-Münsterland beteiligte sich am Bau dieser kleinen Siedlung.

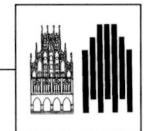

Siedlungsgemeinschaft Duesbergweg: In Höhe der Horst-Wessel-Siedlung begann östlich des Kappenberger Dammes 1936 die Siedlungsgemeinschaft Duesbergweg mit dem Bau von Siedlerstellen. Bewerber um ein Grundstück mußten in der Zeit des Nationalsozialismus zunächst den Nachweis erbringen, ob sie in *„charakterlicher, gesundheitlicher und erbbiologischer Hinsicht"* als Siedler taugten (zitiert nach F. Weber und F. Reiss, Siedlungschronik, in: 50 Jahre Miteinander. Siedlungsgemeinschaft Duesbergweg, 1987).

Nach dem geltenden Bebauungsplan von Brand war auf dem vorgesehenen Gelände ursprünglich eine großzügige Baugruppierung um eine zentrale Grünanlage mit *„Planschwiese"* vorgesehen. Um möglichst die ganze Fläche als Baugrund auszunutzen, verzichtete man jedoch auf dieses Konzept, gliederte das Gebiet durch versetzte Erschließungsstraßen und erhielt so insgesamt 107 Bauplätze. Durch die hohe Eigenbeteiligung der künftigen Bewohner konnte die Siedlung innerhalb von zwei Jahren fertiggestellt werden (Abb. 210, 211). Ein beabsichtigtes Gemeinschaftshaus wurde nicht mehr realisiert. An seiner Stelle wurde 1942 ein Luftschutzbunker errichtet.

Bis zum Beginn des Zweiten Weltkrieges wurden im Süden weitere, in Grundrißform und baulicher Gestaltung ähnliche Kleinsiedlungen angelegt:
— südlich des Kriegerweges (Sporckweg, Borsigweg),
— am Vennheideweg/Elsa-Brandström-Weg südlich der Bahnlinie (Abb. 212),
— an der Alten Reitbahn/Berg Fidel nördlich der Bahn sowie
— in Mecklenbeck.

Die Siedlungen lagen in dem von einer Bebauung eigentlich ausgenommenen Außenbereich und waren vor allem aus der Not entstanden, für die vielen Arbeitslosen und Minderbemittelten, besonders auch für jene, die in Barackensiedlungen untergebracht waren, Wohnraum und eine Existenzgrundlage zu schaffen.

Kirchen und Schulen: Nachdem 1924 am Straßburger Weg die *"kleine evangelische Kirche auf der Geist",* die spätere Trinitatiskirche (Abb. 213) als erster Sakralbau errichtet worden war, erhielt die Wohnstadt Geist um 1930 mit dem Bau der Heilig Geist-Kirche und der neuen Geistschule ihr eigentliches - städtebaulich markantes - Zentrum (Abb. 214-216).

Abb. 214 Einweihungsfeier der Heilig-Geist-Kirche

Abb. 215 Die neue Kirche und die im gleichen Architekturstil erbaute Geistschule

1926 hatte man für die von der Pfarre St. Josef geplante Anlage einen Architekturwettbewerb ausgeschrieben, den der Duisburger Architekt Walter Kremer gewann. Zwischen 1928 und 1930 entstand der wuchtige, geradlinige Baukörper der Kirche in den Architekturformen der Neuen Sachlichkeit. Zunächst umstritten, wurde der Bau bald als *„moderne Kirche im Stil unserer Zeit"* anerkannt. Die neue Geistschule in unmittelbarer Nachbarschaft war stilistisch der Kirche angepaßt. Sie war nach den Entwürfen des damaligen Stadtbaurates Schirmeyer und des Stadtarchitekten Sittel erbaut worden.

Mit der Anlage der zweiten Schule, der Kappenberger Damm-Schule am Glatzer Weg begann man 1938. Der Schulbetrieb wurde jedoch erst 1946 aufgenommen, weil hier während des Krieges der Sicherheits- und Hilfsdienst untergebracht worden war.

Sportplätze und Kleingartenanlagen: In den 20er Jahren legte man in den ehemaligen Sandgruben entlang der Hammer Straße eine Reihe von Sportplätzen an, was ihr bald den Namen *„Sportplatzstraße"* einbrachte. Die erste große Hauptsportanlage für die Gesamtstadt war das Preußenstadion mit rund 15.000 Plätzen (Abb. 217).

Ferner gab es das Reichsbahnstadion (ESV) unmittelbar gegenüber dem SC Preußen, den Borussenplatz südlich der Geistschule, den Platz Teutonia Vennheide südlich der Bahn, die Sportplätze des Postsportvereins (Münstermannweg) und die Tennisanlagen des SC Münster 08 am Wasserturm.

Eine feste Betonbahn für den Radrennsport war auf dem Gelände einer ehemaligen Barackensiedlung nahe der alten Bauernschaftschule an der Hammer Straße nördlich der Einmündung Duesbergweg geplant gewesen, wurde aber bis zum Kriege nicht mehr verwirklicht.

Kleingartenanlagen, die sich zu einem wesentlichen Bestandteil für die Naherholung der Städter entwickelt hatten, lagen an der Saarbrücker Straße sowie zwischen der Herdingstraße und den Bahngleisen (Abb. 218).

Abb. 216 Eingangsbereich der Geistschule

Abb. 218 Die Anlage Habichtshöhe war eine der 30 Kleingartenanlagen, die die in den 20er und 30er Jahren rings um die Stadt entstanden. 1931 wurden sie erstmals als öffentliche Grünfläche im Bebauungsplan der Stadt Münster ausgewiesen. „Schrebergärten sind Städten der Kinderfreude und Kinderlust, sind starke Wurzeln am Baume der Volkswohlfahrt" (Das schöne Münster 1932, S. 284)

Stadion F. C. Preussen 06, Münster i. W.

Abb. 217 Das Stadion S. C. Preussen 06, an der Hammer Straße, errichtet in einer alten Sandgrube.

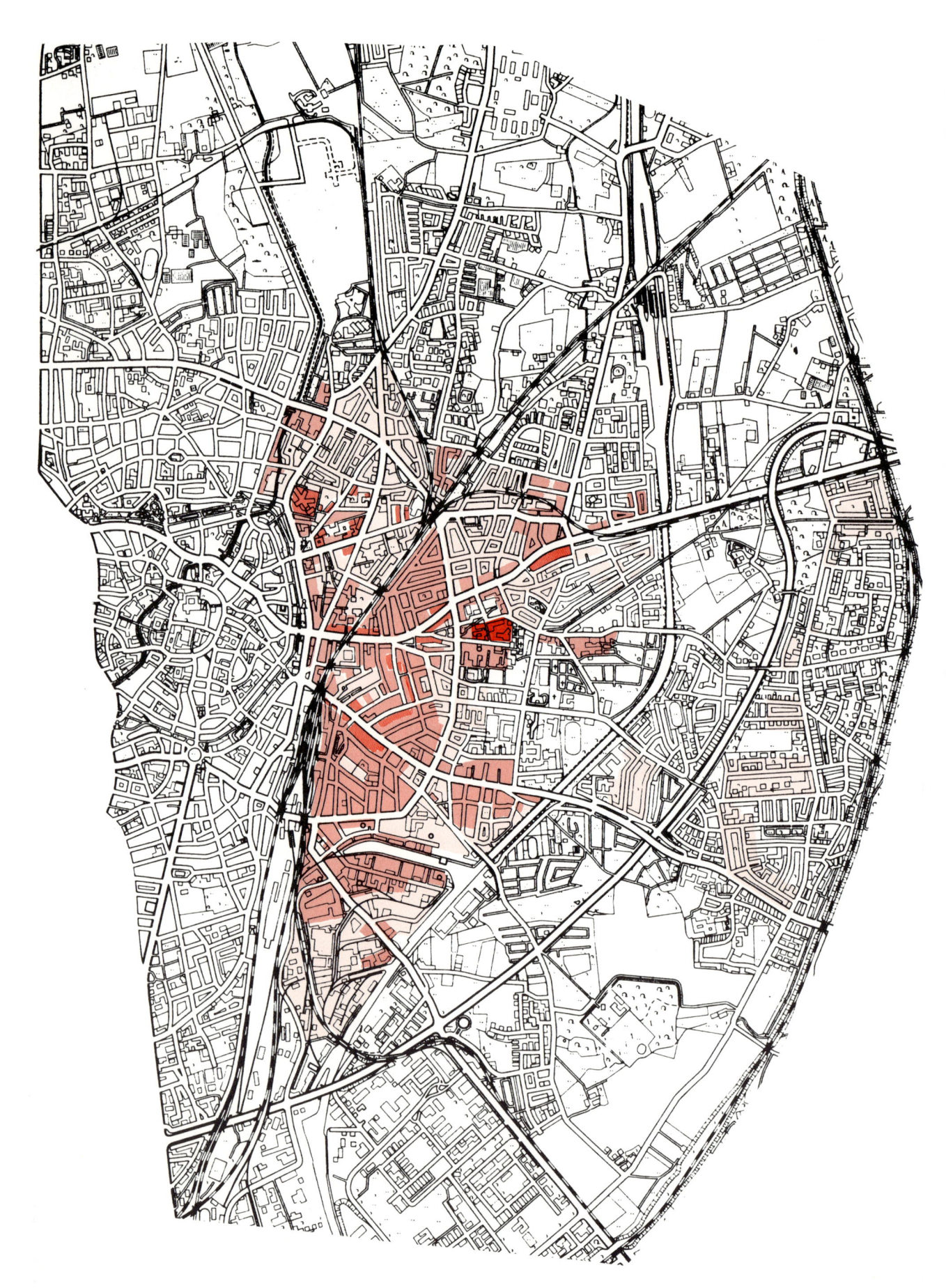

Städtebauliche Entwicklung im Osten

Im Osten der Stadt gab es mit dem mittelalterlichen Stift St. Mauritz und seinen Kuriengebäuden bereits einen kleinen Siedlungskern inmitten des bäuerlichen Umlandes. Gegen Ende der ersten Jahrhunderthälfte setzte der Bau der Eisenbahn und des Bahnhofs sowie die Errichtung des Gefängnisses an der Gartenstraße das Signal für die verstärkte Besiedlung des vorstädtischen Geländes.

Die heute noch charakteristische heterogene Siedlungsstruktur dieses Stadtbereichs hat im späten 19. Jahrhundert ihren Anfang genommen und wurde in den zwanziger und dreissiger Jahren weiter differenziert. Wohnviertel unterschiedlicher Ausstattung, vom niveauvollen Villenviertel bis zum einfachen Arbeiterquartier und das erste größere Industrie- und Gewerbegebiet fanden hier ebenso einen Standort wie zahlreiche öffentliche und private Einrichtungen, deren repräsentative Bauten bis heute das Stadtbild bestimmen.

Bei Beginn des Zweiten Weltkriegs reichten die Siedlungsspitzen der zusammenhängenden Bebauung bis zum Dortmund-Ems-Kanal. Jenseits des Kanals hatten sich an der Mondstraße und in Gremmendorf neue Siedlungsansätze herausgebildet (Abb. 219).

Abb. 219 Die Siedlungsflächen im Osten, zwischen Max-Clemens-Kanal im Norden und den Bahngleisen im Süden.

Östliches Umland in der ersten Hälfte des 19. Jahrhunderts: Die Stiftssiedlung St. Mauritz und wichtige Ausfallstraßen prägen das östliche Vorfeld Münsters

Das östliche Vorstadtgebiet gehörte zur Gemeinde St. Mauritz im Norden und zu Lamberti im Süden. Die Grenze dieser beiden Landkommunen bildete die Wolbecker Straße. Das der Stadt vorgelagerte Gartenland zeigte bis zur Mitte des 19. Jh. ein eher uneinheitliches Bild: Gartengrundstücke unterschiedlicher Größe wechselten mit Kampparzellen und Langstreifenfluren. Auch lagen innerhalb des Gartensaumes verstreut mehrere kleine Gehöfte (Abb. 220). Am „*Hoerster Thor*" war um 1808 von der französischen Besatzungsregierung für die innerstädtischen Kirchengemeinden Lamberti, Martini und Servatii der Hörster Friedhof errichtet worden (Abb. 221, 222). Im Nordosten rechts der Aa wurde nur ein schmaler Streifen als Gartenland bearbeitet. Hier

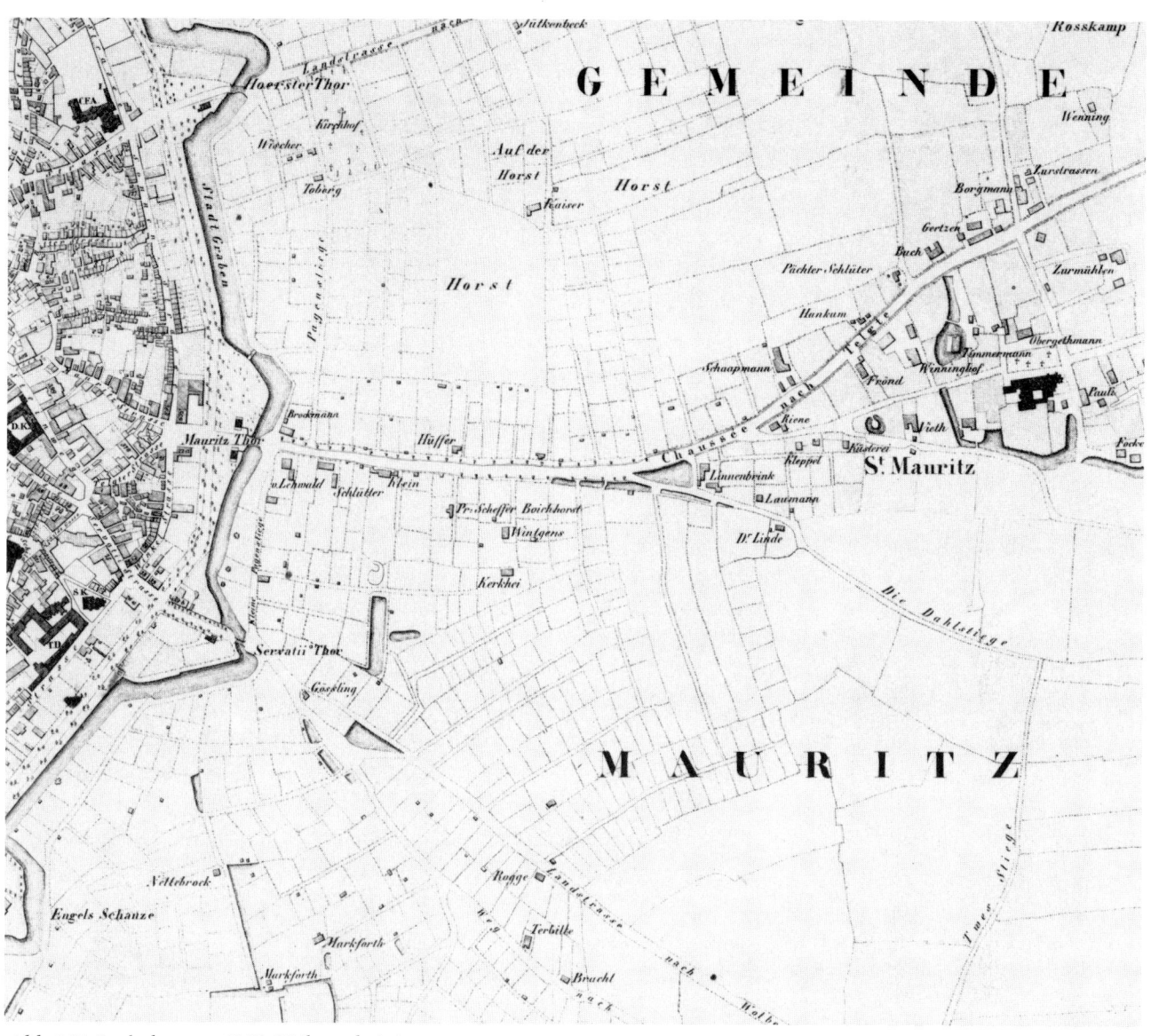

Abb. 220 Stadtplan von 1839 (Teilausschnitt)

Abb. 221, 222 Der Hörster Friedhof - heute ein kleiner Park - nur noch wenige Grabsteine sind Zeugen der früheren Nutzung.

wegen war als erste die Telgter Chaussee bereits Anfang des 19. Jahrhunderts gepflastert und Anrainergrundstücke als Bauland genutzt worden, denn sie stellte die direkte Verbindung zwischen der Stadt und der ehemaligen Stiftsiedlung St. Mauritz her. Dieses Stift, in dem bis zur Aufhebung 1811 ein Kollegiatskapitel seine geistliche Tätigkeit ausübte, war bereits um 1080 von Bischof Friedrich von Meissen gegründet worden. Eine von den ehemals 8 Kurien - Wohnstätten der Kanoniker - ist das heutige Pfarrhaus, das 1758 von Johann Conrad Schlaun erbaut wurde (Abb. 223).

Abb. 223 Das Pfarrhaus der St. Mauritz Kirchengemeinde 1785 vom Barockbaumeister Johann Conrad Schlaun errichtet.

Abb. 224 Die Pfarrkirche St. Mauritz 1853 auf einem Stahlstich von J. Poppel nach J. F. Lange.

lag das Mühlenfeld mit der Enkingmühle, die bereits um 1200 an der Einmündung eines kleinen Bachs in die Aa erbaut worden war. Für den Mühlenbetrieb hatte man schon früh das Aa-Bett umgeleitet und einen großen Mühlenkolk angelegt. Von der Stadt her war der Betrieb über die „große und kleine Mühlenstiege" erreichbar. Diese beiden Wege wurden später während der Stadterweiterung zur Garten- bzw. zur Goldstraße ausgebaut. Heute erinnern nur noch die Namen der Gaststätte „Zum Mühlenfeld" an der Gartenstraße und der Kleingartenkolonie nördlich des Niedersachsenrings an die ehemalige Nutzung des Geländes.

Drei Überlandstraßen bildeten das Grundgerüst für die Zuwegung des vorstädtischen Gartenlandes: im Nordosten die Landstraße nach Osnabrück (Bohlweg), die Chaussee nach Telgte (Warendorfer Straße) und die Landstraße nach Wolbeck. Ein vierter, weniger bedeutender Weg ging vom südlichen Stadttor, dem Ludgeritor, aus und verlief in südöstliche Richtung (Blockstiege nach Albersloh, später Alberloher Weg). Von den genannten Verkehrs-

Als dominantes Bauwerk der „*Immunitas Sancti Mauritii*" tritt die St. Mauritz-Kirche hervor (Abb. 224,225). Sie ist nach Dom und Liebfrauenkirche der drittälteste Sakralbau Münsters und bildet den Mittelpunkt der kleinen Siedlung St. Mauritz, die trotz vielfältiger Überformung bis in die Gegenwart noch etwas von ihrer mittelalterlichen Struktur beibehalten konnte.

Die Besiedlung des östlichen Vorstadtgebietes nahm in den 40er Jahren zwar langsam zu, beschränkte sich jedoch auf kleinere, einfache Häuschen, vornehmlich entlang der Ausfallstraßen. Das Jahr 1848 brachte schließlich den entscheidenden Impuls für die gesamtstädtische Entwicklung Münsters, wobei in besonderer Weise der Osten der Stadt betroffen war.

In jenem Jahr hatte Münster den Anschluß an das Eisenbahnnetz erhalten. Die Trasse war über das östliche Vorland verlegt und dabei so nahe wie möglich an die städtische Bebauung herangeführt worden. Die Endhaltestelle, der erste Bahnhof, war unmittelbar südlich des Servatiitores entstanden (Abb. 41). Im gleichen Jahr der Eröffnung des Eisenbahnverkehrs begann auch der Bau des ersten öffentlichen Gebäudes auf außerstädtischem Boden jenseits der Promenade. Es war das *„neue Zuchthaus"*, das unweit der alten, von Johann Conrad Schlaun entworfenen Strafanstalt an der Lotharinger Straße nach den Plänen des preußischen Architekten C. F. Busse, einem Mitarbeiter Schinkels, errichtet worden war. Das neue Zuchthaus an der Gartenstraße stand am Beginn einer Reihe von preußischen Staatsbauten, die im Verlauf des 19. Jahrhunderts in zunehmendem Maße das städtebauliche Gefüge Münsters, besonders im östlichen Stadterweiterungsgebiet, bestimmten. Heute ist der große, mehrflügelige Ziegelsteinbau - architektonisch stark von der englischen Neugotik beeinflußt - das einzige noch bestehende öffentliche Bauwerk dieser ersten, frühen Phase der Stadterweiterung (Abb. 226).

Abb. 225 Über 900 Jahre als ist die St. Mauritz Kirche. Der mächtige Westturm, der 1709 mit einer barocken Haube bekrönt worden war und die beiden schlanken Osttürme zu beiden Seiten des Chors gehören zum ältesten Teil der Kirche aus ottonischer Zeit.

Abb. 226 Blick auf das älteste staatliche Gebäude - das Zuchthaus an der Gartenstraße mit dem schlanken Uhrenturm.

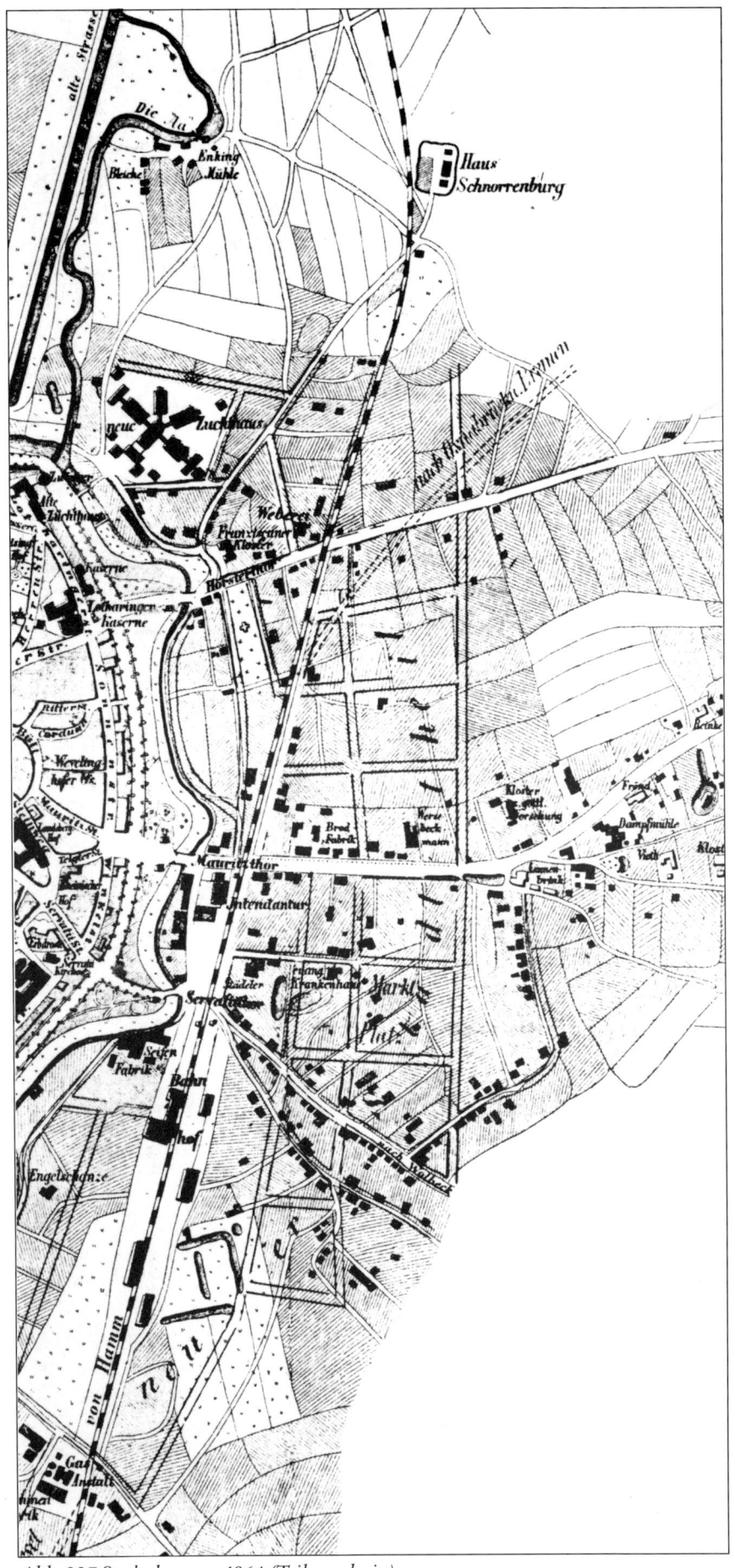

Abb. 227 Stadtplan von 1864 (Teilausschnitt)

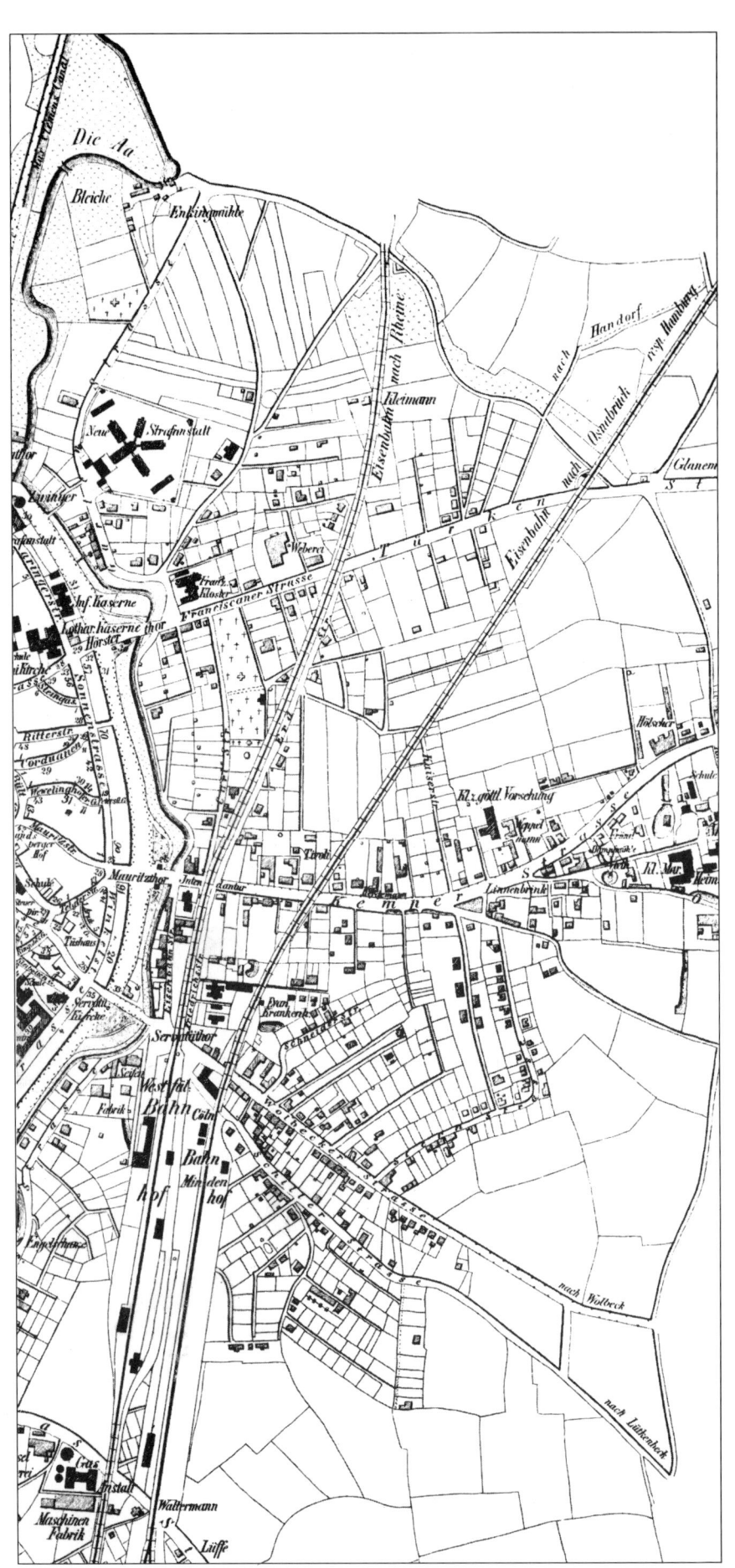

Abb. 228 Stadtplan von 1873 (Teilausschnitt)

1850 - 1875: Im Osten entsteht die Bahnhofsvorstadt

Die Jahre nach der Jahrhundertmitte waren gekennzeichnet durch eine rege Bautätigkeit. Sowohl Privathäuser, zumeist noch ländlichen Charakters, als auch öffentliche Gebäude und kirchliche Institutionen fanden einen neuen Standort im Osten der Stadt (Abb. 227,228). Beschleunigt hatte diese Entwicklung sicherlich der Bau der Eisenbahn (vgl. S. 24). Bis 1875 hatte man das Streckennetz weiter ausgebaut und in Betrieb genommen: 1856 war die Strecke Hamm - Münster in nördliche Richtung bis nach Rheine und rund 15 Jahre später, 1870/71, die Strecke Köln - Wanne - Münster - Osnabrück in Betrieb genommen worden. Die beiden Trassen wurden nicht gebündelt, sondern erhielten - weil von unterschiedlichen Bauherren geplant und ausgeführt - jeweils eine eigene Streckenführung. Für die Verbindung Münster - Wanne - Köln (Münster-Osnabrück - Hamburg) war sogar ein eigener Bahnhof, der *"Cöln-Mindener-Bahnhof"* auf der Ostseite der Gleise am heutigen Bremer Platz angelegt worden. Die Trassen der Königlich-Westfälischen und der Cöln-Mindener-Eisenbahngesellschaft verliefen zwischen Gasstraße (Albersloher Weg) und Servatiitor noch parallel, um dann nördlich der Wolbecker Straße scherenförmig auseinander zu laufen und den vorstädtischen Gartenring zu zerschneiden. Für den Verkehr erwies sich dies als besonders nachteilig. Wer über die großen Ausfallstraßen in die Stadt hinein oder hinausfahren wollte, mußte in kurzen Abständen gleich zwei Schrankenübergänge passieren.

Die Besiedlung schritt jedoch trotz dieser Hemmschwellen weiter voran. Von einer einheitlichen Bebauungsgrenze, die sich langsam in östliche Richtung vorschob, konnte man allerdings nicht sprechen: Während ganz im Nordosten und im Südosten die Gärten und Äcker noch voll bewirtschaftet wurden bzw. die Talniederung der Aa wegen drohender Überschwemmungsgefahren keine Bautätigkeit zuließ, hatte man längst damit begonnen, die Ländereien vor dem Servatii- und Mauritztor für die Stadterweiterung umzunutzen. Die Bebauung verdichtete sich besonders entlang der Warendorfer und Wolbecker Straße. Aber auch auf den dazwischen liegenden Gartenparzellen entstanden Wohnquartiere, so daß Stadt und Stiftssiedlung städtebaulich allmählich zusammenwuchsen. Südlich der Wolbecker Straße und des Lütkenbecker Weges, der um 1870 ausgebaut und in Schillerstraße umbenannt wurde, entstanden ebenfalls verstärkt Wohnbauten. Die zügige Bauentwicklung der „*Bahnhofsvorstadt*" war bereits 1856 zum ersten Mal zum Anlaß genommen worden, einen Bebauungsplan aufzustellen, um *„für eine geordnete städtebauliche Entwicklung Sorge zu tragen"* (vgl. S. 42).

Dieser und der 10 Jahre später herausgegebene Nachfolgeplan blieben jedoch aus kommunalpolitischen und rechtlichen Gründen unberücksichtigt. Die ersten Bebauungspläne für das Ostviertel sollten erst Anfang der 90er Jahre wirksam werden.

Neben den Wohnhäusern, in denen nicht selten Werkstätten untergebracht waren, hatten sich auch mehrere größere Betriebe im Ostviertel niedergelassen. Zum einen war es die Weberei Nost, auf deren Gelände heute das Ratsgymnasium steht, zum anderen die Papierfabrik Wersebeckmann, die in den 80er Jahren zur Mecklenbecker Straße wechselte, sowie eine Holzhandlung und Dampfmühle am Mauritzsteinpfad und die Stearinfabrik Julius Petersen unmittelbar südlich des Servatiitores (Abb. 229).

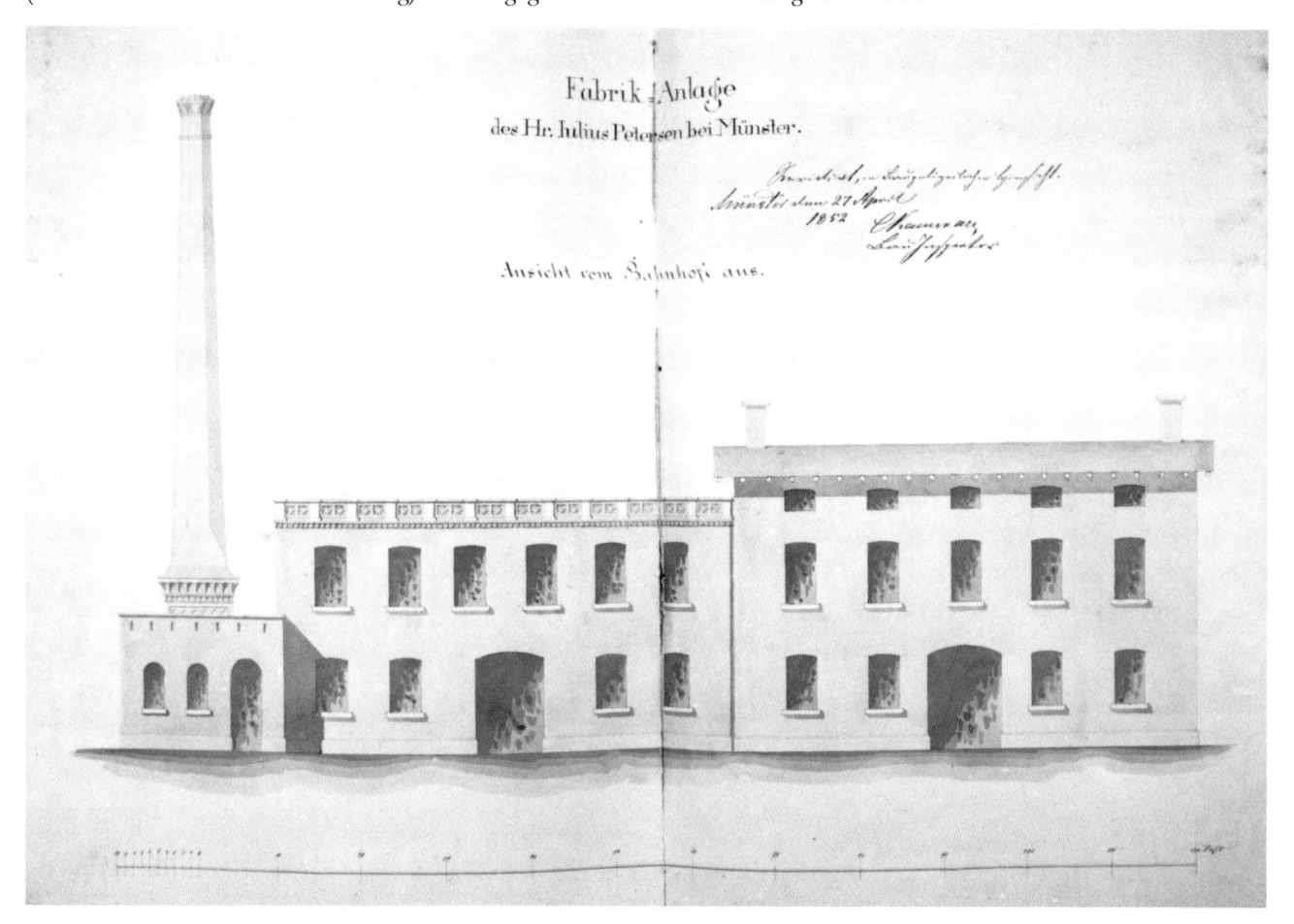

Abb. 229 Fabrikanlage Julius Petersen nahe des Servatiitores

Neue Klöster und Krankenhäuser:
Vor der ersten Eingemeindung ließen sich vor allem konfessionelle Einrichtungen im Osten der Stadt nieder. Im Umfeld des ehemaligen Kanonikerstifts und am Hörster Tor siedelten nach dem Ende der Säkularisation allein 5 Klostergemeinschaften, die sich der allgemeinen Fürsorge, der Krankenbetreuung, der Erziehung verwaister und verwahrloster Kinder und der theologischen Lehre widmeten.

Das Franziskanerkloster war 1853 offiziell wieder neu gegründet worden, nachdem die alte Anlage an der Bergstraße (Observantenkloster) 1811 aufgehoben und vom Militärfiskus beschlagnahmt worden war. 1860 erwarb der Orden für 2.800 Taler 5 Parzellen Gartenland vor dem Hörster Tor und errichtete in einjähriger Bauzeit ein kleines zweiflügeliges Klostergebäude. 1863 wurde es um eine Kirche ergänzt, die allerdings nicht viel größer als eine Kapelle war. In der Stadt war das Franziskanerkloster daher bald nur noch als das *„Klösterchen"* bekannt. Während des Kulturkampfes mußten die Ordensbrüder ihr Kloster verlassen, kehrten aber 1887 wieder zurück und begannen 1892 mit dem Ausbau der Anlage (Abb. 230).

Die *„Genossenschaft der Schwestern von der göttlichen Vorsehung"* betreute ein Waisenhaus für katholische Mädchen, das 1842 an der Warendorfer Straße errichtet worden war und dessen Garten sich bis zum Mauritzsteinpfad erstreckte. Um 1855 ließ man ein neues Gebäude für die Kinder am Mauritz-Lindenweg bauen. Das Mutterhaus der Schwestern verblieb am alten Standort, bis es in der Zeit des Kulturkampfes geschlossen und nach Holland verlegt werden mußte. Nach Rückkehr aus dem Exil (1888) fanden die Schwestern eine neue Bleibe in der Friedrichsburg an der Weseler Straße (vgl. S. 63).

1850 war ein weiteres Kloster in einem früheren Kuriengebäude des Stiftes gegründet worden. Die Schwestern der Kongregation *„Zum Guten Hirten"* richteten in diesem Haus ein Heim für verwahrloste Kinder ein. 1858 erhielt der Orden durch Schenkung ein weitläufiges Gelände am Pleistermühlenweg und legte dort den Grundstein für eine großzügige Klosteranlage mit Erziehungs- und Schwesternheim, Kapelle und eigenem Friedhof. Das Kloster, das 1864 fertiggestellt wurde, konnte seine Eigenständigkeit in der Zeit des Kulturkampfes bewahren und seinen Grundbesitz durch Landzukauf noch vergrößern (Abb. 231).

Ein anderer Orden hatte weniger Glück. Als die *„Schwestern von der Heimsuchung Maria"* (Salesianerinnen) das alte Gebäude der *Schwestern Zum Guten Hirten* 1864 für die Einrichtung eines Mädchenpensionats erwarben und als zweiflügelige Anlage ausgebaut hatten, blieben ihnen nur wenige Jahre zur Nutzung. Zu Beginn des Konfliktes zwischen Staat und Kirche wurde das Kloster - wohl um es vor staatlichem Eingriff zu schützen - an den Grafen von Merveldt zu Westerwinkel verkauft. Das Gebäude, das später zu einem Mietshaus umfunktioniert wurde, fiel den Zerstörungen des 2. Weltkrieges zum Opfer. Heute ist das Gelände als Grünanlage ausgestaltet, um der Mauritzkirche einen angemessenen städtebaulichen Rahmen zu geben.

Das katholische Franziskus-Hospital, am heutigen Hohenzollern-Ring, war von den Schwestern des Franziskanerordens 1854 - 57 unter Zuhilfenahme von Spenden erbaut worden. Bei diesem Gründungsbau, der im letzten Weltkrieg zerstört und durch einen Neubau ersetzt werden mußte, handelte es sich um eine neugotische Flügelanlage mit einer nach Osten angefügten Kapelle. Im Laufe der Jahre erweiterte man das Hospital mehrfach, so daß es sich heute als eines der größten Gebäudekomplexe im Osten darstellt (Abb. 232).

Das evangelische Krankenhaus, 1863 von der evangelischen Kirchengemeinde erbaut, nahm bei weitem nicht diese Ausmaße an. Das Gebäude, nicht viel größer als ein Wohnhaus, lag an einer schmalen, von der Friedrichstraße abzweigenden Stiege, der späteren Johanniterstraße, und war nur mangelhaft an die übergeordneten Straßen angeschlossen. So fehlte z.B. eine direkte Zuwegung zur Wolbecker und Warendorfer Straße. Dies war auch einer der Hauptgründe für den späteren Neubau im Nordviertel (1907) (vgl. S. 152).

Abb. 230 Das alte Franziskanerkloster vor dem Hörster Tor.

Abb. 231 Das Kloster zum Guten Hirten am Pleistermühlenweg.

Abb. 232 1857 wurde das Franziskushospital erbaut. Es entwickelte sich im Laufe der Jahre zu einem der größten Krankenhäuser in der Stadt.

1875 - 1918: Das Ostviertel wird zum „multifunktionalen" Stadtteil

Zwischen 1875 und 1918 erlebte das östliche Stadtgebiet einen raschen Aufschwung. Die Stadtgrenze, 1875 neu gezogen, erwies sich infolge des schnellen Siedlungswachstums bereits in den 90er Jahren als zu eng bemessen. Erst die Eingemeindung von 1903 schaffte - besonders im Südosten - genügend Flächenreserven für die Stadterweiterungen. Der Bau des Dortmund-Ems-Kanals, die Erweiterung und Umlegung des Schienennetzes, sowie eine verbesserte Anbindung an die Innenstadt förderten die Siedlungstätigkeit. In den 80er Jahren des 19. Jahrhunderts erhielt das äußere Stadtgebiet seinen urbanen Charakter: Quartiere unterschiedlicher Nutzung und Qualität entstanden, deren Strukturmerkmale bis heute trotz vielfacher Zerstörung der Bausubstanz im 2. Weltkrieg erhalten geblieben sind. Die Wohnbebauung konzentrierte sich vor allem zwischen dem Bahnkörper im Westen und der Ringstraße, die bis 1914 als breit angelegte Allee vom Bohlweg bis zum Albersloher Weg fertiggestellt wurde. Während sich im Nordosten die Bautätigkeit noch zurückhielt, erfuhr der Südosten eine starke Wandlung: Durch die Anlage des Stadthafens (1900) und die Nähe zur Eisenbahn entstand hier das erste größere Industrie- und Gewerbegebiet Münsters (Abb. 233-236).

Abb. 233
Stadtplan von 1883 (Teilausschnitt)

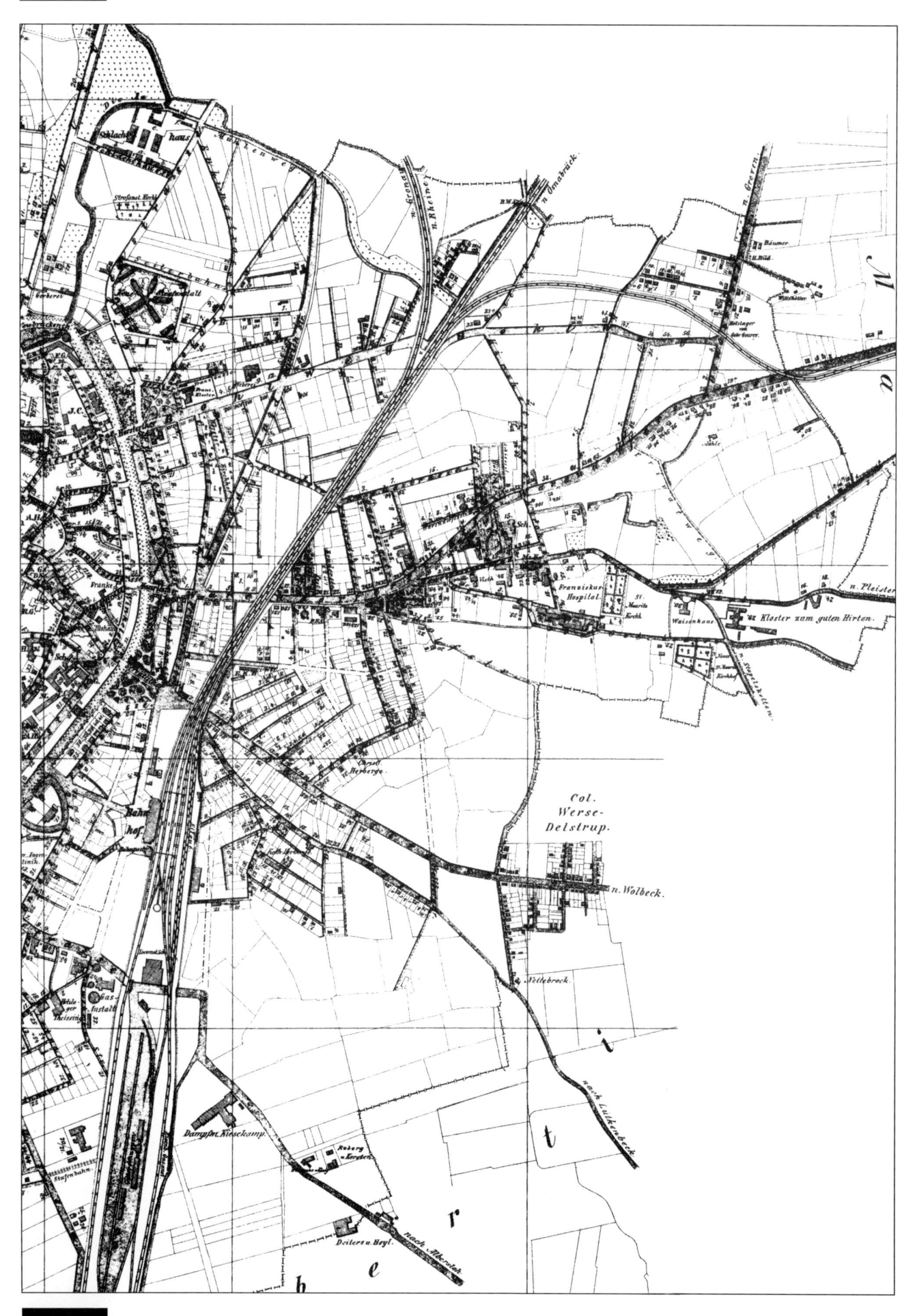

Abb. 234
Stadtplan von 1892 (Teilausschnitt)

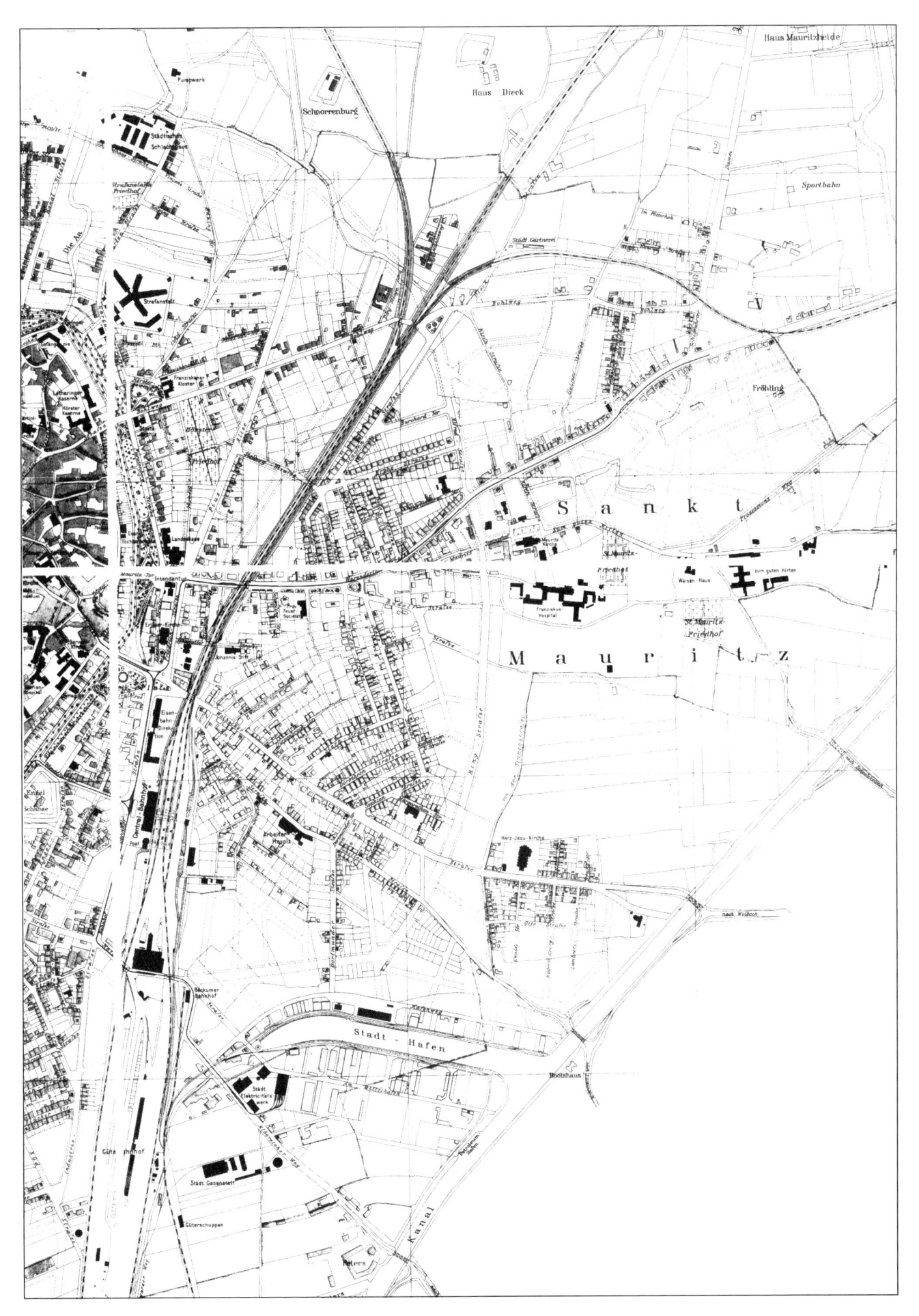

Abb. 235
Stadtplan von 1903 (Teilausschnitt)

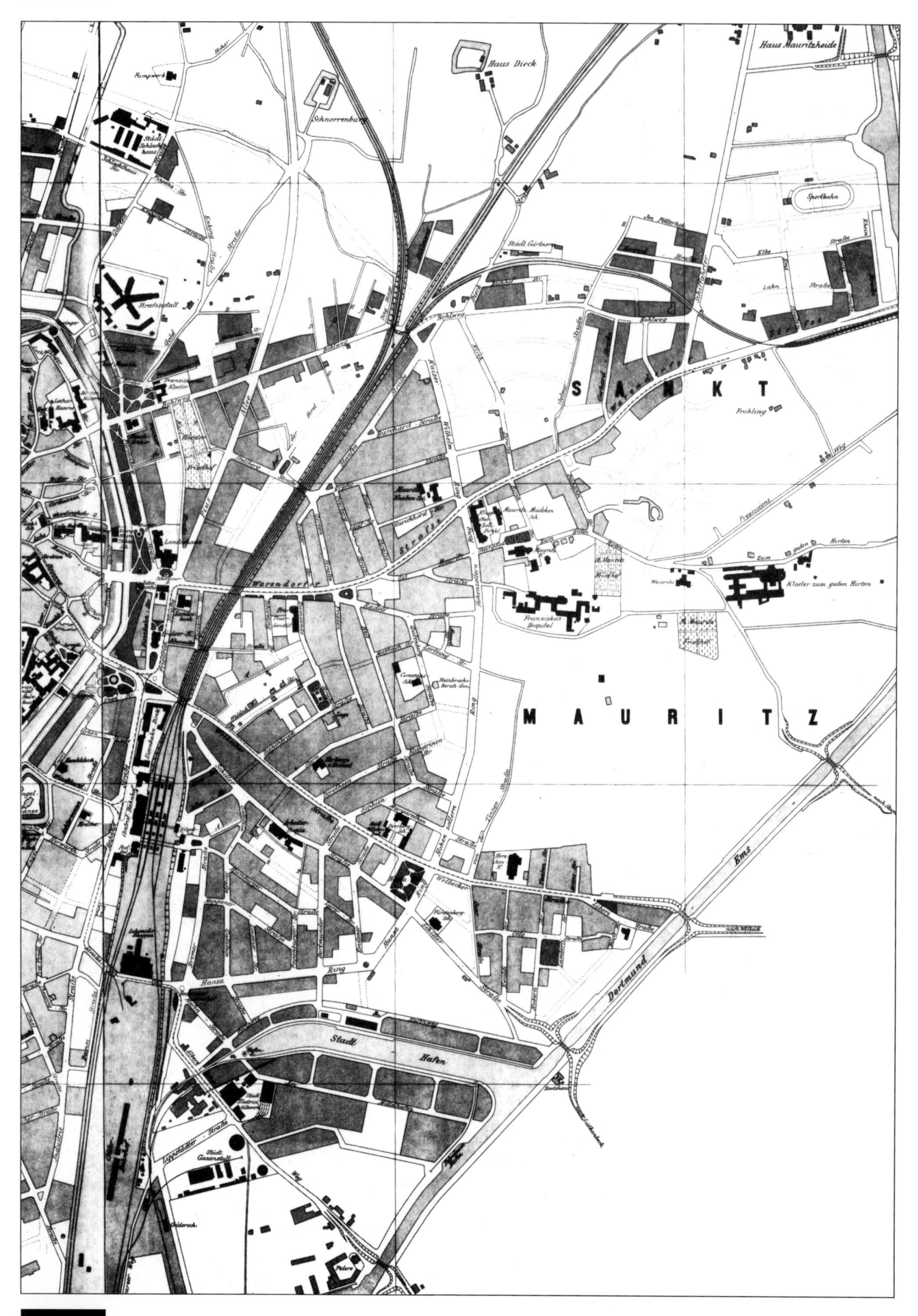

Abb. 236
Stadtplan von 1914 (Teilausschnitt)

Um- und Ausbau der Bahnhofsvorstadt: Im Zuge der ersten Eingemeindung bemühte sich der Magistrat, die Reste der alten Stadtbefestigung zu beseitigen, um die städtebauliche Entwicklung im Osten noch mehr zu fördern.

So war bereits 1873 die äußere Wasserrinne zwischen Hörster und St. Mauritz-Tor zugeschüttet und 1874 das Torhaus am Hörster Tor abgebrochen worden. Bis 1882 folgte die Abtragung der Wallanlage zwischen Hörster Tor und Zwinger, sowie die Beseitigung der restlichen Gräben zwischen dem Servatiitor und dem St. Mauritztor und zwischen Hörster Tor und Zwinger. Vor dem Hörster Tor schuf man eine parkähnliche Anlage und gestaltete die Promenade gärtnerisch aus (Abb. 237). Das größte städtebauliche und verkehrstechnische Hindernis, die Trennung der Alt- und Neustadt durch die beiden planmgleichen Eisenbahnlinien begann man in den 80er Jahren zu beseitigen (Abb. 238,239). In einem ersten Bauabschnitt hatte man die beiden Bahnlinien der Königlich-Westfälischen und der Cöln-Mindener-Eisenbahn bis zum Bohlweg zu einer mehrgleisigen Trasse zusammengeführt. Die Strecke Münster-Rheine wurde bis zum Hohen Heckenweg demontiert und als breit angelegte Straße (Piusallee) ausgebaut, an der nach der Jahrhundertwende gemäß der Bauordnung von 1905 auf großzügigen Grundstücken die ersten Villen entstanden (Abb. 240).

Durch die Hochlegung der Eisenbahntrasse auf einem Damm waren die planmgleichen Straßenübergänge aufgehoben, eine bessere Anbindung des neuen Stadtteils an die Innenstadt geschaffen worden (Abb. 241). Neben den Hauptstraßen erhielten auch die weniger bedeutende Kaiserstraße (heute Stolbergstraße) und die Johanniterstraße eine Unterführung. Der Hamburger Tunnel südlich des Bahnhofes war die letzte Anlage, die 1911 im Zuge des Ausbaus entstand. Sie stand im engen Zusammenhang mit der Um- und Neugestaltung des Bahnhofsbereiches.

1890 war das neue Bahnhofsgebäude nach den Plänen des Architekten Raschdorf, dem Erbauer des Berliner Domes, südlich des alten Bahnhofs errichtes worden (Abb. 44). Um

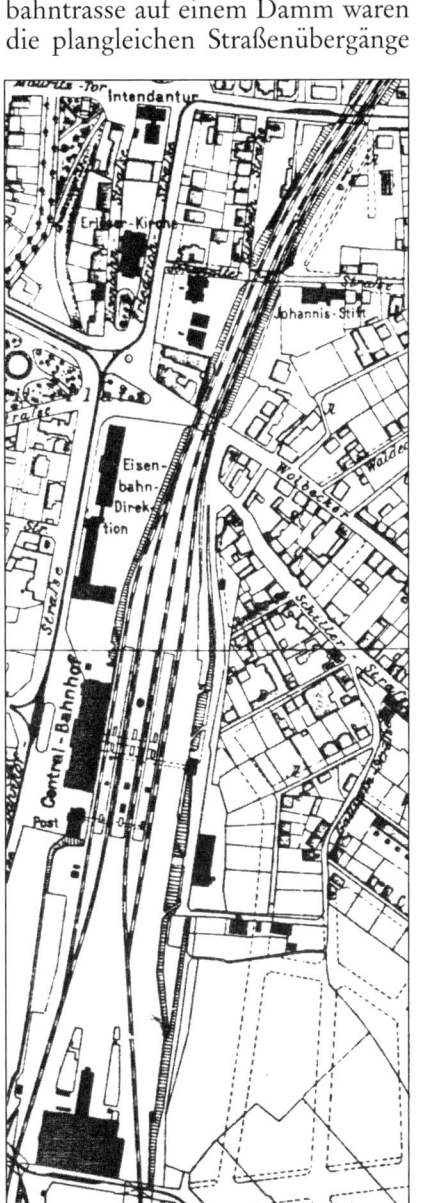

Abb. 237 Hörster Platz und das 1888 erbaute Staatsarchiv

Abb. 238, 239 Der Bahnhofsbereich um 1880 und nach seiner Umgestaltung im Jahr 1903. Die Gleisanlagen sind zusammengelegt, der neue Bahnhof ist errichtet.

Abb. 240 Die Piusallee, angelegt auf der alten Trasse der Königlich - Westfälischen - Eisenbahn, entwickelte sich zu einer ausgesprochenen Villenstraße.

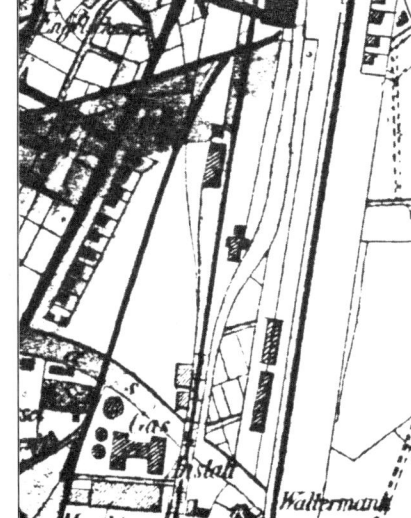

Abb. 241 Die Eisenbahnüberführung Wolbecker Straße. Im Hintergrund rechts, der Turm der evangelischen Erlöserkirche.

Abb. 242 Hotel Continental Richard Birkenfeld gegenüber dem Bahnhof.

Abb. 243 Die Intendantur des VII. Armeecorps. Sie lag gegenüber des Landeshauses der Provinz Westfalen am Beginn der Warendorfer Straße.

Abb. 244 Mehrere öffentliche Gebäude säumten die Straßen entlang des Bahnhofes und des östlichen Promenadenabschnitts.

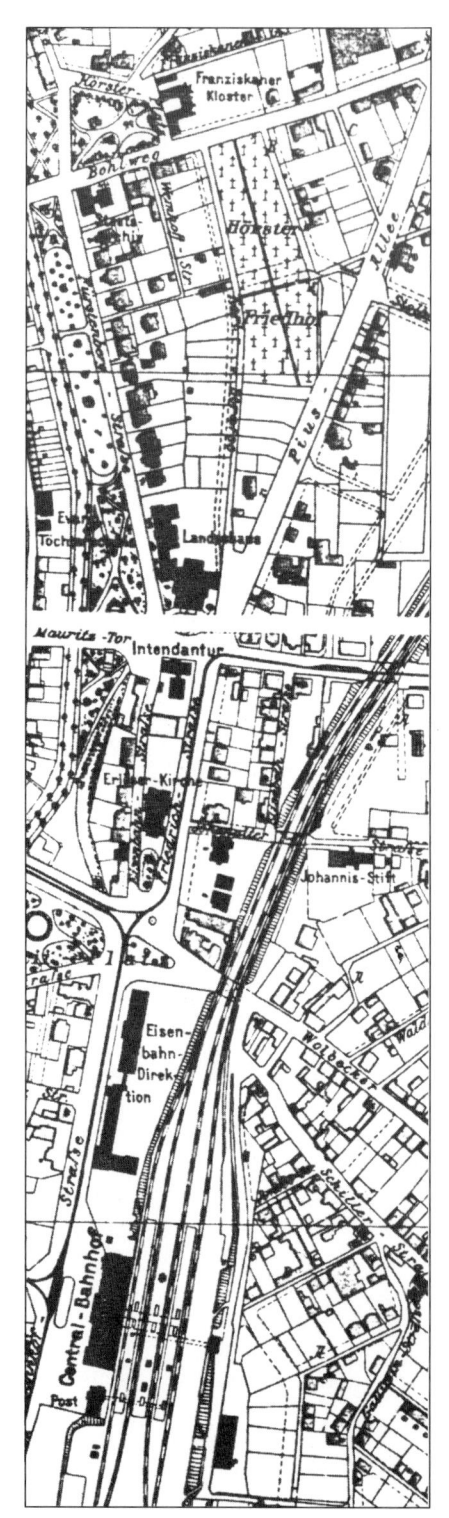

dem Bahnhofsbereich einen urbanen Charakter zu verleihen und ihn gegenüber den anderen Stadtvierteln aufzuwerten, sah die Bauordnung von 1905 im Vorfeld des Bahnhofes sogar vier- bis fünfgeschossige Gebäude vor (Abb. 242). Eine direkte Verbindungsachse zwischen dem neuen Bahnhof und der Innenstadt sollte mit dem Bau der Windthorststraße geschaffen werden. Nach zahlreichen Planungsentwürfen wurde sie um 1909 allerdings zunächst nur bis zur Engelstraße angelegt. Ein Übergang bis zur Stadtmitte konnte erst Jahre später nach zähen Verhandlungen mit der Militärverwaltung, in deren Besitz der Stadtgraben lag, geschaffen werden.

An der Ostseite der Bahnhofstraße entstand mit den Bauten der Eisenbahndirektion (Abb. 25), der evangelischen Erlöserkirche und dem Landeshaus (Abb. 22), im Zusammenhang mit der bereits seit den 70er Jahren bestehenden Militärintendantur am Mauritztor (Abb. 243) eine repräsentative Achse, zu deren nördlichem Abschluß noch das Staatsarchiv vor dem Hörster Tor gezählt werden kann (Abb. 244).

Auch im Bereich zwischen Bahnhof und Promenade, an der Brockhoff- und Schorlemerstraße, siedelten sich eine Reihe von Institutionen regionaler Bedeutung an: Die Provinzial-Augenklinik Brockhoffstraße Nr. 8, die Landschaft der Provinz Westfalen (Abb. 23) und die Landwirtschaftskammer. An der Achtermannstraße wurde zudem das Kreishaus und an der Engelstraße die Handelskammer errichtet.

Abb. 245 - 247 Architektonische Zeugen aus unterschiedlichen Bauperioden (Warendorfer Straße).

Die neuen Quartiere jenseits der Bahngleise: Die Siedlungsstruktur jenseits der Bahngleise änderte sich in den 80er Jahren. Neben die kleinen, schlichten Putzbauten traten jetzt Wohn- und Geschäftshäuser mit mehr städtischem Charakter. Immer dominanter wurden zwei- bis dreigeschossige, giebelständige Wohngebäude mit großen Bautiefen und engen Traufgassen.

Mit der Einführung der Bauordnung von 1892 ergänzten zunehmend auch traufständige Mehrfamilienhäuser das Straßenbild. Im 2. Weltkrieg wurde ein großer Teil dieser Bausubstanz zerstört. Ein Nebeneinander von Häusern aus den unterschiedlichen Bauperioden der Stadt findet man jedoch heute noch an der Wolbecker und Warendorfer Straße (Abb. 245-247).

Abb. 248, 249 Die Wolbecker Straße - 1909 wurde hier die Straßenbahn bis zur Liboristraße verlegt.

Zwischen Wolbecker und Warendorfer Straße: 1894 wurde für das Gebiet südlich der Warendorfer Straße ein Bebauungsplan aufgestellt, der die Entwicklung dieses Stadtviertels in weiten Teilen bis heute festlegte.

Als Bebauungsgrenze sah er die Ringstraße, den heutigen 2. Tangentenring, vor. Gemäß den Festsetzungen wurden fast alle ehemaligen Gartenstiegen zu Straßen ausgebaut. Das führte dort, wo die Stiegen eng beieinander lagen, zu Blockzuschnitten, die heute noch wegen ihrer Bebauungsdichte problematisch erscheinen. Zu den besonders eng besiedelten Quartieren zählte dabei insbesondere der Bereich südlich der Warendorfer Straße zwischen Diepenbrock- und Sophienstraße, sowie zwischen der Friedens- und Heisstraße. In diesem Viertel war neben der Wohnnutzung auch das Kleingewerbe sehr stark vertreten. Noch heute ist hier eine starke Durchmischung von Wohn- und Gewerbenutzung zu finden. Grün- und Freiflächen in den Blockinnenbereich sind daher rar (Abb. 252).

Westlich der Diepenbrock- und Zumsandestraße kam es zunächst zu keiner städtebaulichen Neuordnung. Der geplante Ausbau der Johanniterstraße mit einer öffentlichen Platzanlage zwischen Schweling- und Johanniterstraße unterblieb. Dafür wurde allerdings um 1910 der Zumsandeplatz in unmittelbarer Nähe angelegt.

Auch die Seitenstiegen der Wolbecker Straße, heute Schaumburgstraße, Emsländer Weg und Sauerländer Weg, wurden nicht verbreitert und blieben nur lückenhaft bebaut. Gründe für die stagnierende Entwicklung dieses Bereichs waren wahrscheinlich auf unterschiedliche Zielvorstellungen von Magistrat und Grundeigentümern, ohne deren Zustimmung keine bauliche Maßnahme durchgeführt werden durfte, zurückzuführen.

Abb. 250, 251 Ansichten der Warendorfer Straße

Abb. 253 Alte Villa, die nach der Jahrhundertwende an der Erphostraße erbaut wurde.

Abb. 252 Ein Erbe des Städtebaus aus dem späten 19. Jahrhundert ist die dichte Innenblockbebauung, die nur wenig Platz für Grünflächen übrig läßt.

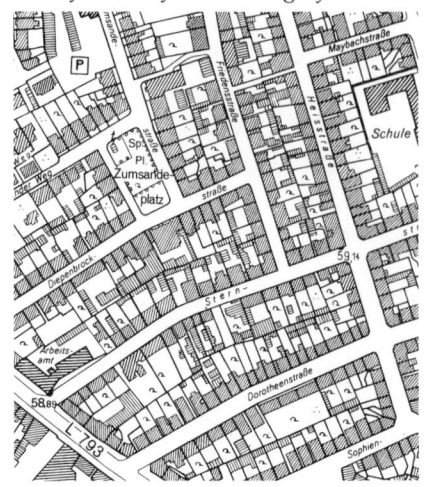

Das Erphoviertel: Nördlich der Warendorfer Straße wiesen die Wohnblöcke zwischen Brüder-, Erpho- und Dodostraße eine ähnliche Struktur auf wie das hochverdichtete Quartier zwischen Wolbecker und Warendorfer Straße.

Ein völlig anderes Erscheinungsbild zeigten dagegen Erpho- und Burchardstraße im nördlichen Zipfel zwischen den Bahngleisen und Kaiser-Wilhelm-Ring. In einem Nachtrag zum Bebauungsplan von 1894 war hier ein *"Viertel mit bevorzugter Wohnungslage"* geplant worden. Für die beiden Straßen war nach der damals gültigen Baupolizeiordnung eine *"villenmäßige, offene Bauweise mit gefälliger architektonischer Ausbildung"* vorgeschrieben (Stadtarchiv, Fach 129, Nr. 20). Maximal waren nur zwei Geschosse und zwei Wohnungen zugelassen.

Tatsächlich entstand hier zwischen der Jahrhundertwende und dem Beginn des Ersten Weltkriegs ein kleines Villenviertel, das sich deutlich von den engen schluchtartigen Straßenzügen der übrigen Wohngebiete absetzte: Vorgärten, Einfriedungen und Baumreihen bestimmten das Straßenbild und gaben den freistehenden, repräsentativ gestalteten Häusern Landhauscharakter. Daß die Gebäude zu einem großen Teil von mittelständischen Bauunternehmern als Renditeobjekte fast gleichzeitig und in ähnlicher Ausführung errichtet wurden, trug zur Homogenität des Quartiers bei (Abb. 253-256).

Abb. 254 Villa an der Erphostraße

Abb. 256 Die Erphostraße

Abb. 257 Die Staufenstraße früher ...

Abb. 258 ... und heute

Abb. 255 Die Erphostraße auf einer alten Ansicht

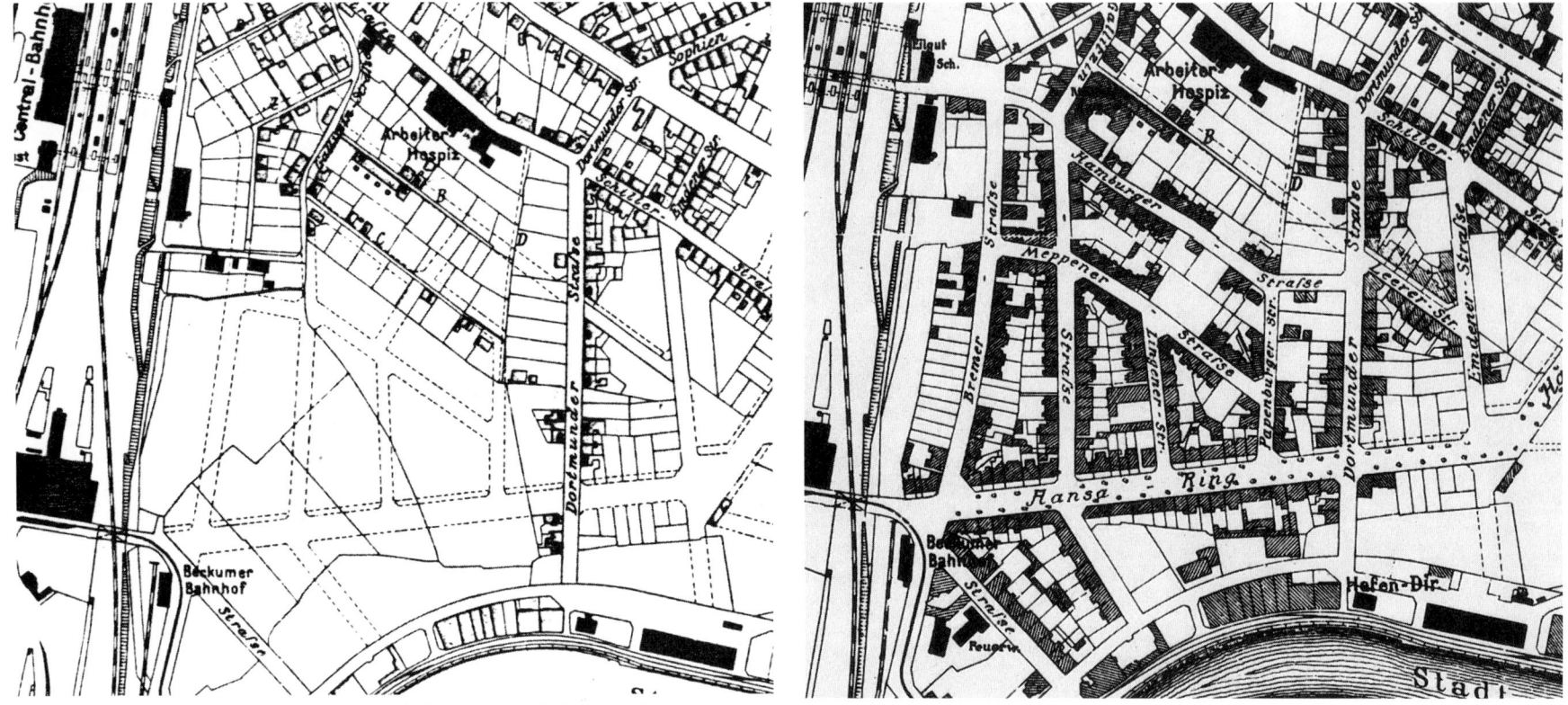

Abb. 259 - 261 Die Entwicklung der Wohnbebauung nördlich des Hafens (Ausschnitte von 1903, 1921, 1980).

Abb. 262 Der Stadthafen

Abb. 263 Mühlenbetrieb Kiesekamp am Alberloher Weg. Die Firma siedelte 1891 von der Münzstraße in das neue Industrie- und Gewerbegebiet über.

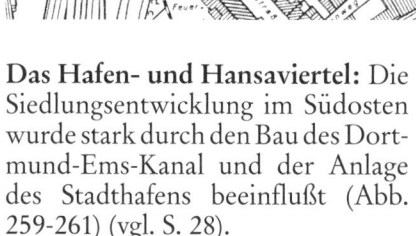

Abb. 264 Wohnhäuser an der Emdener Straße aus der Entstehungszeit des Hansaviertels

Das Hafen- und Hansaviertel: Die Siedlungsentwicklung im Südosten wurde stark durch den Bau des Dortmund-Ems-Kanal und der Anlage des Stadthafens beeinflußt (Abb. 259-261) (vgl. S. 28).

Ende der 80er Jahre war die Bebauung südlich der Schillerstraße noch sehr lückenhaft und endete in Höhe einer kleinen Stiege, die erst Jahre später zur Hamburger Straße ausgebaut wurde. Quer über die angrenzenden Flurstücke waren ursprünglich Verbindungswege bis zum Alberloher Weg geplant (Abb. 233), die jedoch nicht mehr verwirklicht wurden, als die Trasse des Dortmund-Ems-Kanals endgültig festgelegt worden war. Vielmehr entstand hier, wo der Kanal am nächsten an die städtische Bebauung und die Bahnanlagen herangeführt wurde, 1900 der Stadthafen (Abb. 262).

Die Stadt hatte in diesem Bereich schon frühzeitig Flächen aufgekauft, um für künftige Lagerplätze, Gewerbe und Industrieanlagen genügend Areal anbieten zu können. Als einer der ersten Betriebe verlagerte die Dampfmühle Kiesekamp ihren Sitz von der Münzstraße (heute Standort des Finanzamtes) in das zukunftsträchtige Gebiet am Alberloher Weg (Abb. 263). Auch städtische Betriebe, die zweite Gasanstalt und die Elektrizitätswerke, fanden hier ihre neuen Standorte (vgl. S. 38). Das Hansaviertel, der Bereich zwischen Schillerstraße und Hansaring wurde zum Wohnquartier vieler Beschäftigter der neuen Industrie- und Gewerbezone rund um den Hafen. Innerhalb weniger Jahre von etwa 1905 bis 1914 vollzog sich die Bebauung zwischen Bremer Straße, Hamburger Straße, Emdener Straße und Hansaring, sowie südlich des Ringes an der Hafenstraße (heute Bernhard-Ernst-Straße) und der Fortsetzung der Gallitzinstraße (heute Soester Straße) (Abb. 264). Dabei erhielten jene Straßen, deren Linienführung sich nicht an alte Gartenwege orientierte, sondern völlig neu geplant worden waren, großzügige Breiten, so daß die hier angelegten Wohnquartiere, trotz z. T. dichter Blockbebauung (z. B. an der Hamburger und Bremer Straße) längst nicht so gedrängt und eng wirkten.

Abb. 265 Stadtplan von 1903 (Teilausschnitt): das Herz-Jesu-Viertel, mancherorts auch „Klein Wolbeck" genannt nach der Jahrhundertwende.

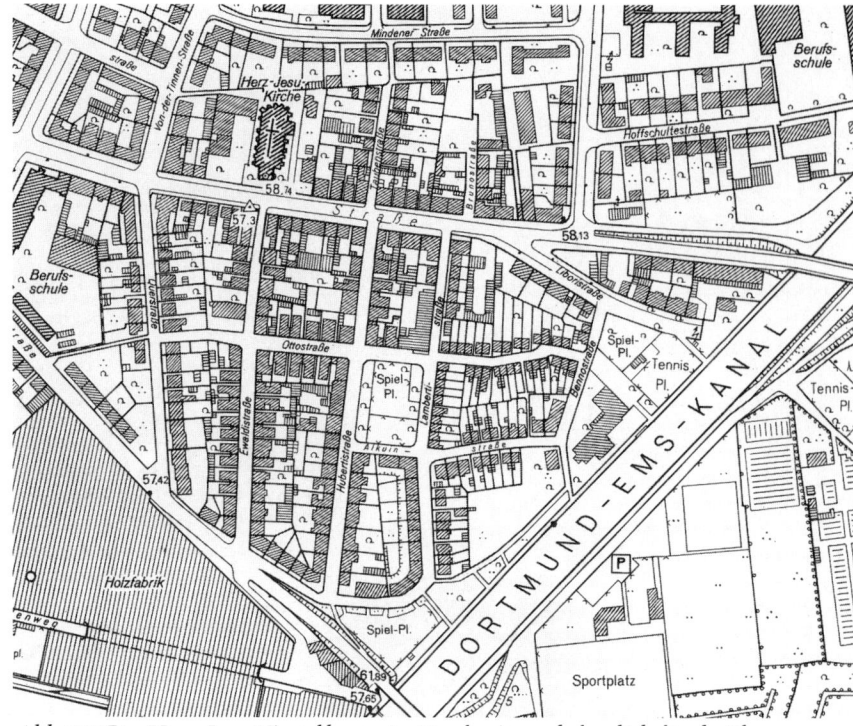

Abb. 266 Das Herz-Jesu-Viertel heute. Im Norden ist noch deutlich die alte Flurgrenze zu erkennen.

Von der „Kolonie Werse-Delstrup" zum Herz-Jesu-Viertel: Die Ursprünge des Herz-Jesu-Viertels gehen auf die sogenannte *„Kolonie Werse-Delstrup"* zurück, einer kleinen Ansammlung von höchst einfachen Arbeiterhäusern, die etwa ab 1880 auf der Grenze der Gemeinden Mauritz und Lamberti zu beiden Seiten der Wolbecker Straße errichtet worden waren. Als Urzellen des Siedlungsansatzes gelten dabei vor allen die Tauben- und Brunostraße (Abb. 265, 266).

Warum nun diese kleine Siedlung soweit draußen außerhalb der Stadtgrenze von 1875 und völlig isoliert von den anderen Stadterweiterungen entstanden ist, läßt sich heute nicht mehr genau nachvollziehen. Wahrscheinlich war ihre Anlage das Ergebnis von lebhaften Bodenspekulationen, die einsetzten, als durch ein Gerücht bekannt geworden war, daß hier der Militärfiskus eine Artilleriekaserne bauen wolle. Das Projekt kam allerdings nicht zustande, die neue Kaserne wurde an der Grevener Straße errichtet.

Um wenigstens noch ein wenig Geld aus der verfehlten Spekulation zu retten, wurden die Grundstücke mit schlichten, eingeschossigen Wohnhäusern bebaut. Nur Familien aus den ärmlichsten Verhältnissen zogen hierher, was zur Folge hatte, daß die Siedlung bald in Münster einen sehr schlechten Ruf genoß, ein Ruf, der noch lange Zeit haften blieb. Aus der ersten Bauperiode dieses Viertels sind nur noch einige Häuser in ihrem ursprünglichen Zustand vorhanden (Abb. 267).

Abb. 268 Mit der verstärkten Besiedlung des östlichen Vorstadtgebietes entstanden diese zweieinhalbgeschossigen giebelständigen Mietshäuser an der Ewaldistraße.

Abb. 267 Das Haus Querstraße Nr. 11 gehört zur ältesten Bebauung des Herz-Jesu-Viertels.

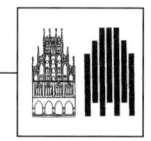

Der Ausbau der Kolonie zum Herz-Jesu-Viertel begann in den 80er Jahren und verstärkte sich, als die Aushubarbeiten am Dortmund-Ems-Kanal einsetzten. Viele Kanalbauer, darunter auch Gastarbeiter aus Holland und Italien fanden hier eine neue Wohnstatt. Vor allem waren es aber nachgeborene Söhne von Bauern der Umgebung, die im neuen Industrieviertel Arbeit fanden und sich hier niederließen.

In noch vorhandenen Baulücken und an den erweiterten Stiegen entstanden schlichte zweieinhalbgeschossige, giebelständige Miethäuser, von denen diejenigen, die nach 1905 erbaut wurden, erstmalig auch an die Kanalisation und an die städtische Gasversorgung angeschlossen werden konnten (Abb. 268).

Bis 1914 wurden Quer-, Ewaldi- und Hubertistraße bis zur Schillerstraße ausgebaut und der Hubertiplatz angelegt, der die dichte Bebauung dieser Straßenzüge auflockern sollte.

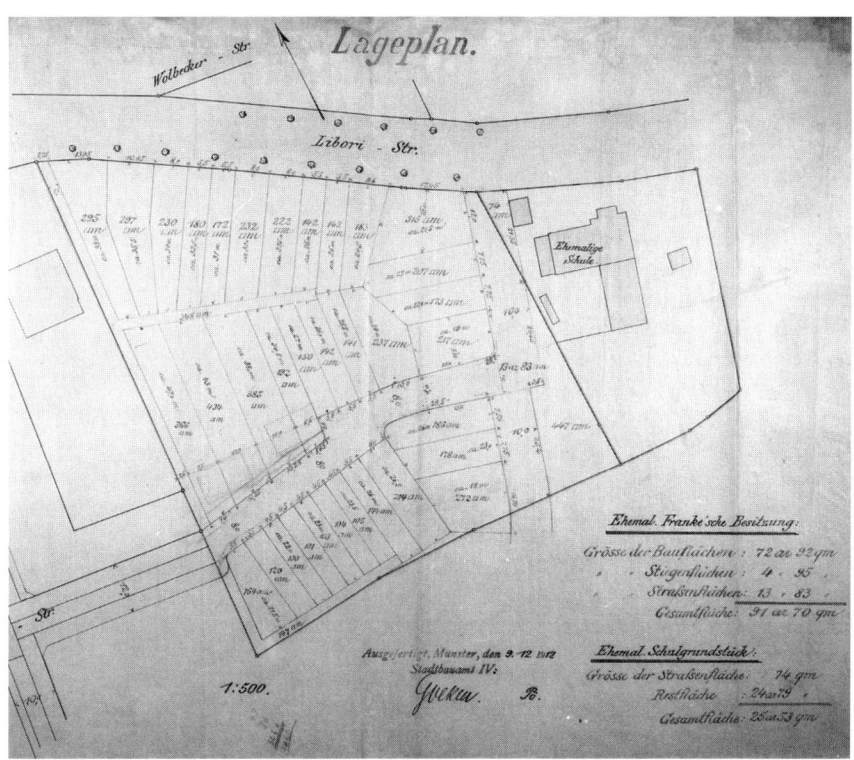

Abb. 269 Lageplan der Grundstücke, die für den städtisch geförderten Wohnungsbau vorgesehen waren

Der erste städtisch geförderte Kleinwohnungsbau: Während im Südosten des Herz-Jesu-Viertels das Gelände bis zum Kanal unbebaut blieb, entstand im östlichen Anschluß der erste, städtisch geförderte Kleinwohnungsbau Münsters (Abb. 269, 270).

Durch den Bau des Dortmund-Ems-Kanals hatte ein Teil der Wolbecker Straße begradigt und nach Norden verlegt werden müssen. An der alten Trasse, die nun als Sackgasse am Kanal endete und in Liboristraße umbenannt worden war, hatte die Stadt 1912 Grundstücke für 5,64 Mark pro qm aufgekauft und an den Beamtenwohnungsverein weiterveräußert unter dem Vorbehalt, hier Kleinwohnungen zu erstellen. In den Jahren 1913/1914 errichtete der Verein daraufhin Einfamilienreihenhäuser für Arbeiter und gering besoldete Angestellte und Beamte, eine Anlage, die während des 1. Weltkrieges um einige wenige Häuser an der Ottostraße erweitert wurde.

Die Hausgruppen wurden unter Aufsicht der Städtischen Bauverwaltung erstellt, die damit zum ersten Mal direkten Einfluß auf Ausführung und Gestaltung von Wohnbauten nehmen konnte.

Abb. 270 Bebauung an der Liboristraße. Nur noch die rechte Doppelhaushälfte besitzt die ursprüngliche Fassadengestaltung.

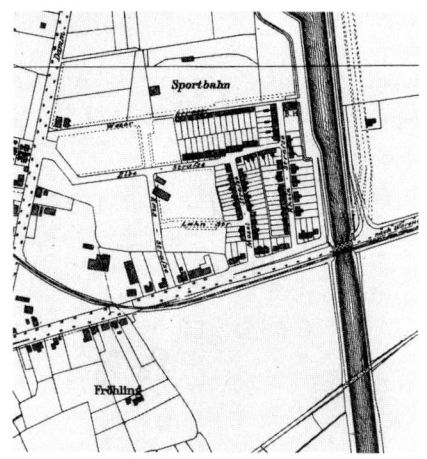

Abb. 271 Auf dem Stadtplan von 1921 sind die fertiggestellten Häuser der Siedlung „Blitzdorf" eingezeichnet.

„Blitzdorf" - eine Siedlung für die Straßenbahner der Stadt:

Eine weitere Siedlung, deren Bau durch die Stadt gefördert wurde, ist „Blitzdorf" (Abb. 271). Der Name dieses Wohnviertels zwischen Warendorfer Straße, Schiffahrter Damm und Kanal rührt wahrscheinlich daher, daß die städtischen Straßenbahner, für deren Familien Unterkünfte geschaffen werden sollten, auf ihren Dienstanzügen ein Emblem mit einem elektrischen Blitz trugen. Dieser Namenserklärung stehen allerdings Behauptungen gegenüber der Name „Blitzdorf" sei aufgekommen, weil die Siedlung so schnell „wie der Blitz" aus dem Boden gestampft worden sei ...

Tatsächlich wurde die ungefähr 4 ha große Siedlung, deren Straßen nach deutschen Flüssen benannt wurden, in zwei Bauabschnitten fertiggestellt. Die erste Bauphase begann 1913 und mußte wegen des Kriegsausbruches bereits 1914 wieder eingestellt werden. In dieser kurzen Zeitspanne errichtete der Beamtenwohnungsverein die ersten Ein- und Zweifamilienhäuser in typisierten Reihenhausformen. Wie an der Liboristraße bestand auch hier eine Art Arbeitsgemeinschaft zwischen dem gemeinnützigen Wohnungsverein und der Stadt: der Magistrat stellte Grund und Boden zu günstigen Bedingungen zur Verfügung und konnte dafür Art, Grundriß, Hausgruppierungen und Fassadengestaltung bestimmen. Die Bebauungsplänen stammten von der Stadtbauverwaltung, die Entwürfe für den Aufriß aus einem Wettbewerb unter den einheimischen Architekten.

Der Beamtenwohnungsverein erhielt dagegen die Aufgabe der Organisation und Durchführung des Projekts. Bis 1914 waren die Häuser an der Warendorfer Straße, an der Moselstraße, auf der Westseite der Rheinstraße sowie im südlichen Teil der Lahnstraße bezugsfertig. Nach Kriegsende setzte der zweite Bauabschnitt ein: 1919 wurde die Siedlung um 31 Zweifamilienhäuser und 1920 um 19 Zweifamilienhäuser und 3 Einfamilienhäuser erweitert (Abb. 272, 273)

Abb. 272 Die Häuser an der Moselstraße wurden bis 1914 fertiggestellt.

Abb. 273 Die Häuser an der Elbestraße stammen aus dem 2. Bauabschnitt, der erst nach Kriegsende 1919 begonnen wurde.

Gremmendorf:

Lange Jahre gab es nahe der Loddenheide nur einen, um den Bauernhof Gremme gebildeten Drubbel von Häusern, „Gremmentorpe". Als 1903 die Eisenbahnlinie Münster-Beckum der Westfälischen Landeseisenbahn in Betrieb genommen und eine Haltestation (Station Gremme) am Erbdrostenweg eingerichtet wurde, erhielt der kleine ländliche Ort eine völlig neue Qualität. Die günstige Verkehrsanbindung und die landschaftlich reizvolle Lage veranlaßten bald vermögende Städter sich hier niederzulassen (Abb. 274). Gremmendorf, nach dem früheren Oberstadtdirektor Austermann *„die schönste und lieblichste Tochter Münsters"*, sollte nach den Plänen der Stadtverwaltung als großzügiger Villenvorort ausgebaut werden. Der Krieg und die akute Wohnungsnot der Nachkriegszeit machten dieses Vorhaben jedoch zunichte. Tatsächlich blieb Gremmendorf noch lange Zeit ohne Anschluß an die städtische Versorgungsleitungen. Erst 1924 wurde erstmals Elektrizität eingeführt. Den Anschluß an das städtische Wasserleitungsnetz und eine Kanalisation, sowie Gas und Straßenbeleuchtungen erhielt der Vorort erst nach 1950.

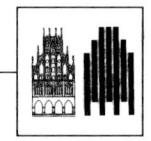

Abb. 274 Alte Villa in Gremmendorf

Abb. 275 Die Fürstenbergschule an der Schillerstraße

Neue Schulen für das Ostviertel: Während der Siedlungserweiterungen zwischen 1875 und 1914 entstanden im Ostviertel fünf Schulen. Bei der raschen Bauentwicklung und dem hohen Bevölkerungszuzug war die alte St. Mauritzschule am Mauritzsteinpfad bald an die Grenzen ihrer Aufnahmefähigkeit gestoßen. So wurde Ende der 70er, Anfang der 80er Jahre die kleine, vier Klassen umfassende Brunoschule an der gleichnamigen Straße in der Kolonie Weise-Delstrup eingerichtet. Wenig später, 1885, wurde die Mauritz-Knaben-Schule an der Havichhorststraße eröffnet. Nach der Errichtung der Erphokirche und der Neuabgrenzung der Schul- und Pfarrbezirke erhielt diese Schule 1930 den Namen Erphoschule. Heute ist in dem Schulgebäude, das Anfang der 30er Jahre umfassend erneuert und modernisiert wurde, im Krieg allerdings schwere Beschädigungen erlitt, ein Teil der Berufsschule untergebracht.

Für die südlich der Warendorfer Straße liegenden Wohnquartiere wurde 1898 die Overbergschule an der Margaretenstraße und 1906 die Fürstenbergschule an der Schillerstraße eingeweiht (Abb. 275). Letztere war vor allem für das kinderreiche Herz-Jesu-Viertel eröffnet worden. Außer diesen katholisch geführten Volksschulen erhielt das Viertel um 1910 die evangelische „Commeniusschule", heute Bodelschwinghschule genannt, an der Gutenbergstraße. Bei Ende des 2. Weltkrieges waren Gutenberg-, Overberg- und Fürstenbergschule total vernichtet, die Erphoschule schwer und die alte Mauritzschule nur leicht beschädigt.

Abb. 276 Die Herz-Jesu-Kirche an der Wolbecker Straße, eines der städtebaulich markantesten Bauwerke des Ostviertels.

Abb. 277 Die 1898 erbaute neugotische Erlöserkirche

Herz-Jesu-Kirche und Erlöserkirche: Im Juni 1900 wurde die Herz-Jesu-Kirche, das Gotteshaus mit dem höchsten Kirchturm Münsters - 94,63 m hoch ragt er über die Dächer des Herz-Jesu-Viertels und weit darüber hinaus - feierlich eingeweiht (Abb. 276).

Schon früh hatte sich der Pfarrer der Mauritzkirche, Dr. Ewald Bierbaum für den Neubau einer Kirche im Bereich der Wolbecker Straße eingesetzt. Ein geeignetes Grundstück konnte allerdings erst erworben werden, als die Trasse des geplanten Dortmund-Ems-Kanals endgültig festgelegt worden war. 1894 erhielt Wilhelm Rincklake, der Baumeister des Billerbecker Domes, den Auftrag, Baupläne für die neue Kirche zu erstellen, deren Finanzierung zu einem großen Teil durch zahlreiche Spenden der Bevölkerung aus der ehemaligen Kolonie Werse-Delstrup ermöglicht wurde. 1895 wurde der Grundstein gelegt. In fünfjähriger Bauzeit entstand die dreischiffige Basilika, deren Ausrichtung an die Stilformen der Gotik in dem hohen, schlanken Turm, in den gegliederten Chorpartien der Apsis und in der Fenstergestaltung besonders zum Ausdruck kommen.

Im Jahr der Einweihung der Herz-Jesu-Kirche erhielt auch die Erlöserkirche an der Friedrichstraße ihre erste Weihe. Sie ist das älteste, von Beginn an als evangelische Kirche erbaute Gotteshaus in Münster, denn die bis dahin genutzte Apostelkirche an der Bergstraße war ursprünglich eine katholische Ordenskirche, ehe sie an die evangelische Gemeinde übergeben wurde. Bereits 1891 hatte die evangelische Kirchengemeinde von der Eisenbahnverwaltung ein Grundstück zwischen Eisenbahn und Friedrichstraße erworben, um nach den Plänen des Kreisbauinspektors Held ein Gotteshaus zu errichten. Doch erst 1898 begannen die Bauarbeiten an der neugotischen Hallenkirche mit ihrem 52 m hohen Turm. An den Baukosten beteiligte sich auch Kaiser Wilhelm II. persönlich mit einem „*Gnadengeschenk*" von 80.000 Mark. Die Kirche ist heute nicht mehr in ihrer ursprünglichen Gestalt erhalten. Nach den Zerstörungen des zweiten Weltkriegs ist allein der 15 m hohe Turmstumpf übriggeblieben, der heute im Straßenbild kaum noch auffällt.

Für die evangelische Gemeinde war es ein großes Geschenk, als ihr nach dem Krieg eine der 48, von der amerikanischen Sektion des Lutherischen Weltbundes gestifteten Notkirchen zugesprochen wurde. Diese, von Prof.Dr. Otto Bartning entworfene schlichte Kirche besitzt bei weitem nicht die Ausmaße ihrer Vorgängerin, wurde aber im wesentlichen auf deren alten Fundamenten errichtet.

Erweiterung der Infrastruktur: Neben dem Bau von Kirchen und Schulen, den wichtigsten Bestandteilen im öffentlichen und sozialen Leben eines Stadtviertels, gab es eine Reihe von Maßnahmen zur Verbesserung der Infrastruktur.

Dazu zählt u. a. die Anlage von drei öffentlichen Grünanlagen (Zumsandeplatz, Hansa- und Hubertiplatz), die Eröffnung des Volksbrausebades an der Wolbecker Straße (1907), was sich in einer Zeit, wo die überwiegende Zahl der Wohnungen noch kein Badezimmer besaß, als eine höchst nützliche Einrichtung erwies, und der Bau des Arbeiterhospizes (Kettlerheim) an der Schillerstraße, ein Wohnheim für ledige Arbeiter. Außerdem gehört dazu auch der Bau zweier neuer Friedhöfe am Mauritz-Lindenweg, als der alte Hörster Friedhof 1886 wegen hoffnungsloser Überbelegung geschlossen werden mußte. Für die Strafanstalt an der Gartenstraße hatte man um 1880 einen eigenen kleine Friedhof in Höhe der heutigen Kolpingstraße angelegt. Er wurde um 1910 wieder geschlossen.

Abb. 278 Der neoklassizistische Verwaltungsbau der Westfälischen Provinzial-Feuer-Sozietät an der Warendorfer Straße.

Abb. 279 Das Aschendorff'sche Druckerei- und Verlagsgebäude an der Soester Straße. Es wurde 1914 von den Münsteraner Architekten Alfred Hensen und Alexander Cazin, dem Erbauer der orthopädischen Klinik Hüffer-Stift erbaut.

Abb. 280 Als der städtische Schlachthof 1885 angelegt wurde lag er noch weit außerhalb städtischer Bebauung.

Verwaltungsbauten außerhalb der Bahnhofsvorstadt: Auch außerhalb des unmittelbaren Bahnhofsbereichs, dem begehrten Standort öffentlicher und privater Institutionen, ließen sich verschiedene Einrichtungen nieder.

Das wohl bedeutendste und größte Bauwerk jener Jahren war die Königliche Oberzolldirekion am Hohenzollern-Ring, von 1912 - 1914 erbaut. Der ausgedehnte Ziegelsteinbau stellt ein hervorragendes Beispiel für die Beibehaltung heimischer Bautraditionen dar. Er steht am Beginn einer Reihe repräsentativer Gebäude, die an der von einer Allee gesäumten Ringstraße errichtet wurden (Abb. 26).

Die Provinzial-Feuer-Sozietät an der Warendorfer Straße war ein weiterer wichtiger Verwaltungsbau im Ostviertel (Abb. 278). Zu den städtebaulich bedeutsamen Bauwerken gehört sicherlich auch das Aschendorff'sche Druckerei- und Verlagsgebäude an der Soester Straße. Bei diesem 1913/1914 von Alfred Hensen und Alexander Cazin entworfenen Ziegelsteinbau hatte man erstmals versucht, sich von der historischen Stilbindung zu lösen und neue Gestaltungselemente zu verwenden (Abb. 279).

Abb. 281 Die Radrennbahn nördlich von Blitzdorf, auf der viele Wettkämpfe stattfanden.

Der Schlachthof an der Gartenstraße: An der nördlichen Peripherie, zwischen Garten- und Kanalstraße wurde zwischen 1883 und 1885 der Städtische Schlachthof erbaut (Abb. 280). Bis zu seiner Eröffnung war es üblich gewesen, daß jeder Metzger sein Vieh selbst schlachtete. Der Viehtrieb durch die Straßen gehörte damals zum alltäglichen Bild in Münster. Ein besonderes Problem stellte dabei die ungeregelte Abwasserbeseitigung der Metzgereien dar. Zumeist wurden die ungereinigten Abwässer in die Aa geleitet. Diese Mißstände wurden mit Inbetriebnahme des städtischen Schlachthofes aufgehoben. Ein Gesetz verbot den Metzgern fortan, Schlachtungen im eigenen Betrieb vorzunehmen. Der neue Schlachthof galt damals mit drei großen Schlachthallen, Viehställen sowie verschiedenen Gebäuden zur Verwertung der anfallenden Produkte und einem eigenen Schlachthof für seuchenverdächtige Tiere als einer der modernsten Anlagen. Bei der Erweiterung des Schlachthofes 1898 wurde eine eigene Brunnen- und Kläranlage eingerichtet, sowie eine große Kühlhalle mit eigener Eisfabrik, die täglich 300 Zentner Eis an die Metzger lieferte.

Die Radrennbahn nördlich von Blitzdorf: Eine der ältesten, wenn nicht gar die älteste Sportanlage Münsters, war die Radrennbahn nördlich von Blitzdorf (Abb. 281). Die 400 m lange und mit drei hohen Kurven ausgestattete Zementbahn lag auf dem Gelände der heutigen Ruhrstraße und wurde schon genutzt, bevor überhaupt die ersten Häuser von Blitzdorf gebaut worden waren.

Zahlreiche kleine Rennen, aber auch internationale Radsportwettbewerbe fanden hier statt. Im 1. Weltkrieg wurde die Sportbahn dann ihrem Zweck entfremdet: Während dieser Zeit diente sie als Gefangenenlager.

In den 30er Jahren mußte sie der Siedlungserweiterung Blitzdorfs weichen. Allein der Name der Gaststätte „Zur Sportbahn" an der Emsstraße sorgt heute noch dafür, daß der Standort der alten Radrennbahn nicht ganz in Vergessenheit gerät.

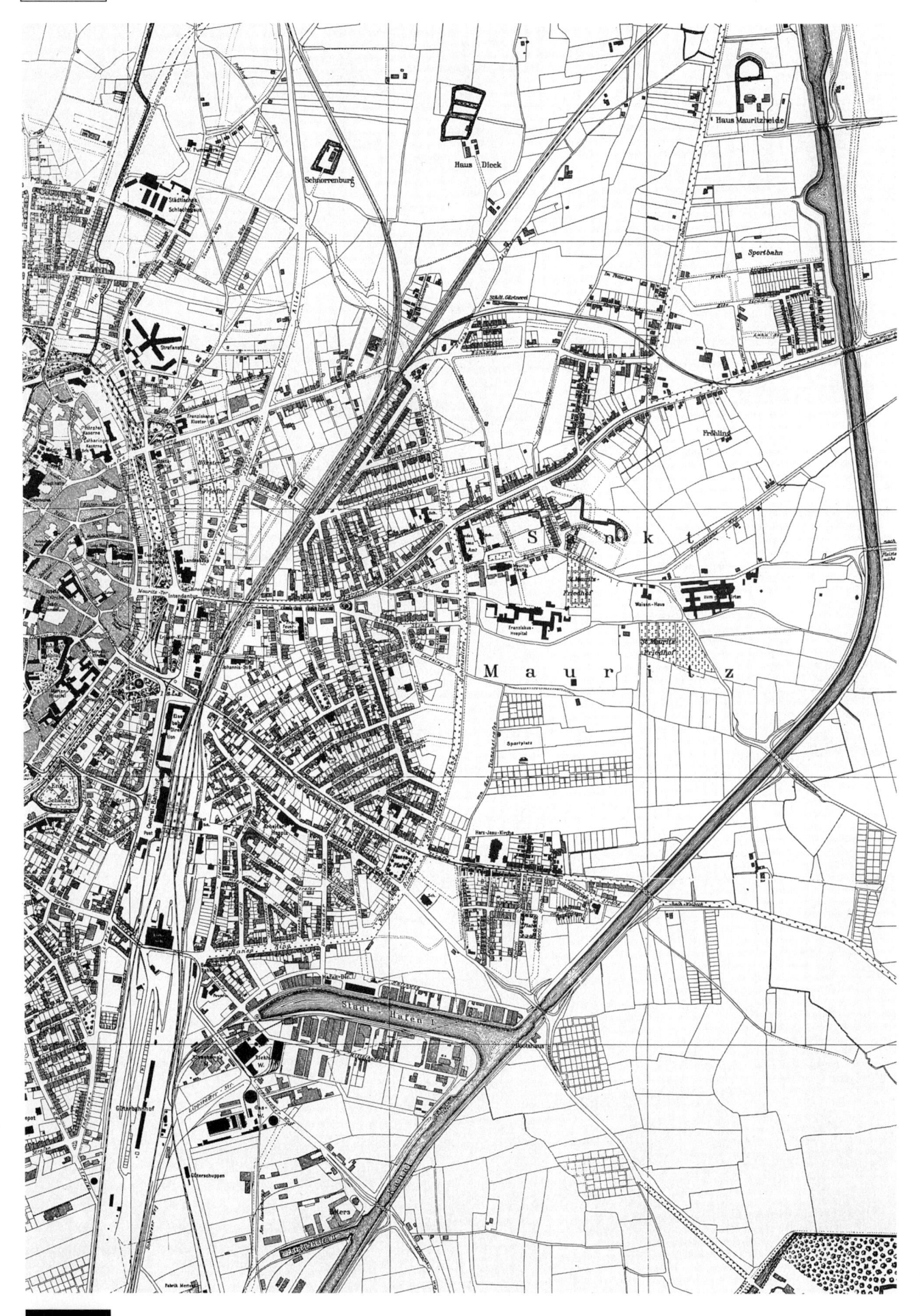

Abb. 282 Stadtplan von 1921 (Teilausschnitt)

Abb. 284 Diese Häuser an der Gartenstraße gehörten auch zu den Projekten des gemeinnützigen Wohnungsbaus.

Abb. 283 Vincenzweg. Diese Häuserzeile entstand 1935.

Abb. 285 Mehrfamilienhaus an der Kolpingstraße

1918 - 1939: Der Osten bleibt bevorzugter Stadtteil für private und öffentliche Bauträger

In der Zwischenkriegszeit wuchs die Bebauung im Ostviertel weiter über die Ringstraße hinaus und übersprang sogar zum ersten Mal den Kanal, der bis dahin als ein besonderes Siedlungshindernis galt (Abb. 282, 287-290).

Im Nordosten der Stadt entstanden - bis etwa 1930 in Ergänzung zur Gartenvorstadt auf der Geist - die Siedlungen des Beamtenwohnungsvereins, der 1932 als *„Gemeinnütziger Wohnungsverein e. G."* anerkannt worden war und seitdem diesen Namen trägt. In den 30er Jahren verwirklichten die gemeinnützigen Wohnungsbaugesellschaften nur noch kleinere Bauvorhaben. Das Dechaneiviertel als gehobenes Wohnquartier und eine Reihe von großen Verwaltungsbauten stehen als Beispiele der Bautätigkeit jener Zeit.

Die ersten Siedlungsprojekte des Beamtenwohnungsvereins: Bereits kurz nach Kriegsende nahm der Beamtenwohnungsverein seine Arbeit wieder auf, um der damals herrschenden akuten Wohnungsnot zu begegnen. Insgesamt errichtete er in den 20er und 30er Jahren über 600 Wohnungen.

Zu den ersten Projekten gehörte die Erweiterung Blitzdorfs um eine Häuserzeile an der Rheinstraße, die 1919 - noch in Zusammenarbeit mit der Stadt - erstellt wurde.

Ein völlig neues Wohnquartier entstand unter Federführung des Beamtenwohnungsvereins zu Beginn der 20er Jahre nahe dem städtischen Schlachthof. Von der Kolpingstraße ausgehend hatte man das Mühlenfeld über zwei parallele Stichstraßen erschlossen und von 1921 bis 1923 zwei Straßenseiten - die Westseite des Vinzenzwegs und die Ostseite des Enkingswegs mit zweigeschossigen Miethausblöcken, schlichten Putzbauten, bebaut (Abb. 283). In die gleiche Bauzeit fiel auch die Errichtung der Häuser an der Gartenstraße Nr. 59 bis 63 a, Nr. 40 - 46 und Nr. 94 - 102 (Abb. 284). Rund 80 Wohnungen konnten so geschaffen werden. Ergänzt wurde der Siedlungsbau des Vereins in den folgenden zwei Jahren durch Wohnblöcke mit etwa 33 Wohnungen an der Kolping- und Goldstraße. Bauträger waren die Westfälische Heimstätte, die Heimag und die Komba-Baugesellschaft, die Baugesellschaft der Kommunalbeamten (Abb. 285).

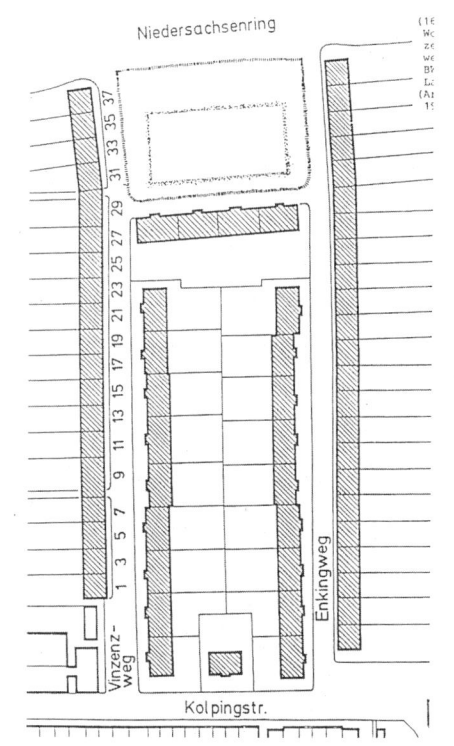

Abb. 286 Wohnanlage Vincenzweg-Enkingweg. Die äußere Bebauung erfolgte zwischen 1921 und 1923. Rund 10 Jahre später, 1935 begann der 2. Bauabschnitt an den innen liegenden Straßenseiten. Heute sind nur noch die Häuserzeilen aus den 30er Jahren in ihrer ursprünglichen Gestalt erhalten.

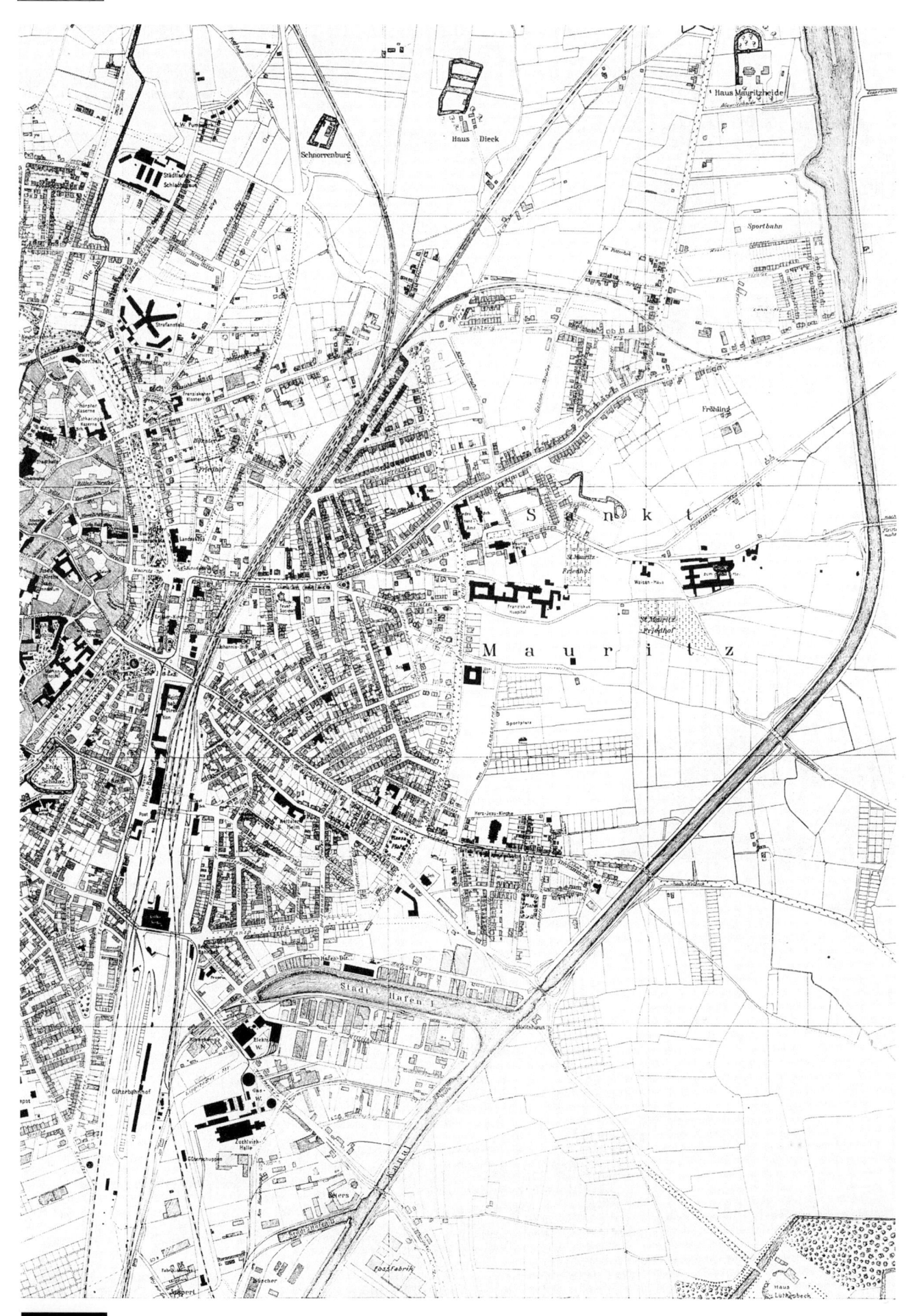

Abb. 287 Stadtplan von 1925 (Teilausschnitt)

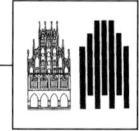

Abb. 288 Stadtplan von 1930 (Teilausschnitt)

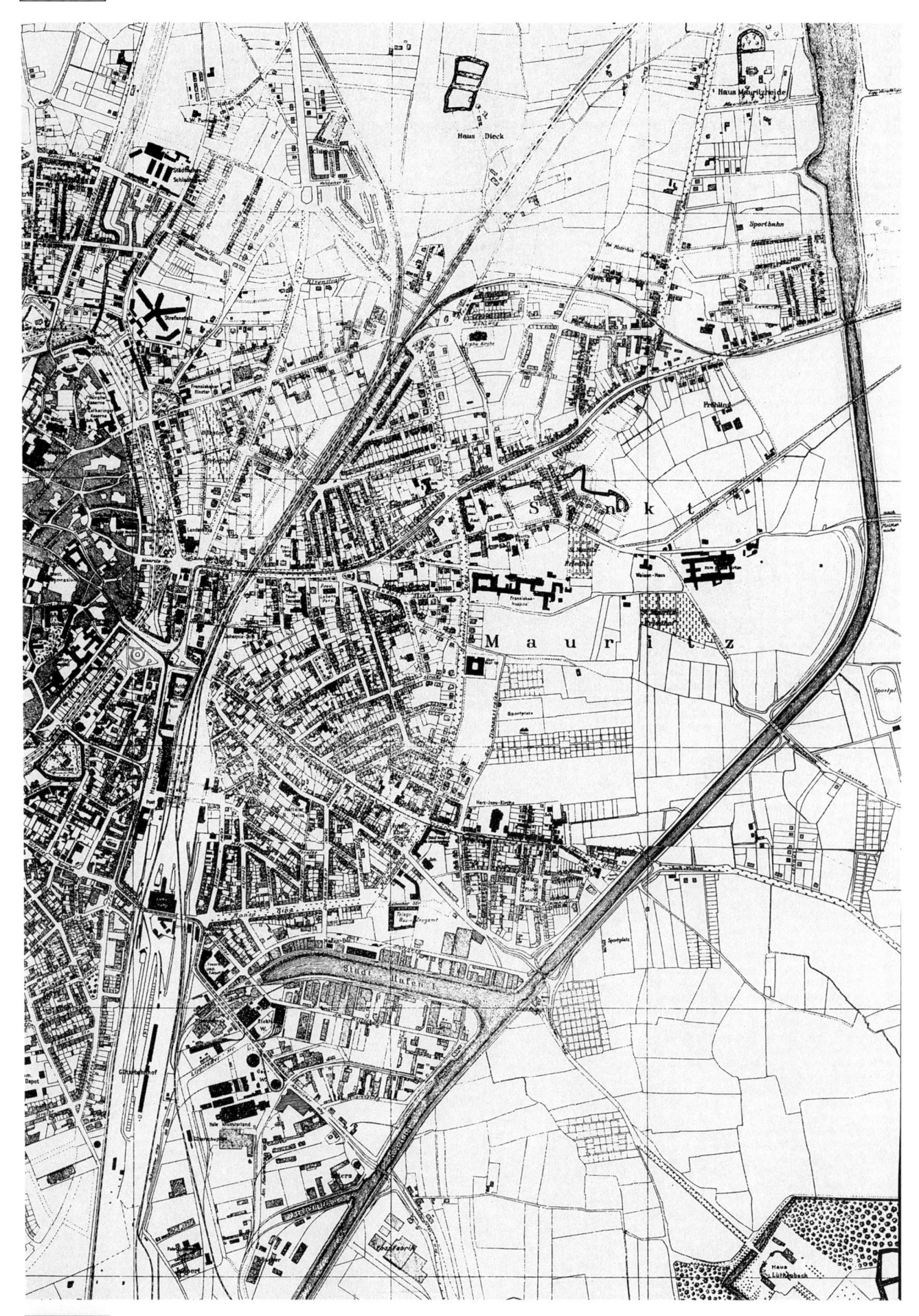

Abb. 289 Stadtplan von 1934 (Teilausschnitt)

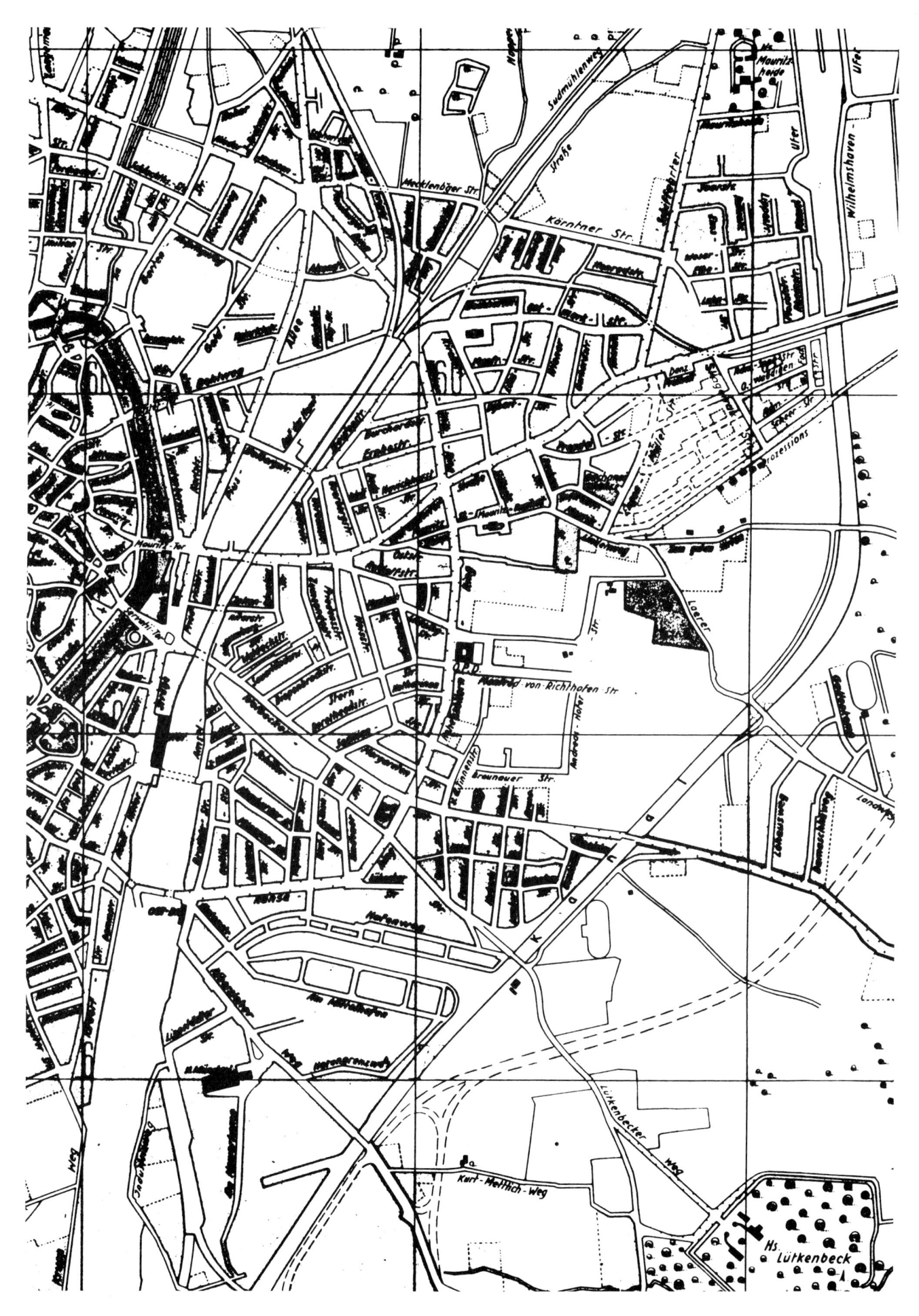

Abb. 290 Stadtplan von 1939 (Teilausschnitt)

Der Baublock an der Ostmarkstraße: Zwischen 1925 und 1927 erfolgte nach den Plänen des Architekten und Vorsitzenden des Beamtenwohnungsvereins, Wilhelm Jung, die Erstellung eines Wohnblocks mit 92 Wohnungen an Ostmark-, Wiener-, Manfred- und Lönsstraße (Abb. 291, 292).

Der traufständige Baublock mit dem für die 20er Jahren typischen, sparsamen expressionistischen Fassadenschmuck bestand aus vier straßenparallelen Miethäusern, die an Ostmark-, Wiener- und Lönstraße dreieinhalbgeschossig angelegt sind. Die im Süden, an der Manfredstraße gelegene Blockseite wurde mit zweieinhalbgeschossigen Reihenhäusern bebaut, um dem Innenbereich auch bei niedrig stehender Sonne noch genügend Licht zu geben. Dieser Innenhof wurde als Grünfläche gestaltet, zu der die Paterrewohnungen Zugang erhielten.

Zwischen 1983 und 1985 renovierte der Gemeinnützige Wohnungsverein den gesamten Wohnkomplex, wobei die alten Bauformen und Gestaltungselemente erhalten blieben.

Die Siedlung Schnorrenburg am Niedersachsenring: Das größte Projekt des Beamtenwohnungsvereins war eine Siedlung auf den ehemaligen Besitzungen von Haus Schnorrenburg nördlich des Niedersachsenringes (Abb. 293). Hier wurden in vierjähriger Bauzeit von 1928 bis 1931 rund 300 Wohnungen fertiggestellt.

Die Siedlung erhielt von den Münsteranern bald den Namen „Schmachtendorf", ein Name, von dem viele glauben, er rühre daher, daß hier nur kleine und mittlere Beamte wohnten, die kaum *„die Butter auf'm Brot"* verdienten. In geschlossener Bauweise entstanden an den neuen Wohnstraßen zweieinhalbgeschossige, am Niedersachsenring dreieinhalbgeschossige Miethäuser. Dreieckige Erker gaben den schlichten Putzbauten Plastizität. Kleine Vorgärten und Straßengrün verhinderten Monotonie im Straßenbild und trugen zusammen mit den rückwärtigen Grünflächen zur Auflockerung der dichten Bebauung bei. Auch dieses Wohnviertel ließ der Gemeinnützige Wohnungsverein in den 80er Jahren erneuern (Abb. 294-297).

In den dreissiger Jahren verlor der großangelegte Siedlungsbau an Bedeutung. Aufgrund der desolaten Wirtschaftslage war man auch im Osten der Stadt dazu übergegangen, preiswerte Kleinsiedlerstellen im Außenbereich zu schaffen. Hierzu zählt die Siedlung Drostebusch-Neuheim westlich der Mondstraße. Ihr Ursprung geht bereits auf das Jahr 1921 zurück, als die ersten Bauten durch die Arbeitersiedlungsgenossenschaft errichtet worden waren. Mit Hilfe des Reichsheimstättengesetzes von 1918 hatte man damals Grundbesitz des Grafen Droste zu Vischering enteignet, um Bauland zu gewinnen. Der Großteil der Siedlungshäuser auf den 50 - 70 m tiefen Grundstücken entstand jedoch in den 30er Jahren.

Das Dechaneiviertel: Mit dem Bau des Luftkreiskommandos an der Manfred-von-Richthofen-Straße 1936 (Abb. 307) wurde die Siedlungstätigkeit verstärkt in den Bereich zwischen Warendorfer Straße, Dechaneistraße, Prozessionsweg und Kanal gezogen.

An Skagerrak-, Eugen-Müller- und Admiral-Spee-Straße begann man in zweigeschossigen Reihenhäusern Mietwohnungen für Offiziere zu bauen, die zum Teil aber erst nach 1945 vollendet werden konnten (Abb. 300).

Abb. 291 Der Baublock des Beamtenwohnungsvereins an der Ostmarkstraße, fertiggestellt zwischen 1925 und 1927.

Abb. 292 Von 1983 bis 1985 wurde der Wohnkomplex Ostmarkstraße renoviert.

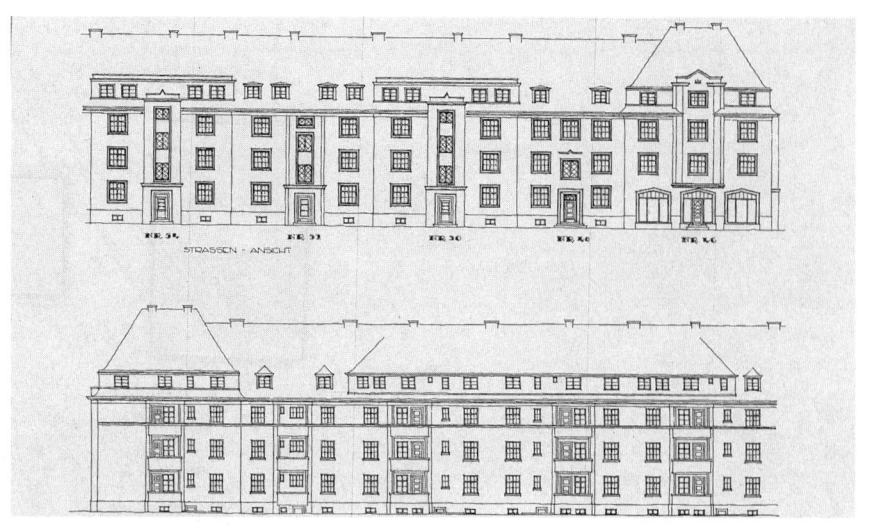

Abb 293 Wohnanlage an der Ostmarkstraße.

Abb. 294 Die Wohnanlage Schnorrenburg nördlich des Niedersachsenringes

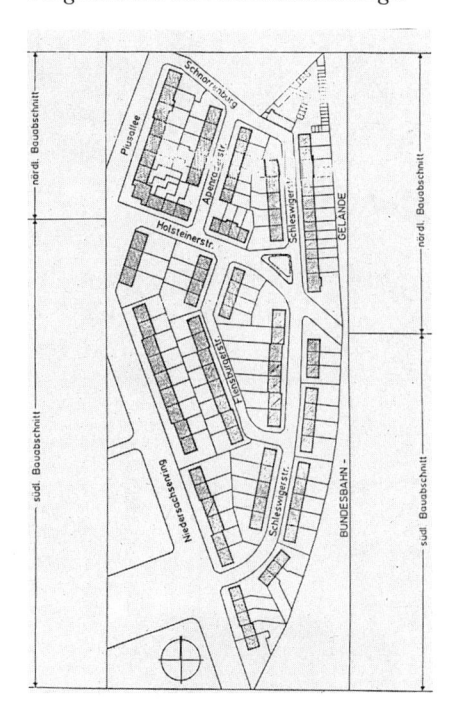

Abb. 295 Der Wohnkomplex am Niedersachsenring

Abb. 296 Bebauung an der Piusallee/Ecke Holsteiner Straße

Abb. 297 Schleswiger Weg

Abb. 300 Reihenhäuser an der Skagerrakstraße

Abb. 298, 299 Nicht nur an der Peripherie, sondern auch in noch vorhandenen Baulücken des gründerzeitlichen Bebauungsrings wurden von den Wohnungsbaugesellschaften Mietshäuser errichtet, wie hier am Hohenzollern-Ring.

Abb. 301, 302 Die Dechaneischanze, das Überbleibsel einer alten Befestigungsanlage steht heute unter Denkmalschutz.

Abb. 303 St. Erpho (Christus-König) an der Ostmarkstraße.

Abb. 304 St. Elisabeth-Kirche an der Dortmunder Straße

Rund um die Dechaneischanze, einer großzügigen Grünanlage mit Resten eines Wassergrabensystems, das bereits während des Siebenjährigen Krieges zur Verteidigung der Stadt angelegt worden war, entstand ein Wohngebiet für gehobene Ansprüche. Auf großzügig geschnittenen Grundstücken wurden meist zweigeschossige Einzel- und Doppelhäuser errichtet. Dunkler Ziegelstein, Sandsteineinfassungen an Fenster und Türen und schwere Walmdächer, aber auch Putzfassaden mit Ziegelbändern fanden hier Verwendung (Abb. 301, 302).

Die lockere Bebauung und die große Grünfläche gaben dem Wohnviertel einen offenen, parkähnlichen Charakter. Nur an Warendorfer, Probstei- und Tegederstraße verdichtete sich die Bebauung etwas: zwei- bis dreigeschossige Häuser in geschlossener Bauweise traten hier in den Vordergrund.

Der Kirchbau in den 30er Jahren: In den ersten 20 Jahren dieses Jahrhunderts hatten die beiden Pfarren St. Mauritz und Herz-Jesu enorme Zuwächse an Gemeindemitgliedern zu verzeichnen gehabt: Während in St. Mauritz um 1920 rund 13 000 Mitglieder zu versorgen waren, hatte die Herz-Jesu-Pfarre diese Anzahl an Gläubigen bereits bei Kriegsausbruch 1914 zu betreuen. Mit der Errichtung von St. Erpho (Christus König) 1930 an der Ostmarkstraße und St. Elisabeth 1939 an der Dortmunder Straße konnten die beiden Pfarren schließlich entlastet werden. Zum Neubau einer Kirche hatte sich der Kirchenvorstand von St. Mauritz entschieden, nachdem anfängliche Pläne, die alte Kirche großzügig auszubauen, verworfen worden waren.

Abb. 305 1938 nach den Entwürfen Hans Ostermanns erbaut, die St. Konrad-Kirche an der Mondstraße.

Nach einem Entwurf des Kölner Kirchenbaumeister Carl Moritz begann man im Oktober 1928 mit dem Bau der neuromanischen Kirche St. Erpho. Fertiggestellt wurde der schlichte, massige Sakralbau im Juni 1930 (Abb. 303).

Der Bau von St. Elisabeth, der Tochterkirche von Herz-Jesu (Abb. 304) konnte nicht so rasch verwirklicht werden. Bereits zu Beginn dieses Jahrhunderts gab es in der Herz-Jesu-Pfarre Überlegungen zum Bau einer Rektoratskirche, doch konnte man sich mit diesen Plänen beim Generalvikariat nicht durchsetzen. 1929 wandelte man daher einen großen Saal im Kettelerheim an der Schillerstraße zu einer Art Notkirche um: die Rektoratskirche St. Elisabeth war somit gegründet, doch konnte die bauliche Situation nur eine Übergangslösung darstellen.

Zehn Jahre später, im November 1939, wurde schließlich der Neubau an der Dortmunder Straße eingeweiht. Doch schon 5 Jahre danach, im September 1944, wurde der rote Backsteinbau von Bomben getroffen und schwer zerstört. Der Wiederaufbau der Kirche dauerte bis 1951 an. Die beiden anderen Kirchen, deren Entstehung auf die 30er Jahre zurückgeht, wurden an der Peripherie der Stadt gebaut.

In Gremmendorf gelang es den rund 400 Bewohnern des kleinen, zur Herz-Jesu-Pfarre gehörenden Vorortes, einen eigenen Kirchbau zu verwirklichen. 1930 wurde St. Ida, eine schlichte kleine Kirche geweiht. Fast 30 Jahre diente sie den Gremmendorfern als Pfarrkirche, dann wurde sie durch einen Neubau abgelöst.

An der Mondstraße, der Grenze zwischen der Stadt Münster und der Gemeinde St. Mauritz, erbaute man 1938 die St. Konradkirche. Sie blieb bis 1949 Rektoratskirche von St. Mauritz. Da wegen der Einflugschneise des Handorfer Flugplatzes ein hoher, schlanker Kirchturm nicht genehmigungsfähig war, entwarf der Münsteraner Architekt Hans Ostermann eine Saalkirche in gedrungener Kreuzform (Abb. 305). Den Krieg überstand diese Kirche fast unbeschädigt.

Repräsentative Bauobjekte entlang der Ringstraße: Der bereits mit dem Bau der königlichen Oberzolldirektion begonnene Plan, die Ringstraße mit repräsentativen Bauwerken städtebaulich aufzuwerten, wurde nach dem ersten Weltkrieg weiterverfolgt.

1925 baute man nach den Plänen von Architekten des Reichspostministeriums die Oberpostdirektion am Hohenzollernring Nr 58 (Abb. 27). In der Gestaltung griff man dabei noch auf klassizistisch-barocke Formen zurück. Das nächste Projekt, die Erweiterung des Franziskushospitals, durch den Münsteraner Architekten Johannes Nellissen, wurde 1927 vollendet. Das Hospital gehörte damit zu den modernsten allgemeinen Krankenhäusern in der Stadt. Der Bau zeichnete sich besonders durch die Verquickung einer modernen sachlichen Baugestaltung mit Elementen historischer Baustile aus. Die Klinik wurde im 2. Weltkrieg durch Luftangriffe stark beschädigt. Noch bis 1952 zogen sich die Wiederaufbauarbeiten hin. Die städtischen Handelslehranstalten wurden 1928 bis 1929 nach den Plänen des Architekten Sittel im Stadtbauamt errichtet (Abb. 306). Der massive, viergeschossige Ziegelbau in den Stilformen des Expressionismus nimmt die gesamte Front

Abb. 306 Die Städtischen Handels-Lehranstalten am Hansa-Ring.

zwischen Schillerstraße und Wolbecker Straße ein. Die Maßstäblichkeit des Gebäudes bleibt jedoch gewahrt durch den gegenüberliegenden Hansaplatz. Auch heute noch dient der Baukomplex einem Teil der städtischen Berufsschulen als Lernort.

Als letztes größeres Bauvorhaben vor dem Krieg entstand etwa um 1936 das weitläufige, neo-klassizistische Luftkreiskommando mit zwei größeren und vier kleineren Nebengebäuden an der Manfred-von-Richthofen-Straße (Abb. 307). Der Haupteingang war bis zu den teilweisen Zerstörungen im Zweiten Weltkrieg noch über den Hohenzollern-Ring zugänglich. Das Luftkreiskommando gehört in die große Reihe von Militärbauten und -anlagen, die im Rahmen der Aufrüstung in den dreissiger Jahren verwirklicht wurden (vgl. Seite 23).

Abb. 307 Das Luftkreiskommando (Photo um 1939)

Abb. 308 Die Halle Münsterland nach völliger Durchführung der Planung. Im Vordergrund die Betriebsgebäude der Stadtwerke.

Die Halle Münsterland: Am Albersloher Weg wurde im April 1926 die größte Veranstaltungs- und Kongreßhalle der Stadt, die Halle Münsterland eröffnet, „draußen im Industrieviertel, noch versteckt hinter großen Gaskesseln und Häusern, die dem Besucher die Ansicht sowie ihre Weitläufigkeit und Großzügigkeit vorenthalten, in der Nähe des Hafens und nahe den Einfallstoren der Stadt, den Bahnhöfen, von denen sie in 5 - 12 Minuten zu Fuß und mit der Straßenbahn in 2 - 5 Minuten erreichbar ist." *(Das schöne Münster, Heft 14, 1929, S. 11) (Abb. 308-310)*

Ihre Existenz hat die Halle der politischen Situation nach dem Ersten Weltkrieg zu verdanken. Zur Zeit der Ruhrbesetzung, als Münster praktisch zu einer Grenzstadt geworden war, konzentrierten sich hier die großen Viehmärkte, die sonst hauptsächlich in Dortmund stattgefunden hatten. Münster wurde mit einem Male zu einem der bedeutsamsten Viehhandelsplätze Norddeutschlands. Um diesen Markt zu halten, plante man den Bau einer großen, modernen Viehauktionshalle. Der Rahmen der ursprünglich nur landwirtschaftlich orientierten Nutzung wurde später erweitert. Die Halle wurde so konzipiert, daß auch andere Großveranstaltungen, Sportwettkämpfe, Kongresse und Festversammlungen darin stattfinden konnten. Eine der größten Veranstaltungen vor dem Zweiten Weltkrieg war der Deutsche Katholikentag 1930.

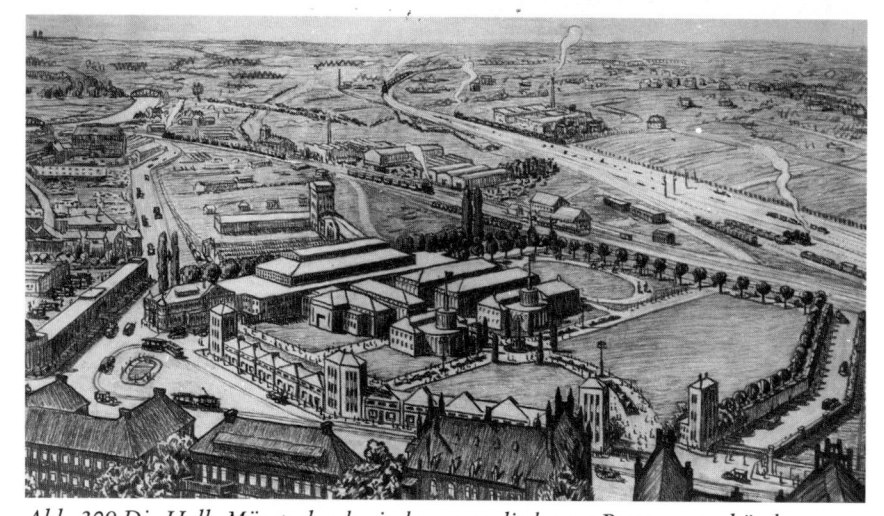

Abb. 309 Die Halle Münsterland mit dem angegliedertem Restaurantgebäude.

Abb. 310 Die Halle wurde für die unterschiedlichsten Zwecke genutzt, hier als Turnfläche.

1924 bzw. 1929 waren im Nahbereich des Albersloher Weges zwei weitere, vor allem architektonisch interessante Zweckbauten, das Werkstatt- und Verkaufsgebäude der Automobilfirma Opel Kiffe (Abb. 311) und die städtische Feuerwache (Abb. 312,313) erbaut worden. Schon vor dem Ausbruch des Ersten Weltkrieges hatte Opel Kiffe eine Verlagerung des Betriebes vom Alten Steinweg in das Gewerbe- und

Abb. 311 Das Firmengebäude Opel Kiffe am Albersloher Weg/Am Hawerkamp. Die Front besitzt noch den Originalcharakter aus den 20er Jahren.

Industriegebiet geplant und Grundstücke sowie Gebäude der alten Textilfabrik Reuter am Albersloher Weg Nr. 54 aufgekauft. Nach dem Krieg erweiterte man das Gelände bis zum Hawerkamp und erhielt einen Anschluß an die Eisenbahn. Die Planung für das Werkstatt- und Verkaufsgebäude übernahm 1923 Johannes Nellissen, der auch für den Bau der Landesbank an der Warendorfer Straße und die Erweiterung des Franziskus-Hospitals verantwortlich gewesen war. Die Front des Kiffe-Gebäudes, das im Zweiten Weltkrieg schwer beschädigt wurde, ist heute eines der wenigen Musterbeispiele moderner Industriearchitektur der 20er Jahre in Münster.

Der Bau der Feuerwache an der Bernhard-Ernst-Straße war 1929 nach einem Entwurf des städtischen Architekten Sittel fertiggestellt worden. Sittel verwendete hierbei, wie schon bei den städtischen Handelslehranstalten am Hansaring, strenge expressionistische Gestaltungsmerkmale. Zum Albersloher Weg hin war lange Zeit der elfachsige dunkle Ziegelsteinbau durch die Gebäude des städtischen Fuhrparks verdeckt. Nach ihrer Zerstörung im Zweiten Weltkrieg wurden sie nicht wieder aufgebaut. Heute läßt ein Parkplatz den Blick auf die nunmehr alte Feuerwache - die neue errichtete man nicht zuletzt aufgrund einer besseren Verkehrsanbindung am York-Ring - frei.

Der Umbau des Hauptbahnhofs:
Den Abschluß der großen Bauprojekte in den 20er Jahren bildete der Bau der Umgehungsbahn und der Umbau des Hauptbahnhofsgebäudes, der 1929 in Angriff genommen wurde und bereits nach einjähriger Bauzeit abgeschlossen werden konnte (Abb. 314, 315). Äußerer Anlaß für die Neugestaltung war der Deutsche Katholikentag gewesen, zu dem mehr als 100 000 Besucher erwartet wurden. Man befürchtete, daß der alte Bahnhof, über den auch noch der gesamte Güterverkehr geleitet werden mußte, den Anforderungen nicht mehr gewachsen wäre. Der Rat der Stadt war überdies der Meinung, daß das 1890 erbaute Bahnhofsgebäude nicht mehr der wirtschaftlichen und kulturellen Bedeutung der Gesamtstadt Rechnung trüge, er sich als *„Visitenkarte"* einer aufstrebenden Großstadt äußerst schlecht vorzeigen ließe.

Abb. 312 Städtische Feuerwache an der Bernhard-Ernst-Straße

Abb. 313 Bau des neuen Steigerturms für die städtische Feuerwache

◄ *Abb. 314 Haupteingang des Bahnhofs nach dem Umbau*

Abb. 315 Die neue Fassade des Hauptbahnhofs

Städtebauliche Entwicklung im Norden

Die Stadterweiterung nach Norden begann im Vergleich zum Süd- und Ostviertel erst relativ spät. Das Fehlen geeigneter Übergänge zur Stadt verhinderte zunächst eine Besiedlung des vorstädtischen Gartenrings. Erst in den neunziger Jahren des letzten Jahrhunderts setzte die bauliche Entwicklung verstärkt ein. Es entstanden die wohlausgestatteten Wohnquartiere des Bürgertums, die heute noch - trotz mancher Kriegszerstörung und Totalsanierung - das Nordviertel maßgeblich prägen.

Nach dem ersten Weltkrieg schob sich die Siedlungsspitze über die Ringstraße hinaus. In der Zwischenkriegszeit fanden neben dem privaten Wohnungsbau auch Projekte der neugegründeten Siedlungsgesellschaften ihre Verwirklichung im Norden. Kleinsiedlungen an der Peripherie ergänzten in den 30er Jahren die Siedlungstätigkeit (Abb. 316).

Abb. 316 Die Siedlungsflächen im Norden der Stadt, begrenzt durch die Steinfurter Straße und dem Max-Clemens-Kanal. Den nördlichsten Siedlungsansatz bildet Kinderhaus.

Nördliches Umland in der ersten Hälfte des 19. Jahrhunderts: Zwischen Grevener Chaussee und Max-Clemens-Kanal liegen die Gärten der Münsteraner Bürger

Das nördliche Vorstadtgebiet gehörte zur Bauerschaft Uppenberg im Kirchspiel Überwasser. Die alten Kampparzellen jenseits der Wallanlage waren hier schon früh in Gartengrundstücke, von denen viele kleine Lauben oder Geräteschuppen besaßen, aufgeteilt worden. Innerhalb des Gartenringes besaßen verschiedene Stiftungen, so z.B. die Stiftung des Studienfonds, des Leprosenhauses, der Armenkommission Clemenshospital und die Dettenstiftung größere Flurstücke. Die Grenze zu den extensiver genutzten Äckern und Weiden verlief in etwa in Höhe der heutigen Melchersstraße, Nordplatz und Kettelerstraße (Abb. 317). Weit draußen vor der Stadt lag die kleine Siedlung Kinderhaus mit Pfarrkirche, Schule, Armenhaus und einigen wenigen Kötterhäuschen. Sie war eine mittelalterliche Gründung der Stadt, nicht von ungefähr so weit von der städtischen Siedlung errichtet: hierhin verbannte man die *„Hilflosen"*, die Aussätzigen und Leprakranken Münsters (Abb. 318).

Die historischen Wegeverbindungen: Mehrere, zum Teil schon seit dem frühen Mittelalter bestehende Wege durchzogen von den Stadttoren ausgehend das Gartenland. Sie bilden noch heute die wichtigsten Achsen im Straßennetz des Nordviertels (Abb. 319):

— die Marienthalstraße - sie wurde früher Benniger Stiege genannt und führte zum *„Benniger Land"*, einer Besitzung des Domkapitels.
— die Kinderhauser Straße *(„Weg nach Kinderhaus")* - sie verlor ihre Bedeutung als Verbindung nach Kinderhaus und Greven, als um 1850 eine neue Trasse etwas wei-

Abb. 318 Das Leprosenhaus in Kinderhaus

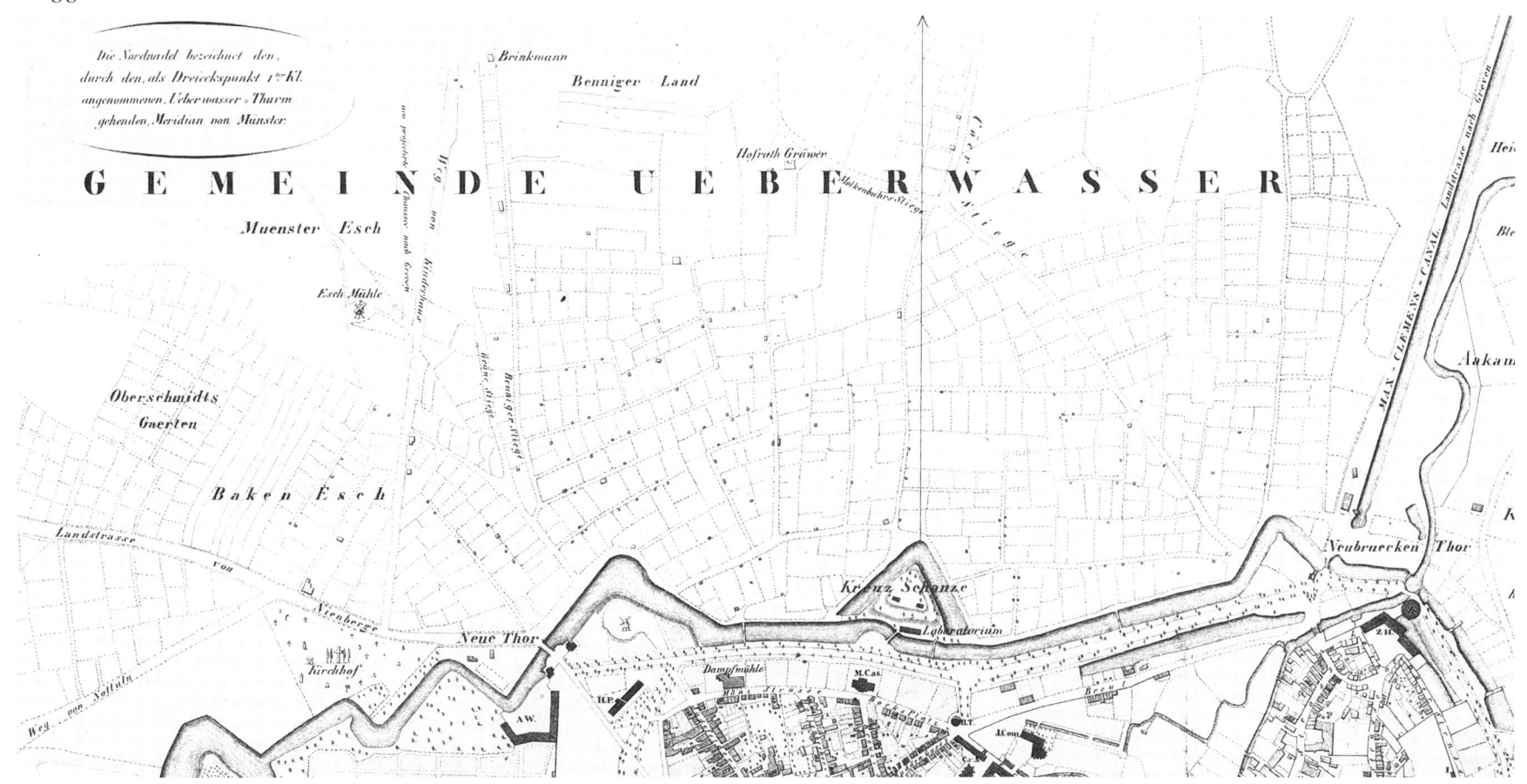

Abb. 317 Stadtplan von 1839 (Teilausschnitt)

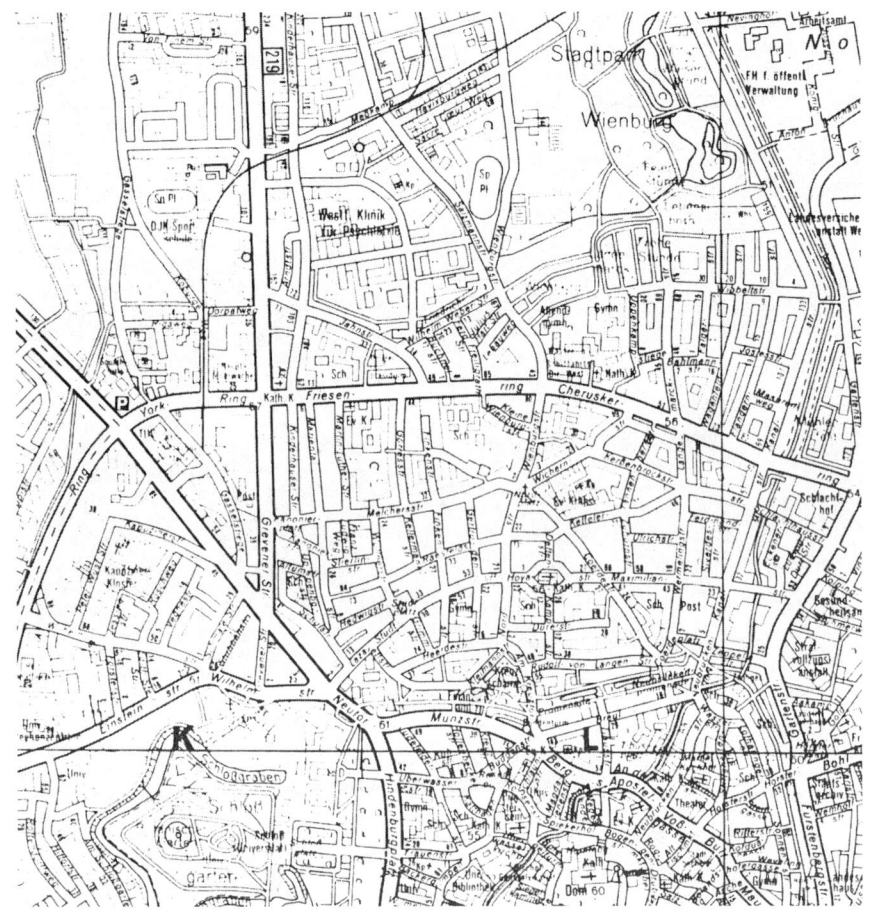

Abb. 319 Die historischen Wegeverbindungen im heutigen Straßennetz

Das Fehlen eines geeigneten Übergangs - nur über vier kleine Stege gelangte man über den Stadtgraben in die Stadt - führte zur Herausbildung einer „toten Zone" zwischen den beiden Stadttoren, in der bis in das späte 19. Jahrhundert hinein die Entwicklung stagnierte. Während im Süden und Osten der Stadt schon Ansätze einer Stadterweiterung, besonders entlang der Ausfallstraßen erkennbar waren, blieb der Norden davon noch völlig unberührt. Nur ganz vereinzelt wurde auf einigen Gartengrundstücken ein festes Gebäude, meist als bauliche Erweiterung eines Gartenhäuschens, errichtet.

Auch der Bau des Max-Clemens-Kanals hatte sich nicht positiv auf die Siedlungsentwicklung auswirken können: *„Zum Wohle der Öffentlichkeit und zur Förderung des Handels"* von Fürst Clemens August von Bayern 1724 geplant und unter seinem Nachfolger Maximilian Friedrich (1762 - 1784) weiter fortgeführt, sollte der künstliche Wasserweg Münster mit der Vechte und dem holländischen Wasserstra-

ter westlich projektiert und ausgebaut wurde (Grevener Straße). Im südlichen Teil wurde die Kinderhauser Straße später verlegt.
— die Coerdestraße *(„Coerdestiege")* - deren nördliche Weiterführungen, die Wienburg- und Salzmannstraße ebenfalls der Linie der ehemaligen Coerdestiege folgen.
— die Wermelingstraße - der frühere *„Weg nach der Wienburg".*
— die Kanalstraße - sie war im 18. Jahrhundert aus dem ehemaligen Treidelpfad entlang dem Max-Clemens-Kanal entstanden.
— die Nordstraße - sie war bis zum Ende des 16. Jh. eine weitere wichtige Verkehrsverbindung nach Norden gewesen und hatte ursprünglich über das Kreuztor in die Stadt geführt. Als dieses Tor wegen Baufälligkeit geschlossen werden mußte und sich der Verkehr zwangsläufig auf die beiden anderen Ausfalltore, das Neutor und das Neubrückentor, verlagerte, verlor dieser Weg jegliche Bedeutung.

Abb. 320 Dieser Kupferstich aus der Zeit um 1835 zeigt die Krananlage am Max-Clemens-Kanal, dahinter durch Pappeln halb verdeckt das Packhaus.

Abb. 321 Haus aus der Zeit 1840, eines der wenigen Beispiele aus dieser früher Zeit der Siedlungserweiterung. Es wurde in den 80er Jahren renoviert.

ßennetz bis zur Zuidersee verbinden. Doch der erwünschte wirtschaftliche Impuls blieb aus, der Kanal wurde nie vollendet, sondern endete 30 km nordwestlich von Münster bei Mesum. Dies war auch wohl der Grund dafür, daß bis ins 19. Jahrhundert hinein keine Bebauung entlang der Kanaltrasse erfolgt war. Lediglich ein Packhaus mit einer Krananlage war im Zuge des Kanalbaus auf vorstädtischem Gelände errichtet worden. Es befand sich am Anfangspunkt des Kanals in Höhe der heutigen Kanalstraße Nr. 7 - 10 (Abb. 320).

Um 1820 begann das Kanalbett zu verfallen. 20 Jahre später wurde der Gütertransport auf dem ersten künstlichen Wasserweg endgültig eingestellt.

Abb. 322 Stadtplan von 1864 (Teilausschnitt)

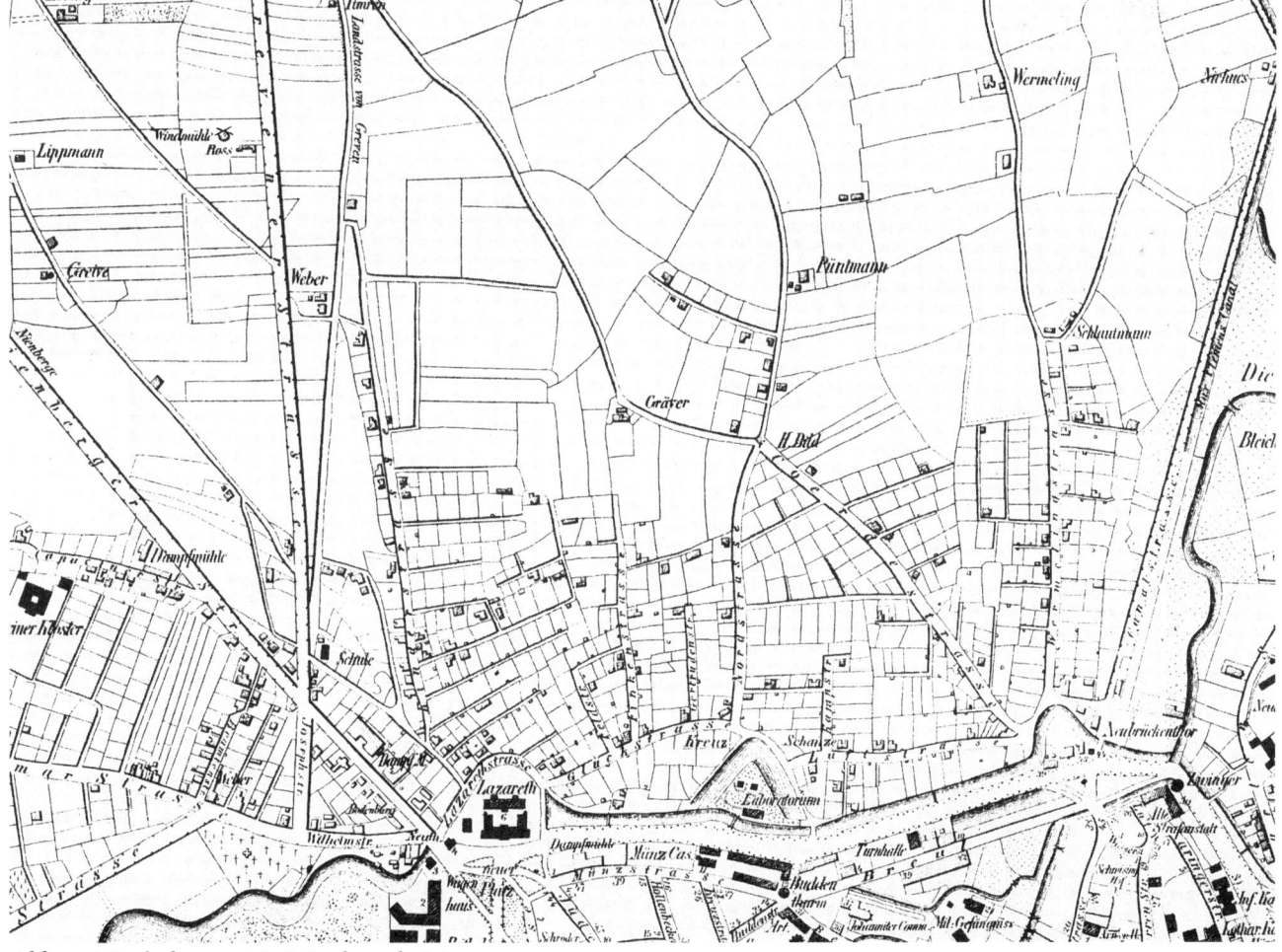

Abb. 323 Stadtplan von 1873 (Teilausschnitt)

1850 - 1875: Das nördliche Vorstadtgebiet bewahrt die alten Strukturen

In den 50er Jahren des letzten Jahrhunderts begann man, auf einigen Gartengrundstücken die für jene Zeit typischen kleinen Häuser, einfache ein- bis eineinhalbgeschossige Putzbauten, zu errichten, in die die ärmere Bevölkerung vom Lande einzog.

Die Bautätigkeit konzentrierte sich dabei vornehmlich auf der Westseite der Marientalstraße - sie wird auf dem Stadtplan von 1873 noch als „*Kinderstraße*" bezeichnet - und entlang der Wermelingstraße (Abb. 322, 323).

Auch das Wegenetz veränderte sich im Zuge der allmählichen Siedlungserweiterung. Um 1870 wurde die Verbindung zwischen Neutor und Neubrückentor ausgebaut. Die einzelnen Teilabschnitte erhielten die Bezeichnung Lazarettstraße - auf der Schanzenanlage am Neutor war um 1860 das Militärlazarett erbaut worden (Abb. 324) -, Glücksstraße (später in Heerdestraße umbenannt) und Luftstraße (heute Langenstraße). Auch einige Stiegen, an denen schon gebaut worden war, wurden verbreitert und neu benannt: die Feldstraße (heute Grimmstraße), Finkenstraße, Gertrudenstraße und Kampstraße. Sie alle endeten aber noch als Sackgassen auf freiem Feld. Nahe der Grevener Straße, an der späteren Schulstraße entstand die erste Schule des Nordviertels, die Uppenbergschule.

Abb. 324 Das alte Standortlazarett am Neutor.

Abb. 325 Das 1866 erbaute Kloster „Marienthal". Nach dem II. Weltkrieg wurde das schwer beschädigte Gebäude abgerissen.

1875 - 1918: Im Norden entsteht die bürgerliche Wohnstadt

Um die Jahrhundertwende begann die eigentliche städtebauliche Entwicklung des Nordviertels. In den Jahren bis zum Ausbruch des Ersten Weltkriegs entstand hier ein gehobenes, kaiserzeitliches Wohnviertel, das Kreuzviertel, dessen Charakter zum Teil noch recht gut erhalten geblieben ist (Abb. 326 - 329).

Auch nach der ersten Gebietserweiterung von 1875, bei der das nördliche Vorstadtgebiet bis etwa in Höhe des heutigen Meßkamps in die münsterische Kommune eingegliedert wurde, blieb die Siedlungstätigkeit zunächst weit hinter der der anderen äußeren Stadtviertel zurück. Nur wenige Wohngebäude wurden neu errichtet. Lediglich ein paar Villen nördlich der Promenade an der Langenstraße ergänzten in den 80er Jahren das Siedlungsbild. Bereits bestehende Straßen wurden zwar ausgebaut, eine Erweiterung des Straßennetzes nach Norden und die Schaffung von Verbindungsachsen zwischen den historischen Ausfallstraßen unterblieb jedoch.

Der „Bauboom" im Norden begann etwa um die Mitte der 90er Jahre und endete mit dem Beginn des Ersten Weltkrieges. In dieser Zeitspanne entstand der größte Teil der spätgründerzeitlichen Straßenzüge und Wohnblöcke innerhalb des alten Gartenringes. Nur zwischen Mariental- und Finkenstraße, sowie östlich der Coerdestraße blieben noch Grundstücke unbebaut (Abb. 329).

Für die bauliche Entwicklung des Nordviertels war es dabei besonders vorteilhaft, daß die Hauptbesiedlung in einer Zeit einsetzte, in der sich Fluchtlinienpläne als städtebauliche Ordnungselemente längst etabliert hatten. Außerdem begünstigte der Grundbesitz des städtischen Armenfonds und anderer Stiftungen eine zusammenhängende Planung. 1895 hatte Sebastian Bender erstmals einen großzügigen Bebauungsplan für das gesamte Nordviertel erstellt, der genau 10 Jahre später

Das Kloster Marienthal: Weit außerhalb des Gartenrings war 1856 von den „*Dames du Sacre-Coeur*", einer klösterlichen Glaubensgemeinschaft, das Gut Niehoff, genannt Havixburg, erworben worden, um ein Pensionat für „*höhere Töchter*" einzurichten. In zweijähriger Bauzeit, von 1864 - 1866 wurde das Klostergebäude, das den Namen „*Marienthal*" erhielt, erbaut, ein dreistöckiger Backsteinbau mit zwei vorspringenden Flügeln. Drei Jahre später erhielt das Gebäude zusätzlich eine über zwei Stockwerke reichende Kapelle in neugotischem Stil (Abb. 325).

Die Schwestern des Heiligen Herzens blieben nicht lange in ihrem Kloster. 1873, während des Kulturkampfes in Preussen, wurde das Kloster aufgelöst, die Schwestern aus Deutschland verbannt. Das ganze Anwesen ging über in den Besitz des Freiherrn von Twickel, der das Kloster für eine Sommerwirtschaft und als Wohnungen vermietete.

Erste Forderungen nach einer geordneten Stadterweiterung: Die - nach unseren heutigen Maßstäben - doch eher bescheidene Zunahme der Bautätigkeit „*vor dem Neuthore*" hatte die königliche Regierung als oberste Baubehörde 1864 zum Anlaß genommen, von der Gemeinde Überwasser einen Bebauungsplan zu fordern:

„*Nach den gemachten Wahrnehmungen mehren sich auch auf dem vor dem Neuthore hiesiger Stadt außerhalb gelegenem Terrain die Neu-Bauten, ohne daß eine planmäßige Regelung derselben erkennbar wäre. Wir sehen uns deshalb veranlaßt, auf die Nothwendigkeit aufmerksam zu machen, darauf Bedacht zu nehmen, daß die bis jetzt nur einzeln entstehenden Bauten nicht in einem Maße ausgeführt werden, durch welches bei weiterer Ausdehnung der Baulust, die Ausführung von geregelten Straßen- Anlagen erschwert oder behindert werden würde.*" (Schreiben der Regierung Münster an das Landratsamt vom 27. Juli 1864, Staatsarchiv Regierung Münster, 5001).

Nur ungern kam die kleine Landgemeinde dieser Anweisung nach. Wie St. Mauritz und Lamberti war auch sie nicht bereit, die bei der Aufstellung und Ausführung eines Bebauungsplans entstehenden Kosten für die Ausdehnung der Stadt zu tragen. 1868 wurde schließlich ein Bebauungsplan vorgelegt, der aber vermutlich auf die tatsächliche Bauentwicklung keinen Einfluß ausgeübt hat. Die einzelnen Bauvorhaben wurden weiterhin völlig willkürlich entlang der Gartenstiegen und Landwege verwirklicht. Erst rund 30 Jahre später sollte es durch die Fluchtlinienpläne Benders zu einer städtebaulichen Ordnung im Nordviertel kommen.

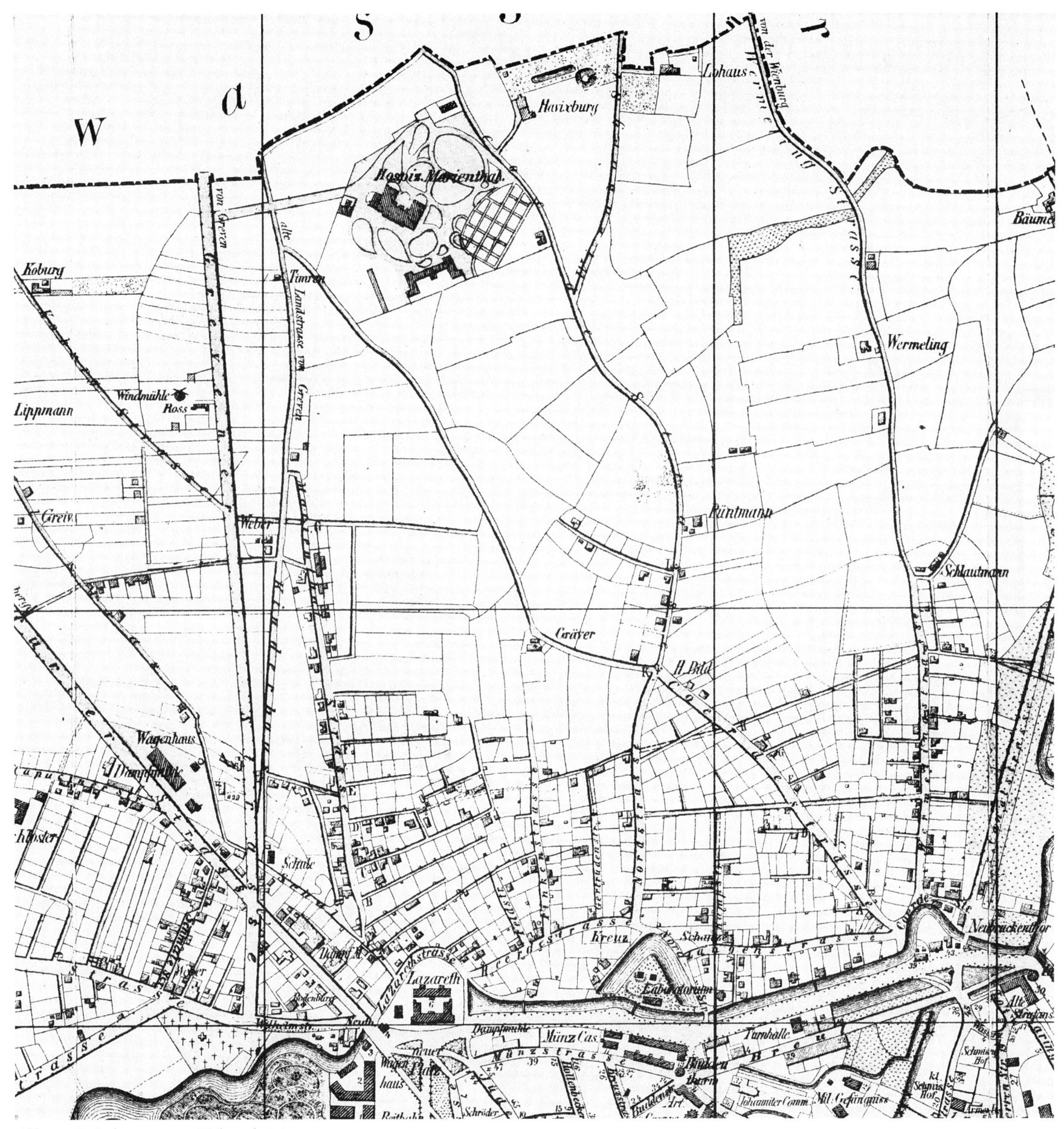

Abb. 326 Stadtplan von 1883 (Teilausschnitt)

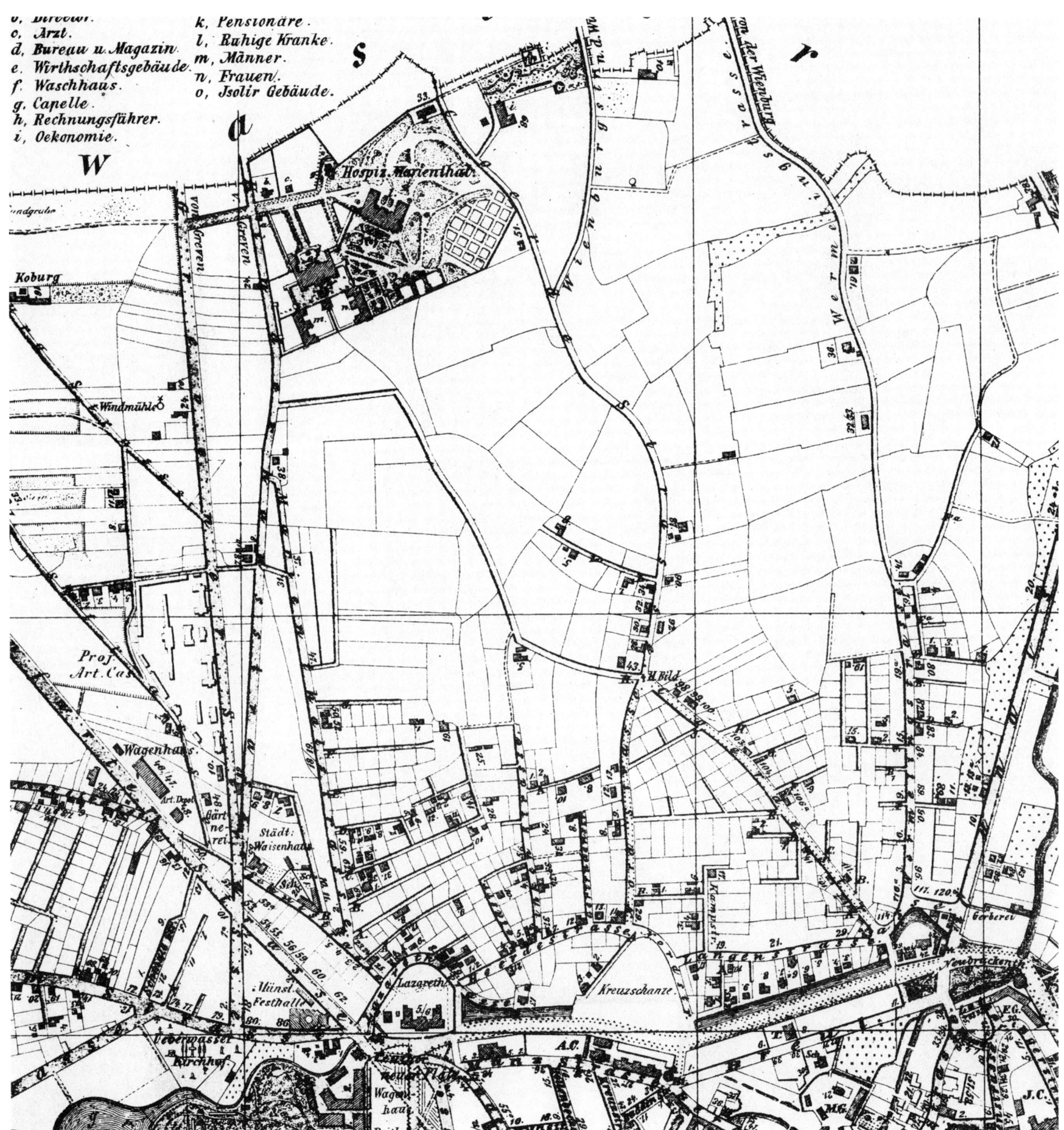

Abb. 327 Stadtplan von 1892 (Teilausschnitt)

Abb. 328 Stadtplan von 1903 (Teilausschnitt)

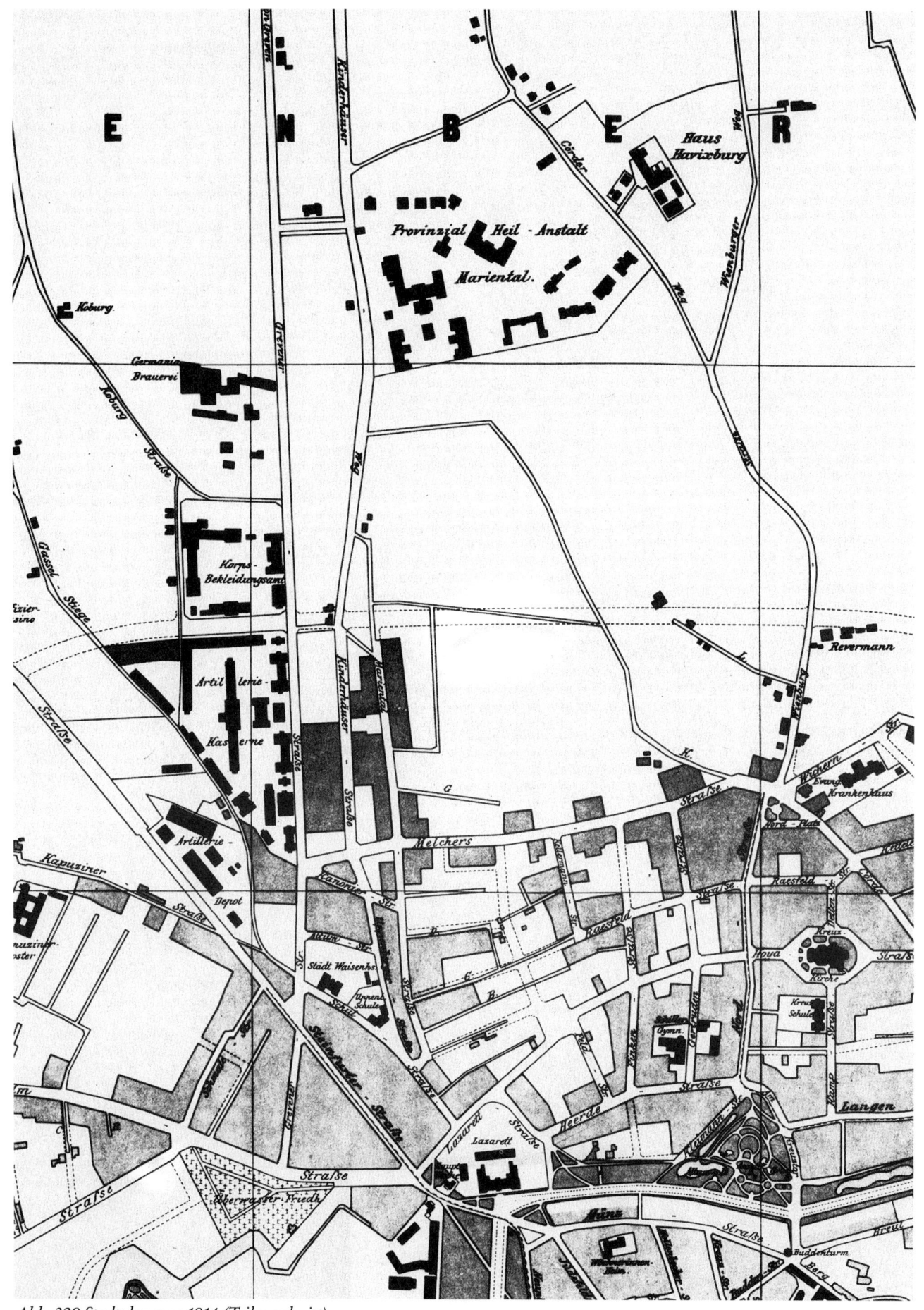

Abb. 329 Stadtplan von 1914 (Teilausschnitt)

durch einen anderen, weniger umfangreichen Plan ersetzt wurde. Auch dieser Plan wurde im Laufe der Jahre immer wieder geändert. Grundzüge der Planung sind aber zu einem wesentlichen Teil ausgeführt geworden: Ausbau und Verbindung des historischen Wegenetzes, die Schaffung einer *„inneren"* (Melchers-, Wichern- und Kerßenbrockstraße) und *„äußeren"* Ringstraße (Cherusker- und Friesenring), die Anlage des Nordplatzes und nicht zuletzt das großzügig angelegte Quartier rund um die Kreuzkirche (Abb. 330, 331).

Für die Siedlungsentwicklung und die Sozialstruktur des Nordviertels war in besonderer Weise der Bau der Reiterkaserne an der Steinfurter Straße sowie die Verlegung der Artilleriekaserne aus der Innenstadt hinaus an die nördliche Peripherie zur Grevener Straße von Bedeutung. Hier, an der Westseite der Straße dominierten seit dem Ende des 19. Jahrhunderts die großen Kasernenbauten der preußischen Armee. In den Jahren zwischen 1890 und 1914 waren verschiedene militärische Einrichtungen - zunächst das Artilleriedepot, dann die Artilleriekaserne und das Korpsbekleidungsamt - erbaut worden (Abb. 332, 333).

Die großen dreieinhalb-geschossigen Ziegelbauten im Neorenaissancestil waren mit ihrer Längsseite zur Grevener Straße ausgerichtet und vermittelten, ähnlich wie heute noch die ehemalige Kürassierkaserne an der Steinfurter Straße, eine in sich geschlossene städtebauliche Einheit. Dieser Eindruck ging allerdings zum Teil verloren, als durch den Bau der Ringstraße (York-Ring) der Gesamtkomplex in zwei Teile zerschnitten wurde (Abb. 334, 335).

Heute erinnert auf den ersten Blick nur noch wenig an die ehemalige militärische Nutzung. Die Hauptgebäude entlang der Grevener Straße wurden während des Krieges zerstört, bzw. nach Kriegsende abgerissen. Die rückwärtigen Gebäude, frühere Ställe, Lager und Wagenremisen sind noch - allerdings stark überformt - erhalten und dienen gewerblichen Zwecken. Vereinzelt findet man aber noch recht gut erhaltene Relikte preußischer Militärarchitektur (Abb. 336 - 338).

Abb. 330 Der Bebauungsplan von 1905 für das Kreuzviertel

Abb. 331 Luftbild vom Kreuzviertel

Abb. 332 Das Korps-Bekleidungsamt Grevener Straße

Abb. 333 Artilleriekaserne an der Grevener Straße

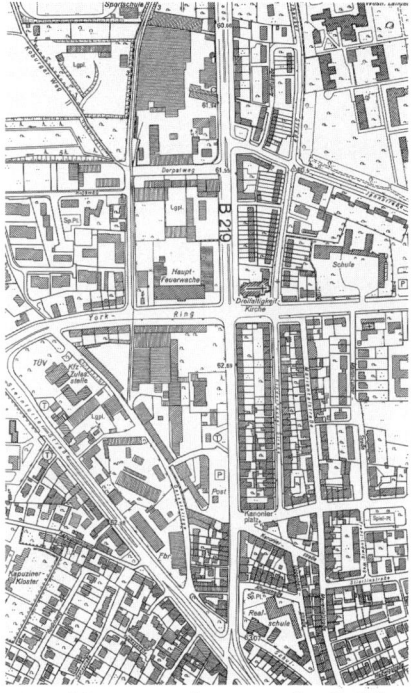

Abb. 334, 335 Das Kasernengelände um 1914 und heute, wo die unterschiedlichsten Nutzungen vertreten sind. Ein städtebauliches Ordnungsprinzip läßt sich hier nicht erkennen.

Abb. 336 Ehemaliges Torhäuschen des Korpsbekleidungsamtes am York-Ring. Es wird heute als Umspannstation von der VEW genutzt.

Abb. 338 Altes Kasernengebäude am York-Ring

Abb. 337 Altes Stallgebäude an der Gasselstiege. Die Räumlichkeiten dienen heute dem Kleingewerbe.

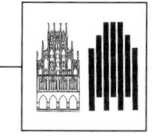

Abb. 339 Einblick in die Marientalstraße, eine der ersten Straßen, die im Nordviertel bebaut wurden. Sie besitzt noch die historische, leicht gekrümmte Wegeführung, wie sie für die Zeit vor der ersten systematischen Stadterweiterung charakteristisch ist.

Abb. 340 Gasthaus „Mutter Birken" in der Schulstraße

Der Ausbau des Nordviertels: Die Wohnbebauung vollzog sich zunächst vor allem entlang der alten Ausfallstraßen im Westen und Osten. Um 1900 war der Bereich zwischen Wermeling- und Kanalstraße bis auf wenige Ausnahmen geschlossen bebaut, nahe der Uppenbergschule wiesen die Straßenzüge (Schulstraße, Uppenbergstraße, Marientalstraße) ebenfalls eine hohe Bebauungsdichte auf (Abb. 339 - 341).

Als 1898 - nach jahrhundertelanger Unterbrechung - östlich der Kreuzschanze wieder eine Verbindungsachse zur Innenstadt geschaffen worden war, entwickelte sich die Nordstraße zu einem bevorzugten Wohnstandort. Bereits 1903 waren die anliegenden Flurstücke in kleinere Parzellen aufgeteilt und in geschlossener Bauweise Mehrfamilienhäuser errichtet worden. Die 1913 eingeführte Straßenbahn fuhr entlang dieser Straße.

Zug um Zug wurden auch die kleineren Stiegen, zum Teil auf Initiative von Privatunternehmern und Grundbesitzern ausgebaut (z. B. Ferdinand- und Gertrudenstraße). Bei der Erschließung des zentralen Bereiches zwischen Nordstraße und Coerdestraße löste man sich erstmals von den vorgegebenen historischen Wegestrukturen. In einer ersten Planung von 1895 war hier zunächst ein einfaches Straßenkreuz vorgesehen (Abb. 101). Dies Konzept wurde dann abgeändert zugunsten einer Platzgestaltung, in deren Mittelpunkt 1898 die neue Kirche des Stadtteils, die Heilig-Kreuz-Kirche, erbaut wurde, wobei die beiden Achsen des kreuzförmig angelegten Baukörpers auf die Straßenzüge, Hoya-, Kamp- und Dettenstraße, ausgerichtet waren. Kirche und umgebender Platz wurden nicht zuletzt wegen ihrer zentralen, gut erreichbaren Lage schnell zum städtebaulichen Mittelpunkt des Viertels. Rings um die Kirche entstand ein großzügig angelegtes Wohnquartier mit maßvoller Dichte und großen Straßenquerschnitten.

Abb. 341 Die Schulstraße. Auch hier gibt es noch gute Zeugnisse von der stilistischen Vielfalt der kaiserzeitlichen Architektur.

Gertrudenstraße.
(Vor Neubrückentor.)
(Von der Heerde- zur Melchersstraße.)

Links:

5 E (Zivil-Fiskus)
Schiller-Gymnasium
Knoll, Wilh., Pedell

7 E Besserer, Alwin, Dr. med., Kreis- u. Pol.-Arzt

9 E Rosenfeld, E., Dr., Univ.-Professor

11 E (Hermann, Th., Kettelerstraße 8)
Adam, Arthur, Dr., Reg.-Rat

13 E Luther, W., Prov.-Feuer-Sozietäts-Inspektor

19 E Dreisilker, Wilh., Gärtner und Kolonialwarenhandlung
Heim, Karl, Dr., Univ.-Prof.

21 E (Dreisilker, W., Gertrudenstraße 19)
(Neubau, unbewohnt)

23 E (Laarmann, H., Raesfeldstraße 25)
3. Westf. Diakonissenhaus

29 E (Borchard, H., Lazarettstraße 25)
Pannes, Emma, Wwe. d. Apothekers, Rentnerin
Peters, Frz., Dr., Ober-Regier. Rat

31 E Stempell, Walther, Dr., Univ.-Professor

33 E (Borchard, H., Lazarettstraße 25)
Leipoldt, Joh., Dr., Univ.-Prof.

35 E Schmahl, Gottfr., Dr., Reg.-Rat

37 E Genser, Jos., Dr., Univ.-Professor

39 E Hoffmann, Otto, Dr., Univ.-Professor

41 E Koepp, Friedr., Dr., Univ.-Professor

43 E Seeck, Dr., Geh. Reg.-Rat, Univ.-Professor

45 E (Borchard, H., Lazarettstraße 25)
Peltzer, W., Hauptmann

Rechts:

8 E (Zivil-Fiskus)
Gaede, Rich., Dr., Direktor des Kgl. Schillergymnasiums

10 E (Erler, G., Wwe., Erphostraße 37)
Landwehr, Hrch., Pfarrer emer.

12 E Schmidt, G., Dr., Univ.-Professor

14 E Pleßmann, Herm., Lehrer an der Oberrealschule

16 E Offenberg, Alb., Landger.-Rat

18 E Poelmann, Hrch., Dr., Oberlehrer

20 E Krawinkel, Ant., Teilh. d. Firma Gebr. Krawinkel

28 E (Hagedorn, Klem., Emdenerstraße 4)
(Neubau)

30 E (Hagedorn, Klem., Emdenerstraße 4)
Mühlen, Frz., Rentner

38 E (Borchard, H., Lazarettstraße 25)
Lohmann, Rud., Ger.-Assessor

40 E (Borchard, H., Lazarettstraße 25)
Leggemann, K., Erster Staatsanwalt

42 E Spannagel, Karl, Dr., Univ.-Professor

44 E (Gerdes, Herm., Oberleutnant, Wesel)
v. Galen, Aug., Wwe., Gräfin

46 E (Borchard, H., Lazarettstraße 25)
Varenhorst, Dr., Wm. d. Generalarztes

Die Bebauungsgrenze reichte 1914 in etwa bis zur Linie Melchers-, Wichern-, Kerßenbrock- und Kettelerstraße, ein Straßenzug, der bis zum Bau des Friesen- und Cheruskerringes als wichtige Verbindungsachse für den Ost-West-Verkehr diente. Im Westen waren über diesen „Ring" hinaus einige Häuserzeilen an der Grevener Straße und ihren beiden Parallelen, der Kinderhauser und der Marienthalstraße errichtet worden.

Das Nordviertel als bevorzugtes Wohnviertel: Die Bautätigkeit im Nordviertel beschränkte sich - bis auf einige öffentliche Projekte und den einzigen großen Gewerbebetrieb, die Germania-Brauerei (Abb. 362, 363) - fast ausschließlich auf den Wohnungsbau. Aufgrund der Nähe zur Stadt, zum Schloß, wo die Provinzial-Verwaltung residierte und vor allem wegen der unmittelbaren Nachbarschaft zur Artilleriekaserne war dieser Stadtbereich schnell zu einem beliebten Wohnstandort für Offiziere und höhere Beamte geworden. Diese Entwicklung wurde noch verstärkt, als nach der Wiedereröffnung der Universität 1902 zahlreiche Hochschullehrer nach Münster zogen und sich die Nachfrage nach Wohnungen gehobenen Standards noch vergrößerte.

Die besondere Sozial- und Berufsstruktur der Wohnungssuchenden fand ihren Niederschlag in den Baustrukturen des Viertels. Es entstanden vornehmlich herrschaftliche Villen oder Ein- bzw. Mehrfamilienhäuser in geschlossener Zeile, deren Größe und dekorative Fassadengestaltung das Repräsentationsbedürfnis und die Wohlhabenheit ihrer Bewohner widerspiegelten. Besonders auffällig waren die Einfamilienhäuser in Reihenbauweise nach englischem Muster. Architekten und Baumeister entwarfen Häuser in den unterschiedlichsten Stilformen des Historismus. Aber auch Jugendstil und Anklänge an die Reformbewegung der Gartenstadtidee fanden den Beifall der Bauherren (Abb. 342 -349).

Neben privaten Bauherrn verwirklichte auch der Beamtenwohnungsverein einige Projekte im Nordviertel. Zu seinen ersten Bauvorhaben gehörten die Mehrfamilienhäuser Wermelingstraße Nr 7 und 9 (1895), Raesfeldstraße Nr 8 und 10 (1906) und Finkenstraße Nr 24-28 (1911) (Abb. 353).

Abb. 342 Ein Auszug aus dem Adressbuch von 1915 zeigt, daß die Gertrudenstraße zu Recht den Beinamen „Professorenstraße" trug.

Abb. 343, 343a Mehrgeschossige Wohngebäude an der Melcherstraße, die die nördliche Grenze des gründerzeitlichen Wohngebietes darstellte und gleichzeitig die wichtigste Ost-West-Verbindung war.

Abb. 345 Raesfeldstraße 18

Abb. 346 Lazarettstraße 13

Abb. 347 Heerdestraße 12

Abb. 344 Mehrfamilienhaus an der Nordstraße mit vorspringendem Erker, der durch seine diagonale Stellung zugleich die Raesfeldstraße "eröffnet". Die Einzelformen sind überwiegend aus dem Barock entnommen (Dachgestaltung), werden aber durch gotisierende Elemente (Fenstersäulen) ergänzt.

Abb. 348 Finkenstraße. In ihrem südlichen Teilabschnitt zeichnet sie sich durch eine fast lückenlos erhaltene gründerzeitliche Straßenfront aus. Das Gesamtbild erhält besondere Qualität durch eine rhythmisierende, wellenförmige Bewegung, die durch die leicht vorspringenden Erker zum Ausdruck kommt.

Abb. 350 - 352 Zum Baustil der Jahrhundertwende gehört die Liebe zum Detail.

Abb. 357 Heerdestr. 7. Auf Grund seiner ungewöhnlichen Gestaltung - mit einer auf dem Balkonsims thronenden Sphinx, Pilastern mit Masken, linearen Fenster- und Türrahmungen - ist diese, 1905 von Borchard erbaute Villa das wohl bekannteste Jugendstilhaus Münsters.

Abb. 358 Sphinx, Heerdestr. 7

Hermann Borchard, engagierter Baumeister im Nordviertel: Ein Mann, der in besonderer Weise zum Ausbau und zur Gestaltung des Nordviertels beigetragen hat, war der 1864 im Eichsfeld geborene Bauunternehmer Hermann Borchard. Anfang der 90er Jahre war er nach Münster gekommen und hatte zunächst als Bautechniker bei der Provinzialverwaltung, später als „*Hilfsarbeiter*" des Garnisonsbaubeamten der Königlichen Intendantur des VII. Armeekorps gearbeitet. 1900 machte er sich als Bauunternehmer selbstständig. Seine Haupttätigkeit lag darin, Häuser zunächst auf eigene Rechnung zu bauen, um sie später zu vermieten oder „*schlüsselfertig*" weiterzuverkaufen (Abb. 354).

Er entwickelte dabei einen völlig neuen Wohnungstyp, den es in dieser Art in Münster noch nicht gegeben hatte: das Einfamilienhaus im Villentyp mit bis zu 10 Zimmern. Mit diesem Programm kam er in hervorragender Weise den Wohnwünschen des gehobenen Mittelstandes nach. Seine Häuser entstanden hauptsächlich im Nordviertel, in dem er - wegen der kurzen Transportwege des Baumaterials - auch seinen Bauhof einrichtete. An der

Lazarettstraße Nr. 23 - 25 wurden zunächst Lagerhallen und Ställe gebaut, die später, als das Unternehmen florierte, um eine Zimmerei, Bauschreinerei sowie eine Dachdeckerei erweitert wurden. Selbst Stukkateure gehörten zum Borchard'schen Unternehmen. Die ersten Wohngebäude, die Borchard baute, lagen an der Grevener Straße Nr. 49, 51 und 53 (Abb. 355, 356). Zwischen 1903 und 1906 folgten acht Häuser an der Heerdestraße, zu denen 1912 noch das Haus Nr. 11 kam (Abb. 357, 358).

Eine „Hochkonjunktur" erlebte der Betrieb in den Jahren 1912 bis 1914. Bis zu 10 Häuser waren häufig zur gleichen Zeit im Aufbau. Zur eigentlichen „Borchardstraße" wurde die Gertrudenstraße (Abb. 359 - 360). Um 1912 entstanden hier 22 Einfamilienhäuser. Weil sich in dieser Straße besonders viele Akademiker, vor allem aber Professoren der Universität niederließen, wurde sie von den Bewohnern des Kreuzviertels bald „Professorenstraße" genannt.

Die Germania-Brauerei: Der einzige größere Gewerbebetrieb, der in der Ausbauphase des späten 19. Jahrhunderts im Norden entstand, war die Germania-Brauerei (Abb. 362, 363). Ursprünglich war die kleine Privatbrauerei, zu der auch die Gaststätte „Zum Kiepenkerl" gehörte, am Alten Fischmarkt angesiedelt. 1898 erwarb ihr Besitzer Hermann Dieninghoff eine alte Sandgrube an der Grevener Straße und errichtete dort eine neue Brauerei. So, wie zehn Jahre zuvor die Westfalia-Brauerei an der Geiststraße, wollte auch er sich die guten Grundwasserverhältnisse des münsterischen Kiessandrückens zu Nutze machen.

Noch vor Ausbruch des Ersten Weltkriegs begann man, den Betrieb um das Doppelte zu vergrößern und mit den modernsten technischen Einrichtungen auszustatten.

Die unmittelbare Nachbarschaft zum Kasernengelände brachte dem Betrieb dabei einen besonderen Vorteil. Als die Kaserne an das Schienennetz der Reichsbahn angebunden wurde, erhielt auch die Brauerei einen Anschluß, so daß der Güterumschlag kostengünstig über die Bahn abgewickelt werden konnte.

Abb. 355 Grevener Straße 49 - 51 heute. Das Haus Nr. 53 existiert nicht mehr.

Abb. 356 Grevener Straße 49 - 53. Diese zweigeschossigen Wohnhäuser waren die ersten Bauprojekte von Hermann Borchard.

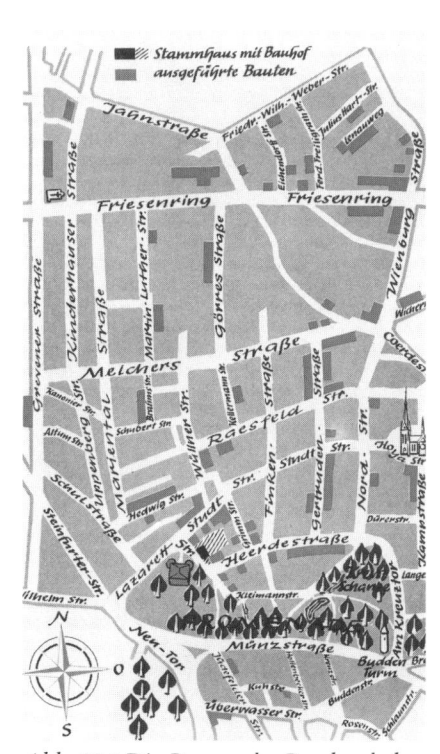

Abb. 354 Die Bauten des Borchardschen Bauunternehmens im Nordviertel, das an der Lazarettstraße 23 seinen Bauhof unterhielt.

Abb. 353 Raesfeldstraße 8 und 10. Diese Häuser gehörten dem Beamtenwohnungsverein.

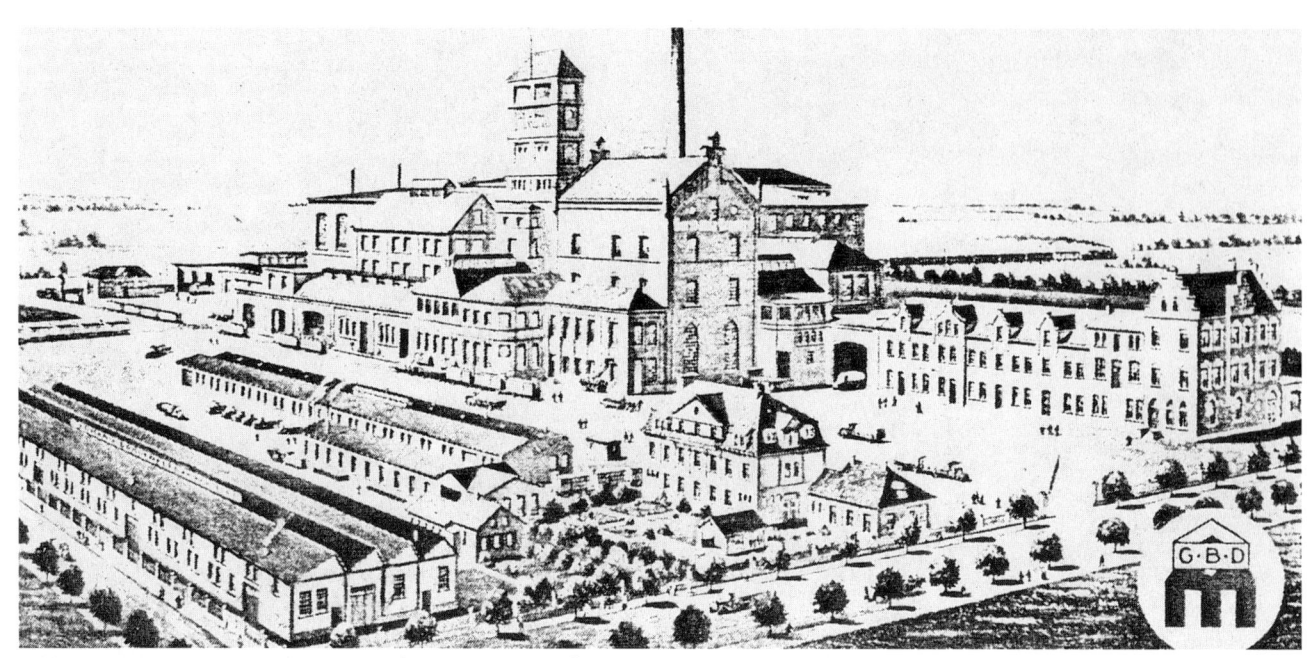

Abb. 362 Die Germania-Brauerei an der Grevener Straße.

Abb. 363 Verwaltungsgebäude der Brauerei

Abb. 359, 360 Die Gertrudenstraße gehörte damals zu den besonders "feinen Adressen" des Nordviertels.

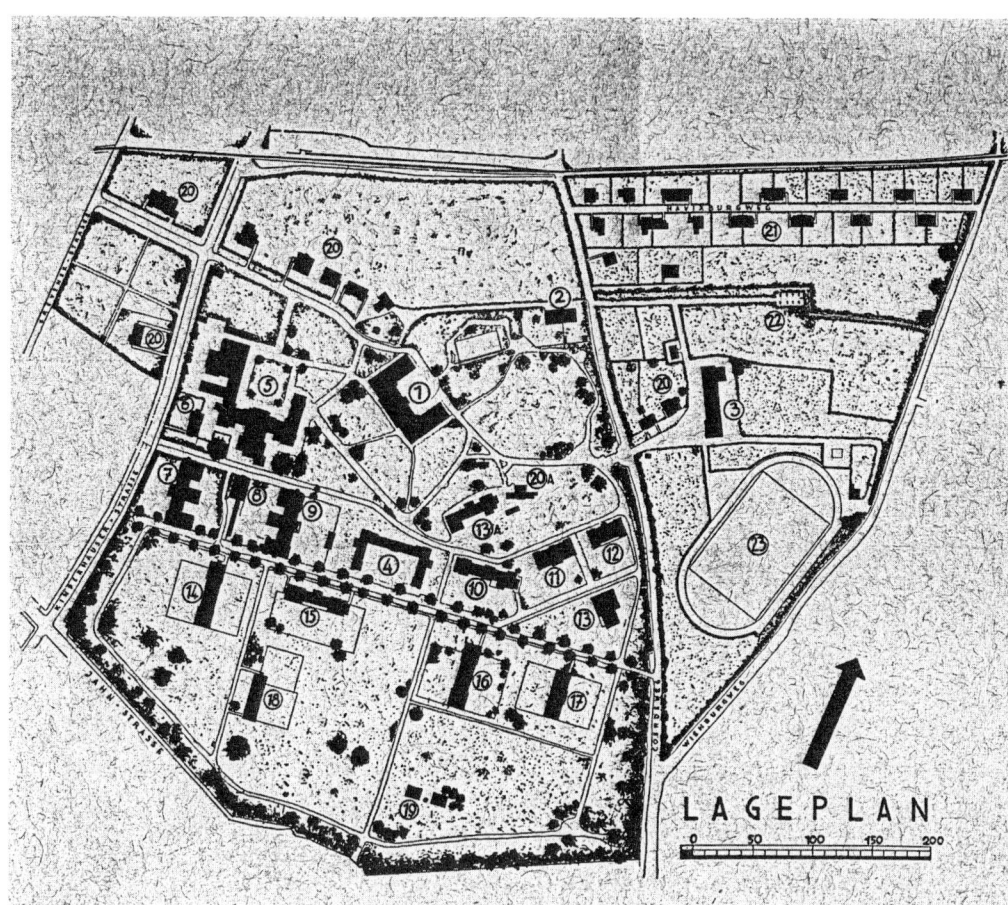

①	HAUPTGEBÄUDE erbaut 1864–1878; 1944 total zerstört, abgebrochen.
②	WOHNGEBÄUDE erbaut um 1800.
③	EHEMAL. ÖKONOMIE erbaut um 1800.
④	ISOLIERGEBÄUDE, SPÄTER FRAUEN »B« erbaut 1879; 1944 zerstört.
⑤	WIRTSCHAFTSGEBÄUDE erbaut 1890; 1944 stark beschädigt, 1948 wieder aufgebaut.
⑥	SCHWESTERNHEIM erbaut um 1890; 1944 total zerstört; 1950 wieder aufgebaut (z. Zt. Wohnhaus für Direktor und Oberarzt).
⑦	KRANKENGEBÄUDE FRAUEN »D« erbaut 1888; 1944 zerstört; 1953 wieder aufgebaut.
⑧	als BADEHAUS 1889 gebaut; seit 1921 Bäckerei; 1944 stark beschädigt; 1951 wieder aufgebaut.
⑨	KRANKENGEBÄUDE FRAUEN »C« erbaut 1888; 1944 zerstört; 1953 wieder aufgebaut.
⑩	KRANKENGEBÄUDE MÄNNER »C« erbaut 1901; 1944 zerstört; 1950 wieder aufgebaut.
⑪	KRANKENGEBÄUDE MÄNNER »D« erbaut 1901.
⑫	KRANKENGEBÄUDE MÄNNER »E« erbaut 1901.
⑬	KRANKENPAVILLON FÜR SIECHE MÄNNER »B« erbaut 1904; 1944 stark zerstört.
⑭	WERKSTÄTTENGEBÄUDE MÄNNER »F« erbaut 1914; 1944 teilzerstört.
⑮	KRANKENGEBÄUDE FRAUEN »F« erbaut 1926–1928.
⑯	KRANKENGEBÄUDE FRAUEN »E« (Isoliergebäude) erbaut 1922; 1944 stark zerstört; 1950 wieder aufgebaut (z. Zt. Kapelle, Labor, Röntgen- und ärztl. Behandlungsräume).
⑰	KRANKENGEBÄUDE MÄNNER »H« erbaut 1926–1928; 1944 fast ganz zerstört; 1951 wieder aufgebaut.
⑱	KRANKENGEBÄUDE MÄNNER »G« erbaut 1926–1928.
⑲	KRANKENGEBÄUDE FRAUEN »G« erbaut 1926–1928.
⑳	WASSERWERK erbaut 1937.
⑳a	GEWÄCHSHAUS erbaut um 1900.
㉑	DIENSTWOHNGEBÄUDE
㉒	PFLEGERSIEDLUNG 1912–1928.

LAGEPLAN

Abb. 364 Lageplan der Provinzialheilanstalt Marienthal, heute Westfälische Klinik für Psychatrie.

Abb. 365 Eine alte Luftaufnahme zeigt die Weitläufigkeit des Geländes der Westfälischen Landesklinik.

den die ersten Kranken in das Hospiz aufgenommen. Die ständig wachsende Zahl der Patienten - 1879 waren es 149, 1903 bereits 620 Kranke - machte zahlreiche bauliche Erweiterungen notwendig. Im Laufe der Jahre wurde die Anstalt um verschiedene Patientenhäuser und Betriebsgebäude ergänzt, für deren Entwurf und Bau unter anderem auch der Architekt und Erbauer der Heilig-Kreuz-Kirche, Hilger Hertel, verantwortlich zeichnete (Abb. 364, 365).

1913 erwarb der Provinzialverband das nördlich von Kinderhaus liegende Gut Brüning, um dem Hospiz eine eigene Versorgung durch den landwirtschaftlichen Betrieb zu sichern. Gleichzeitig begann man auf Vorschlag des damaligen Leiters der Anstalt, Kleffner, mit dem Bau

Öffentliche Bauten: In jener Bauperiode, in der sich das Nordviertel zu einem beliebten Wohnquartier entwickelte, entstanden auch verschiedene öffentliche Bauten. Sie dienten nicht allein der Versorgung dieses Stadtteils, sondern übernahmen wie im Falle des Schillergymnasiums und des Evangelischen Krankenhauses gesamtstädtische Funktionen. Selbst die Heilig-Kreuz-Kirche war nicht nur Pfarrkirche der neuen Gemeinde, sondern wurde daneben für längere Zeit als Garnisonskirche genutzt. Das Hospiz Marienthal, als Einrichtung des Provinzialverbandes, besaß sogar regionale Bedeutung.

Die Provinzialheilanstalt Marienthal: Als erste öffentliche Institution ließ sich die Provinzialheilanstalt an der nördlichen Stadtgrenze, auf dem Besitz des ehemaligen Sacré-Coeur-Klosters nieder. 1877 hatte die Provinzialverwaltung den gesamten Komplex einschließlich der Ländereien erworben, um neben Marsberg und Lengerich eine dritte *„Provinzial-Irren-Pflege-Anstalt"* aufzubauen.

Schon im darauffolgenden Jahr wur-

einer „*Pflegerkolonie*" am Havixburgweg und Sacré-Coeur-Weg (Abb. 366,367).
Um die damals noch weit außerhalb der geschlossenen städtischen Bebauung liegende Anstalt besser an das Verkehrsnetz anzubinden, wurden - gemeinsam mit der Stadt - die Kinderhauser Straße und der Coerdeweg (später in Salzmannstraße umbenannt) ausgebaut und gepflastert.
Im Zweiten Weltkrieg wurde der größte Teil der Gebäude durch Brandbomben zerstört. Auch das alte Hauptgebäude, das ehemalige Sacré-Coeur-Kloster war so schwer beschädigt, daß sich ein Wiederaufbau nicht mehr zu lohnen schien. Es wurde nach dem Krieg abgerissen.
Die Heilig-Kreuz-Kirche: Unmittelbar nördlich der Kreuzschule begann 1898 der Bau der Pfarrkirche Heilig-Kreuz. Der Kirchenvorstand der Überwasserpfarre hatte von der bischöflichen Verwaltung die dringende Aufforderung erhalten, sich im Norden der Stadt um den Ankauf eines Grundstückes für einen Kirchenneubau zu bemühen. Man befürchtete, daß sich die Bodenpreise in dem rasch wachsenden Stadtteil schnell verteuern und den so dringlich nötigen Kirchbau unmöglich machen würde. Die Pfarre erwarb daraufhin Grundstücke der Dettenstiftung nördlich der Kreuzstraße, die wegen ihrer zentralen Lage besonders geeignet schienen und auch eine großzügige Einbindung in die vorhandenen Bebauungsstrukturen zuließ. Die ministerielle Erlaubnis zum Bau einer katholischen Kirche in „*Überwasser-Neustadt*" wurde im März 1898 erteilt, worauf man sofort mit den Bauvorbereitungen begann. Der Tag der Grundsteinlegung war der 27. Juli 1899. In dreijähriger Bauzeit entstand die von Hilger Hertel konzipierte kreuzförmige neugotische Basilika mit weiter Vierung und hoch aufgerichtetem, durch Fenster aufgelöstem Chor.
Am 15. Juli 1902 wurde sie feierlich eingeweiht. Der 87 m hohe Kirchturm wurde erst 1908, drei Jahre nach Erhebung des Rektorats zur selbständigen Pfarre Heilig-Kreuz, vollendet (Abb. 368,369).

Abb. 366, 367 Die Pflegersiedlung der Provinzialheilanstalt am Havixburgweg. Mit ihrem Bau wurde 1913 begonnen. Die letzten Häuser entstanden 1928.

Abb. 368, 369 Die Heilig-Kreuzkirche auf einer alten Ansicht und ihr heutiges Erscheinungsbild.

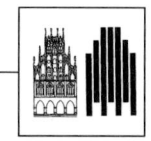

Schulen: Die erste, frühe Schule, die Uppenbergschule, war schon Ende der 60er Jahre des 19. Jahrhunderts nahe der Grevener Straße erbaut worden. 1885 wurde dieses, noch recht bescheidene, kleine Gebäude durch einen neuen nur 100 m weiter östlich im Winkel zwischen Schul- und Uppenbergstraße liegenden Backsteinbau ersetzt. Dieses Schulgebäude, mit sparsamen neugotischen Gestaltungselementen versehen, hat den Zweiten Weltkrieg überlebt und ist noch heute erhalten (Abb. 370). Das alte Schulgebäude wurde nach dem Umzug der Schulklassen erweitert und bis etwa 1924 als städtisches Waisenhaus genutzt. Dann zog das Klarastift, ein Altersheim für bedürftige Männer und Frauen, in die Räume ein.

Die in den 80er Jahren errichtete Schule reichte schon bald nicht mehr aus, um alle Kinder des neuen Stadtteils aufzunehmen. Man sah zunächst eine bauliche Erweiterung vor, entschloß sich aber dann zum Neubau. Auf einem Grundstück zwischen Kamp- und Nordstraße, das bis dahin der städtischen Armenkommission gehört hatte, wurde 1896 die neue Kreuzschule errichtet. Das dreistöckige Neorenaissancegebäude besaß in den ersten Jahren nur im Erdgeschoß Klassenräume. Die übrigen Geschosse wurden zunächst als Lehrerwohnung genutzt, später aber zu Klassenräumen umgebaut.

Eine evangelische Volksschule, die Martin-Luther-Schule entstand um 1910 an der Coerdestraße. Beide Schulen wurden im Zweiten Weltkrieg zerstört, nach Kriegsende an gleicher Stelle, allerdings in anderer Gestalt, wieder aufgebaut.

Der Bau des Schillergymnasiums an der Gertrudenstraße (1907) war nicht allein für das Nordviertel, vielmehr für das Schulsystem der gesamten Stadt von besonderer Bedeutung: als erstes protestantisch geprägtes, staatliches Gymnasium sollten hier vor allem Schüler dieser Konfession unterrichtet werden. Die Schule war bereits 1900 gegründet und zunächst im Gebäude des Paulinums an der Petri-Kirche untergebracht. Als die Zahl der evangelischen Schüler immer rascher zunahm, allein zwischen 1900 und 1903 erhöhte sich diese Zahl von 88 auf 203, stellte die Stadt ein Grundstück des Armenfonds im südlichen Teil der Gertrudenstraße für einen Schulneubau zur Verfügung.

Der Bauentwurf wurde, wie damals für staatliche Bauprojekte üblich, im preußischen Ministerium für öffentliche Arbeiten ausgearbeitet. Die Bauleitung für den gesamten Komplex, bestehend aus einem Klassengebäude, einer Turnhalle und einer Direktorenwohnung, übernahm der Ingenieur Hercher. 1907 konnte die neue Schule, deren Baustil an Renaissanceformen anlehnte, eröffnet werden (Abb. 371, 372).

Abb. 370 Die „neue" Uppenbergschule in ihrer markanten Ecklage zwischen Schul- und Uppenbergstraße. Sie wurde 1885 erbaut.

Abb. 371 Schillergymnasium an der Gertrudenstraße. Im Hintergrund Häuser an der Heerdestraße.

Abb. 372 Eingang des Schulgebäudes.

Abb. 373 Das evangelische Johanniter-Krankenhaus an der Wichernstraße.

1918 - 1939: Neue Wohnformen ergänzen das Siedlungsbild

Die Bebauung näherte sich in den Zwischenkriegsjahren allmählich der schon um die Jahrhundertwende geplanten und 1939 schließlich fertiggestellten Ringstraße. An der Grevener Straße und nördlich des Friesenrings griff die Bebauung sogar über die Ringstraße hinaus und bildete erste Ansätze für eine lockere, städtebauliche Verbindung mit Kinderhaus (Abb. 375 - 380).

Das erste größere Projekt, das 1920 im Norden verwirklicht wurde, war die Infanteriekaserne an der Grevener Straße/Ecke Dreizehnerstraße (Abb. 375). 1927 folgte in unmittelbarer Nähe der Bau der deutschen Jugend-Kraft-Lehr- und Sportstätte (DJK) mit Leichtathletikfeldern und einem Freibad (Abb. 376).

Doch auch in dieser Phase der Stadterweiterung dominierte fast ausschließlich der Wohnungsbau. Die Wohnformen änderten sich allerdings: nicht mehr repräsentative Bauten des Historismus, sondern schlichtere Haustypen, zum Teil mit expressionistischen Gestaltungsmerkmalen, sowie Miethäuser des gemeinnützigen Siedlungsbaus ergänzten nun das Siedlungsbild des Nordviertels.

Das Evangelische Krankenhaus: 1909 wurde das Evangelische Krankenhaus „*Johannisstift*" an der Wichernstraße eröffnet. Das erste evangelische Krankenhaus in Münster war von der evangelischen Kirchengemeinde 1863 an der Johanniterstraße im Ostviertel erbaut worden. Wegen mangelnder Erweiterungsmöglichkeiten und der schlechten Verkehrslage dieses Standortes, erwarb die evangelische Gemeinde mehrere Grundstücke östlich des neugestalteten Nordplatzes. Um bei der Realisierung des Bauvorhabens die Grundstücke optimal ausnutzen zu können, mußte man von der ursprünglich geradlinig vorgesehenen Trasse der Wichernstraße abweichen zugunsten einer leicht gekrümmten Führung. Am 30. August 1907 erfolgte die Grundsteinlegung. Bereits zwei Jahre später, im November 1909, war das Gebäude bezugsfertig (Abb. 373).

Abb. 375 Infanteriekaserne an der Dreizehner Straße/Grevener Straße. Sie blieb nicht das einzige militärische Bauprojekt an der nördlichen Ausfallstraße: 1936 folgte etwas weiter stadteinwärts der Bau der Divisions- Nachrichten-Kaserne.

Abb. 376 Die Reichslehrstätte für Leibesübungen der Deutschen- Jugend- Kraft an der Grevener Straße.

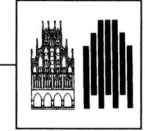

Abb. 374
Stadtplan von 1921 (Teilausschnitt)

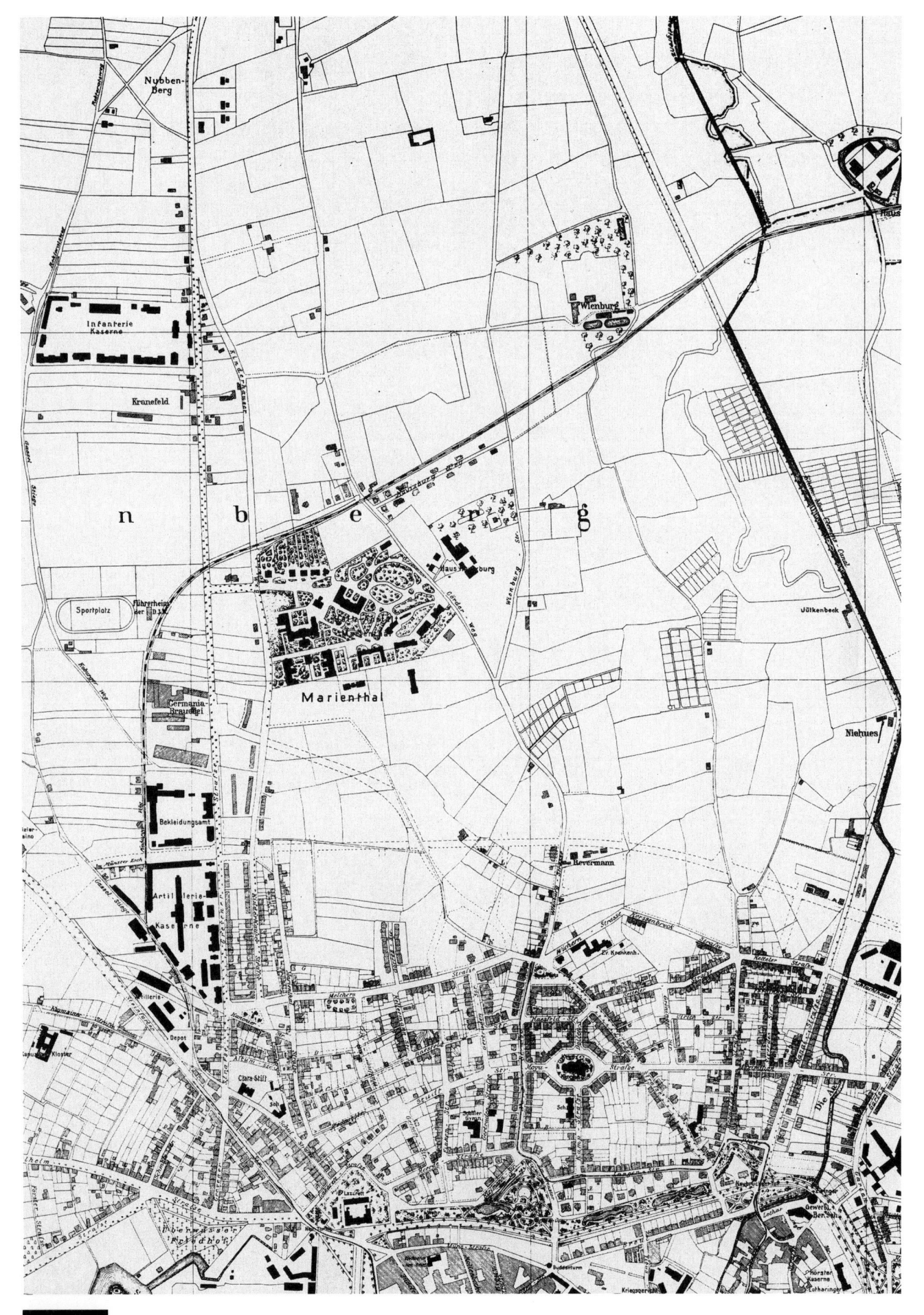

Abb. 377
Stadtplan von 1925 (Teilausschnitt)

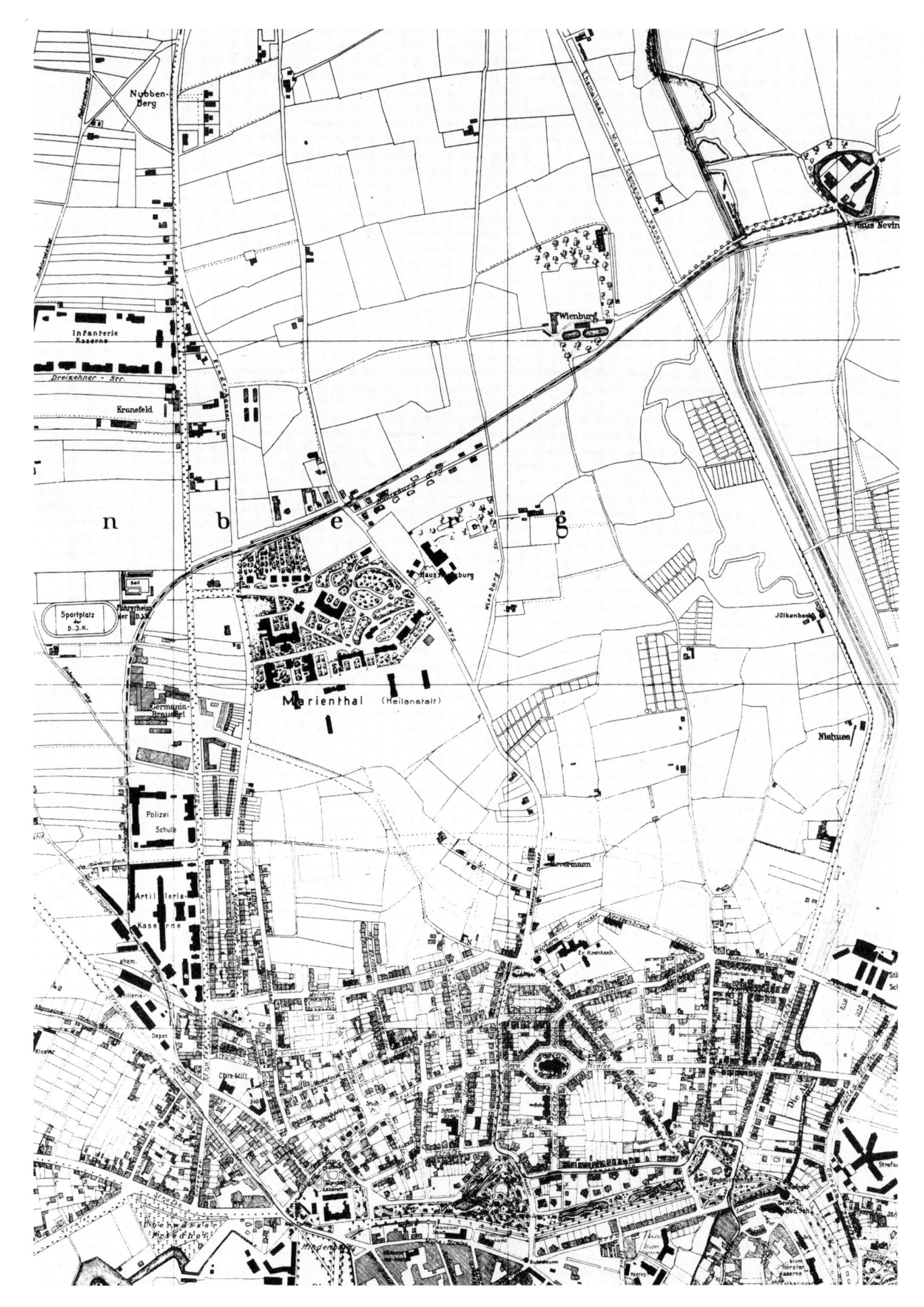

Abb. 378
Stadtplan von 1930 (Teilausschnitt)

Abb. 379
Stadtplan von 1934 (Teilausschnitt)

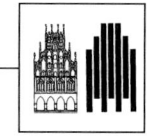

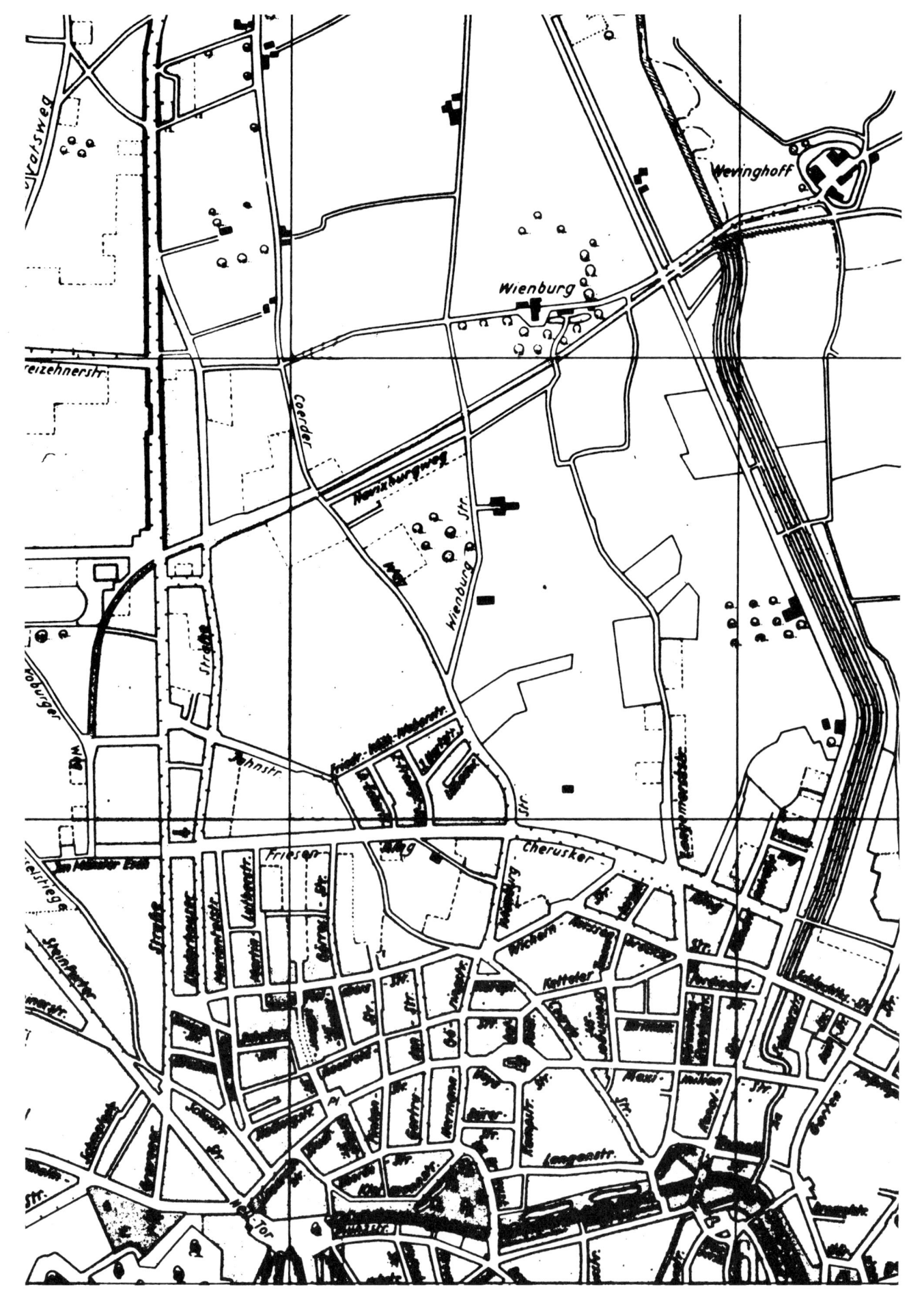

Abb. 380
Stadtplan von 1939 (Teilausschnitt)

Abb. 381 Die Häuserzeilen an der Görresstraße waren die ersten Bauten, die der Gemeinnützige Wohnungsverein nach dem Ersten Weltkrieg in Norden errichten ließ.

Abb. 384, 385 Diese zweigeschossigen Reihenhäuser an der Kinderhauser Straße wurden nach den Plänen der Westfälischen Heimstätte von der Beamten-Wohnstätten-Gesellschaft in den Jahren 1924 - 1930 erbaut. Architekt war Gustav Wolf. Das Wohnquartier zeichnete sich besonders durch die einheitliche Wirkung als Ensemble bei gleichzeitiger feiner Differenzierung aus, so etwa durch die unterschiedlichen Tür- und Fensterausbildungen. Heute ist der Eindruck der Einheitlichkeit durch zahlreiche Modernisierungsmaßnahmen verlorengegangen.

Abb. 382 Bebauung an der Grevener Straße: deutlich der Schnitt zwischen den Wohngebäuden der Vorkriegsjahre und jenen, die in den 20er Jahren fertiggestellt wurden.

Abb. 383 Dreigeschossige Mietshäuser an der Grevener Straße. Nach dem Ersten Weltkrieg schob sich die Bebauung über die projektierte Ringstraße nach Norden vor.

Abb. 386 Reihenhäuser an der Zuhornstraße.

Der gemeinnützige Wohnungsbau: Zu den ersten Bauvorhaben im Wohnungsbau gehörten die Projekte der gemeinnützigen Siedlungsgesellschaften. Diese Siedlungsformen - Kleinwohnungen in Reihen- und großen Mehrfamilienhäusern - hatte es bisher im Nordviertel noch nicht gegeben.

1923 erwarb der Gemeinnützige Wohnungsverein Bauland nördlich der Melchersstraße und errichtete dort in dreijähriger Bauzeit an der neu erschlossenen Görresstraße 21 Ein- und Zweifamilienhäuser mit insgesamt 33 Wohnungen. Diese Wohnstraße, anfänglich nur als Sackgasse angelegt, wurde 1934 bis zur geplanten Trasse des Friesenrings weitergeführt und dann bebaut (Abb. 381).

1924 begann als zweite Wohnungsbaugesellschaft, die Westfälische Heimstätte - parallel zum Baubeginn ihres großen Projekts Habichtshöhe - Grüner Grund - mit der Erstellung von Reihenhäusern an der Kinderhauser Straße und großen, bis zu 45 Meter langen dreigeschossigen Mietshäusern an der Grevener Straße (Abb. 382 - 385). Der neue Siedlungskomplex bestand aus rund 170 Wohneinheiten.

Ein weiteres, jedoch weniger umfangreiches Projekt verwirklichte die Siedlungsgesellschaft an der Gröningerstraße, heute Zuhornstraße (Abb. 386). Hier wurden in ähnlicher Form wie im Grünen Grund acht Einfamilienreihenhäuser mit schmalen, langgestreckten Gartenparzellen errichtet. 1940 vollendete die Baugesellschaft noch acht Wohnbauten an der Schubertstraße (heute Stierlinstraße) und am Franz-Ludwig-Weg.

In Kinderhaus wurden in den Jahren 1932 - 34 von den Mitgliedern einer Siedlungsgemeinschaft, der Baugewerkschaft AG, die kleinen Straßensiedlungen Hasenbusch, Erlenkamp und Janningsweg angelegt. In diesem Bereich war nach dem Bauklassenplan von 1928 ursprünglich keine Bebauung vorgesehen. Die Errichtung der kleinen Siedlungshäuser mit Viehställen und Nutzgärten zur Eigenversorgung geschah jedoch vor dem Hintergrund der großen Wohnungsnot zu Beginn der dreissiger Jahre, die besonders die ärmsten

Abb. 387 Wohnhausgruppe Studtstraße 45, Finkenstraße 23 und 25 der Westfälischen Bauindustrie.

Abb. 388 Melcherstraße/Grevener Straße. Anfang der 20er Jahre ließ das Heeresbauamt Berlin diesen Wohnkomplex an der Ecke Grevener Straße/Kanonierplatz errichten. Er sollte vorwiegend von Familien von Unteroffizieren genutzt werden.

Abb. 389 Melcherstraße 54

Bevölkerungsschichten traf (Abb. 395).

Der private Wohnungsbau: Neben dem sozialen Wohnungsbau blieb das Nordviertel auch weiterhin bevorzugt nachgefragter Wohnstandort für das gehobene Bürgertum. In den 20er und 30er Jahren entstanden in den noch vorhandenen Baulücken, besonders im Westen des gründerzeitlichen Bebauungsringes, wo die alten Gartenstiegen erst jetzt zu Straßen ausgebaut wurden (Wüllnerstraße, Hedwigstraße, Studtplatz), großzügige Wohnbauten (Abb. 392 - 394). Ein völlig neues, in sich geschlossenes Wohnquartier, das genau diese Baustrukturen aufwies, war das Dichterviertel (Abb. 397, 398). Es entstand - etwa im gleichen Zeitraum wie das Dechaneiviertel im Osten - 1937/38 nördlich des Friesenrings zwischen Jahn- und Wienburgstraße. Das homogene Siedlungsbild, eineinhalb- bis zweigeschossige Einfamilienhäuser in offener Bauweise, davon der größte Teil als Backsteinbauten, ist noch heute trotz einzelner Neubauten gut erhalten.

Abb. 390, 391 Das Eckhaus Kellermannstraße 22. Das ehemalige Mietshaus der Westfälischen Bauindustrie wurde in den 80er Jahren renoviert.

Abb. 392 Haus Hedwigstraße/Wüllnerstraße

Abb. 393 Haus an der Hedwigstraße

Abb. 394 Villa Maximilianstraße/Zuhornstraße

Abb. 395 Die schlichten Doppelhäuser am Hasenbusch gehören zu den Kleinsiedlungen, die nach der Notverordnung aus dem Jahre 1931 an der Peripherie der Stadt, oft ohne jegliche Erschließung gebaut wurden. Heute sind sie fast alle modernisiert und ausgebaut.

Abb. 398 Ferdinand-Freiligrath-Straße

Abb. 396 Studtstraße 31

Abb. 397 Ferdinand Freiligrath-Straße

Die Dreifaltigkeitskirche: Pläne zum Bau einer neuen Kirche am nördlichen Stadtrand waren vom Liebfrauen-Überwasser-Kirchenvorstand ausgegangen. Die Grundsteinlegung für das von Heinrich Benteler und Albert Wörmann entworfene Kirchenbauwerk, das an der Kreuzung der Grevener Straße/ Friesenring entstehen sollte, erfolgte im März 1938. Den Architekten war von der Baugenehmigungsbehörde vorgeschrieben worden, aus Flugsicherheitsgründen den Turm möglichst niedrig zu halten und unter dem Kirchbau einen großen Luftschutzbunker anzulegen. Der Bunker ist noch heute im Kryptauntergeschoß erhalten (Abb. 399). Nach Kriegsende wurde die durch Bomben zerstörte Kirche von den gleichen Architekten wieder aufgebaut. Sie ist seitdem mehrfach renoviert worden.

Abb. 399 Dreifaltigkeitskirche, Bauzeit 1938 - 1939.

Städtebauliche Entwicklung im Westen

Die Schloßanlagen und die versumpften Aawiesen bildeten lange Zeit ein Hindernis für eine Siedlungsausdehnung der Stadt nach Westen. In den 80er Jahren des 19. Jahrhunderts begann man, die vorstädtischen Flächen für einige größere Bauvorhaben zu nutzen. Im Laufe der Zeit entstand hier mit dem Zoo, dem Aasee und dem schon früh für die Öffentlichkeit zugänglichen Schloßgarten ein wichtiger Naherholungsbereich für die Stadt. Die zweite zentrale Funktion erhielt dieser Stadtteil mit der Anlage der Universitätskliniken. Im Zuge des Klinikbaus begann die Sentruper Höhe Ende der 30er Jahre sich zu einem bevorzugten Wohnstandort zu entwickeln. Die Pläne für ein Universitätsforum und die gigantischen Planungen der Nationalsozialisten für eine neue Gauhauptstadt westlich des Aasees haben die Siedlungsstruktur nicht beeinflussen können (Abb. 400).

Abb. 400 Das Westviertel wird begrenzt durch die Steinfurter Straße, die Schloßanlage und die Aa im Südwesten.

Westliches Umland in der ersten Hälfte des 19. Jahrhunderts: Die Schloßanlage und Aaaue bilden einen Riegel zwischen Stadt und Umland

Das fürstbischöfliche Schloß (Abb. 401-403), von dem Barockbaumeister Johann Conrad Schlaun entworfen und von 1767 bis 1773 erbaut sowie der sich anschließende Hofgarten, später als botanischer Garten der Öffentlichkeit zugänglich gemacht, hemmten lange Jahre alle Ansätze für eine Siedlungstätigkeit im Westen. Die gesamte Schloßanlage schob sich wie ein Riegel zwischen Stadt und Hinterland. Ebenso stellten die feuchten Aawiesen im Südwesten, die bis unmittelbar an die Wallanlagen heranreichten, ein unüberwindliches Hindernis für eine Besiedlung dar. Die regelmäßige Überflutung der Wiesen nach starken Regenfällen ließ eine Bebauung nicht zu.

Einen geschlossenen Gartenring gab es nicht. Nur entlang der „*Abschnittsstraße*" (heute Hittorfstraße) und im

Abb. 401
Das westliche Vorstadtgebiet um 1840

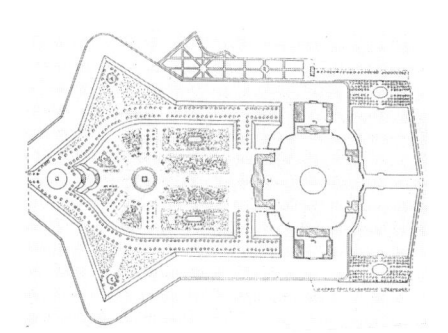

Abb. 402, 403 Das fürstbischöfliche Schloß. Auf dem geschleiften Ostteil einer Zitadelle, die Fürstbischof Christoph Bernhard von Galen nach Unterwerfung Münsters 1661 errichten ließ, war das Residenzschloß 1773 erbaut worden. Der Gesamtentwurf für diese Anlage stammte von Johann Conrad Schlaun. Bei der Ausführung der Pläne unterblieb jedoch die südliche Bebauung des Schloßplatzes, so daß eine Symmetrie der Gesamtanlage, charakteristisch für barocke Baukunst, nicht vollendet worden ist.

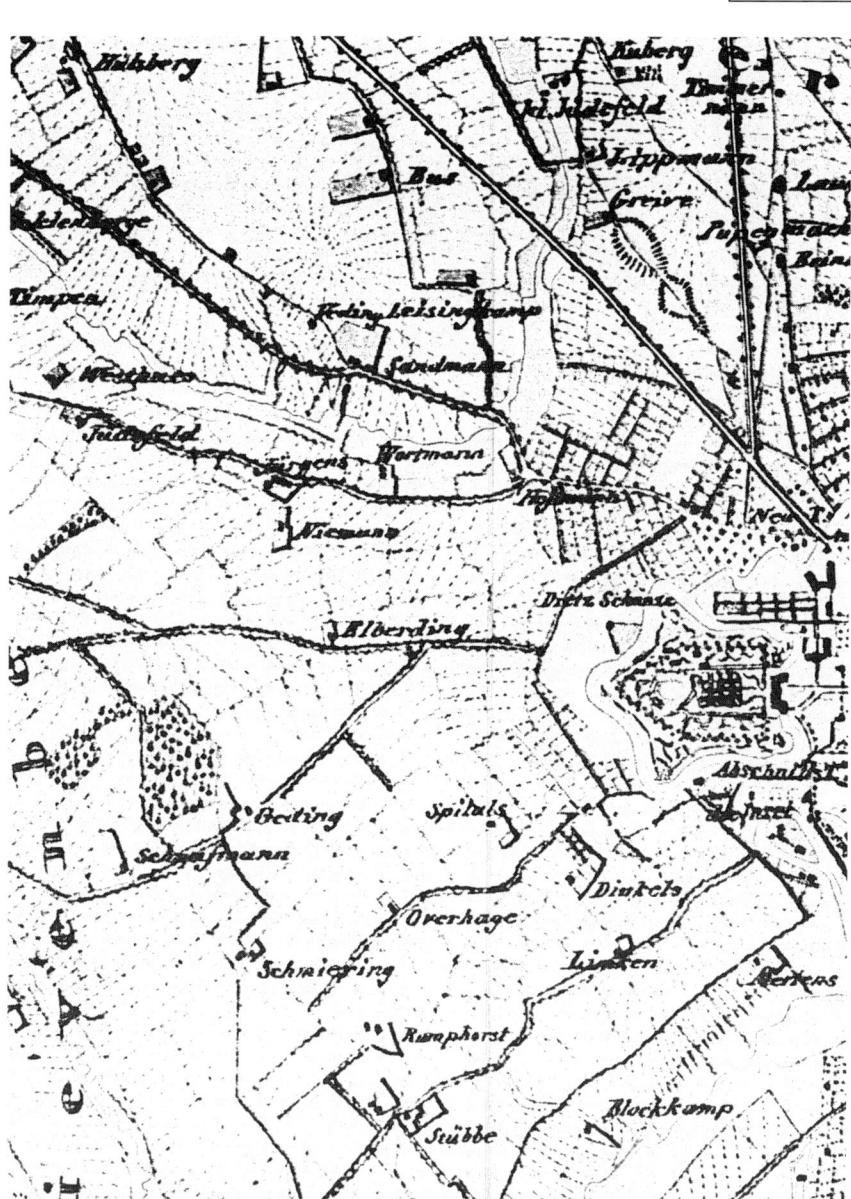

1850 - 1875: Das Schloß bleibt bestimmend für die Entwicklung des westlichen Vorstadtgebietes

In dieser Zeitspanne, in der im Süden und Osten die Stadt bereits beträchtlich über ihre Grenzen hinauswuchs, zeigten sich im Westen zwar auch die ersten noch zaghaften Ansätze einer Siedlungserweiterung. Die Bebauung war aber noch sehr lückenhaft und beschränkte sich weiterhin - bis auf einige Ausnahmen an der Fürstenstraße (heute Hüfferstraße) und an der Abschnittsstraße - auf den nordwestlichen Bereich entlang der Steinfurter Straße bis zur Einmündung der Kapuzinerstraße und der Horstmar Straße, die in ihrem östlichen Teil bereits in Wilhelmstraße umbenannt worden war (Abb. 407, 408).

Zwei Verbindungswege zwischen diesen Überlandstraßen wurden Ende der 60er Jahre ausgebaut: Die Josefsstraße (heute Grevener Straße) als Verlängerung der Grevener Straße und die Beamtenstraße. Diese erhielt erst rund 10 Jahre später die Bezeichnung Schmale Straße, wahrscheinlich weil sie an ihrem nördlichen Ende wegen der engen Bebauung nicht verbreitert werden konnte und ihren Stiegencharakter beibehielt.

Abb. 404, 405 Schloßpark

Nordwesten zwischen Roxeler und Nienberger Straße (heute Steinfurter Straße) lagen kleinparzellierte Grundstücke, die als Gärten genutzt wurden.

In diesem Bereich befanden sich auch eine jüdische Begräbnisstätte und der Überwasserfriedhof, auf dem bis zu seiner Schließung 1886 Gemeindemitglieder des Kirchspiels Überwasser und Angehörige der Dompfarre sowie die Domherren ihre letzte Ruhestätte fanden.

Das Kapuzinerkloster hatte sich um die Mitte des 19. Jahrhunderts innerhalb des Gartenlandes zwischen Horstmarer Straße und Steinfurter Straße neu angesiedelt (Abb.406). Das alte Kloster, ursprünglich im Aegidiiviertel gelegen, war während der Säkularisierung aufgehoben und die baulichen Anlagen 1828 abgebrochen worden.

Zwei Verkehrswege von überörtlicher Bedeutung durchliefen das Vorstadtgebiet in nordwestliche Richtung: Der *„Weg nach Nienberge und Steinfurt"* (Steinfurter Straße) und die wesentlich ältere *„Horstmar Straße"* (Horstmarer Landweg). Diese war schon recht früh befestigt worden und in relativ gutem Zustand, weil hierüber ein wichtiger Handelsweg nach Holland geführt wurde.

Abb. 406 Das Kapuziner-Kloster, nahe der Steinfurter Straße.

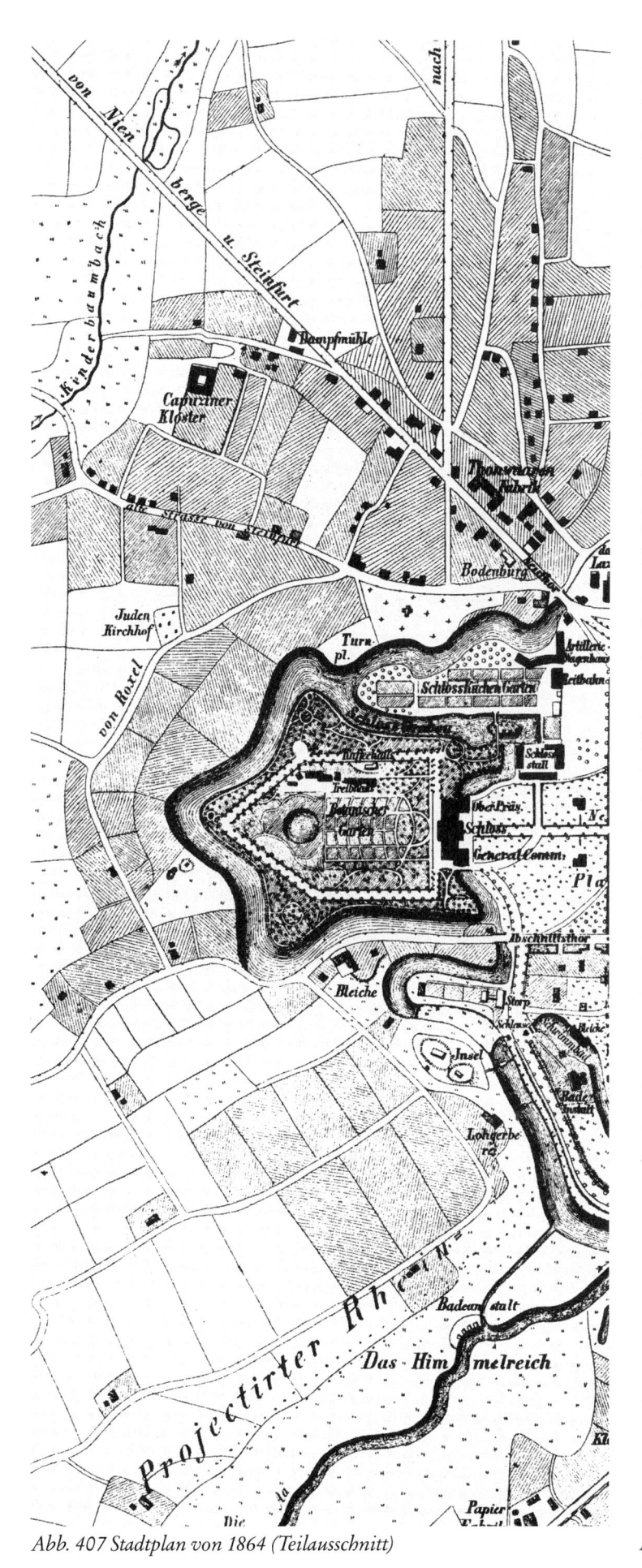

Abb. 407 Stadtplan von 1864 (Teilausschnitt) 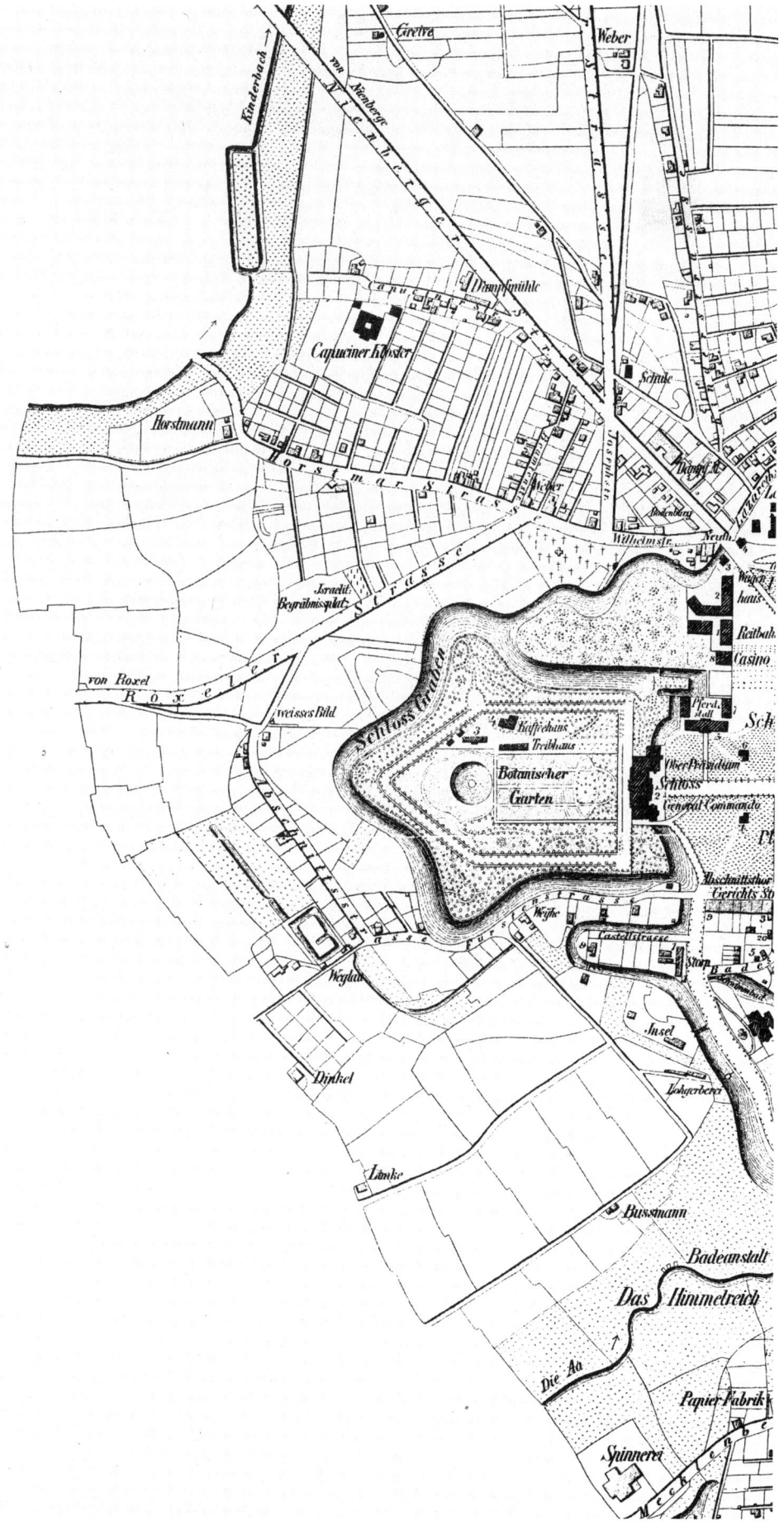 *Abb. 408 Stadtplan von 1873 (Teilausschnitt)*

Abb. 409 Stadtplan von 1883 (Teilausschnitt)

Abb. 410 Stadtplan von 1892 (Teilausschnitt)

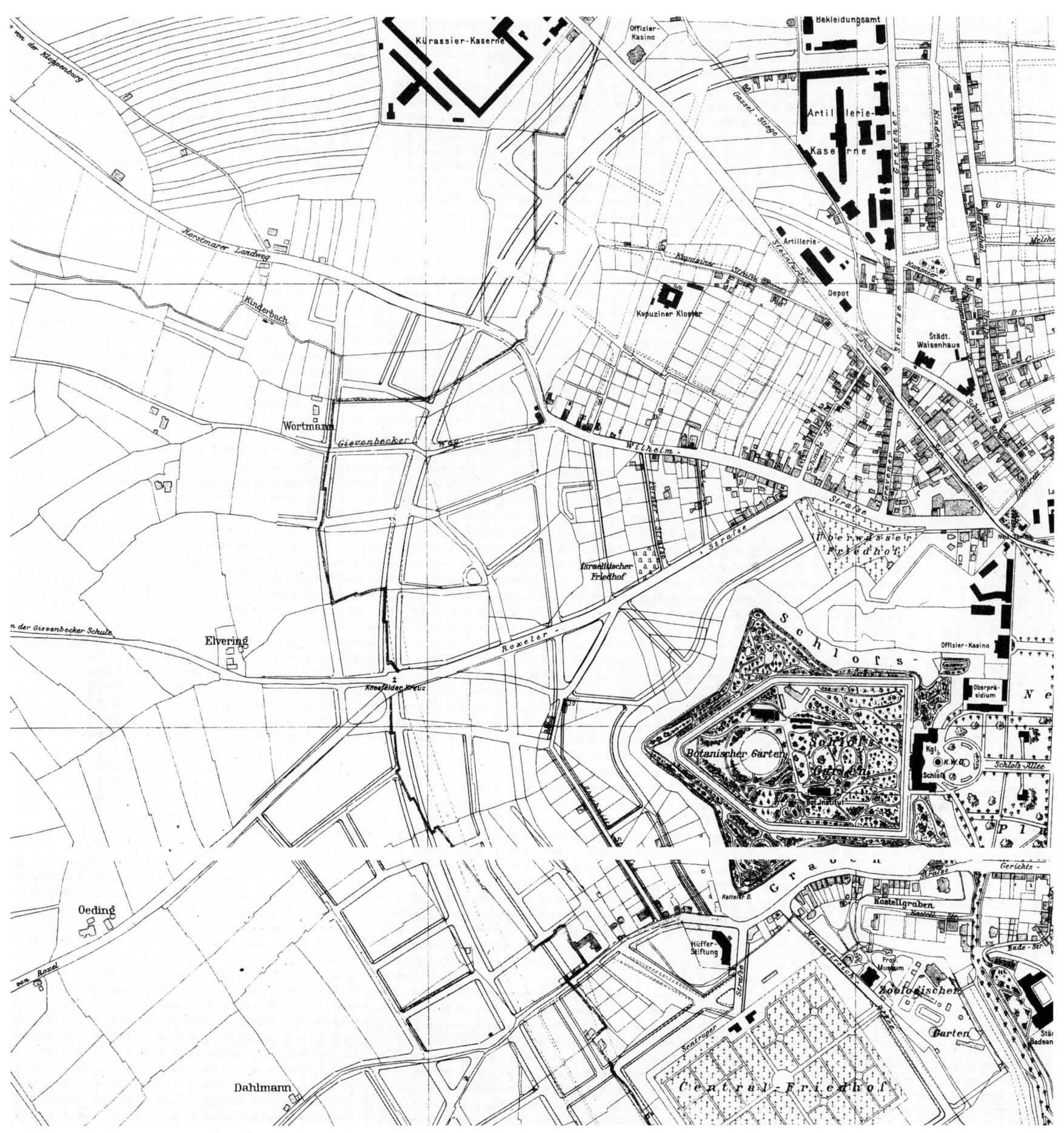

Abb. 411 Stadtplan von 1903 (Teilausschnitt)

1875 - 1918: Das westliche Umland erhält neue städtische Funktionen

In der gründerzeitlichen Ausbauphase erfuhr auch das westliche Vorstadtgebiet einen Wandel. Es war aber nicht so sehr die Wohnbebauung, die über die Wall- und Schloßanlagen hinauswuchs und die Siedlungsstrukturen veränderte. Vielmehr waren es einige große Einzelprojekte, die hier neu entstanden (Abb.409-412).

Bei der ersten Gebietsreform 1875 war die neue Stadtgrenze noch nicht weit nach Westen vorgeschoben worden, weil man in diesem Bereich keine großen städtebaulichen Entwicklungen erwartete. Erst 1903 bei der zweiten Eingemeindung wurde die gesamte Gievenbecker Bauernschaft in die Stadt eingegliedert, um sie später als privates oder öffentliches Bauland zu nutzen. Von dem großzügigen Bebauungsplan, der um die Jahrhundertwende entwickelt worden war, wurde nichts verwirklicht (Abb. 102). Nur die Planung einer Ringstraße wurde weiter verfolgt. Allerdings änderten sich im Laufe der Jahre immer wieder die Vorstellungen über den Verlauf der Trasse.

In den 80er und 90er Jahren intensivierte sich die Bautätigkeit im Nordwesten. Das kleine, in sich geschlossene Wohnviertel zwischen Wilhelm- und Steinfurter Straße hat bis heute noch etwas von seinem ursprünglichen Charakter erhalten können (Abb. 413). Neben einer Anzahl von Wohngebäuden findet man noch vereinzelt alte Remisen und kleine Stiegen aus jener Zeit. Auf einem Eckgrundstück an der Wilhelmstraße/Steinfurter Straße errichtete der Gastwirt Siegmann in den 90er Jahren die „*Münstersche Festhalle*", einen großen Ziegelsteinbau, an den sich ein Garten mit Musikpavillion anschloß (heute Standort einer großen Tankstelle). Im Dreieck zwischen Roxeler und Wilhelmstraße entstanden ebenfalls in enger Reihung neue Wohnhäuser.

Abb. 412 Stadtplan von 1914 (Teilausschnitt)

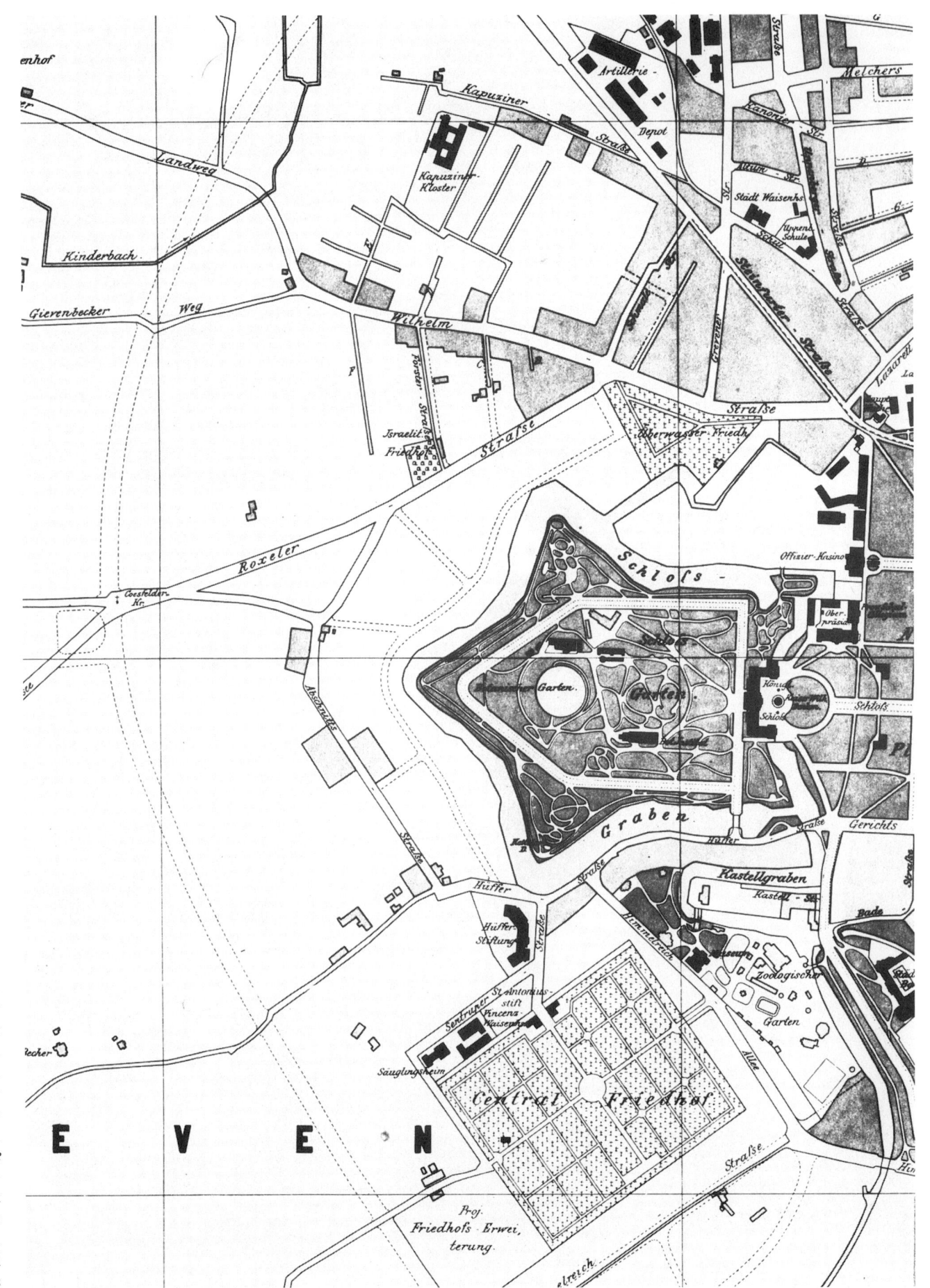

Eine Aufwertung erhielt dieses Wohngebiet, als 1902 die Straßenbahnlinie 1 (rote Linie) bis in die Höhe der Schmalen Straße geführt wurde, um die Kasernen an den öffentlichen Nahverkehr anzuschließen..

Bis 1914 war schließlich die Hüfferstraße südlich des Schloßgrabens fast geschlossen bebaut (Abb. 416). Auch westlich der Schloßanlage waren auf einigen Gartenparzellen mehrgeschossige Miethäuser für das gehobene Bürgertum errichtet worden (Abb. 417, 418).

Neben der Wohnbebauung, die in ihrer Gesamtheit nur wenig Fläche in Anspruch nahm, konzentrierte sich die Bautätigkeit auf einige große öffentliche Bauvorhaben, die die Siedlungsstrukturen im Westen noch heute prägen.

Abb. 413 Schmale Straße. Hier ist noch Bausubstanz aus der Zeit um die Jahrhundertwende erhalten geblieben.

Abb. 416 Hüfferstraße, im Hintergrund die breite Giebelfront des Hüfferstifts.

Abb. 414, 415 Kaiserzeitliche Wohnbauten an der Steinfurter Straße. Die hohen, dreieinhalbgeschossigen Mehrfamilienhäuser waren vor allem für Offiziersfamilien aus den nahegelegenen Kasernen bestimmt.

Abb. 417 Hittorfstraße, an dieser „Abschnittstraße", wie sie lange Zeit genannt wurde, begann die Bebauung um 1900.

Abb. 418 Haus an der Hittorfstraße.

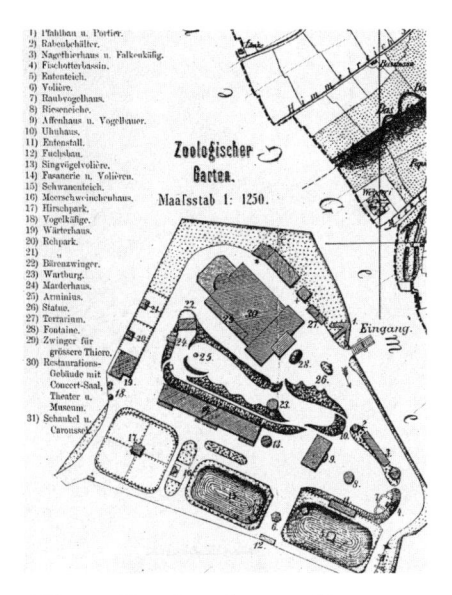

Abb. 419 Situationsplan vom Zoo, er war dem Stadtplan von 1883 beigefügt.

Abb. 421 Das Westfälische Provinzial-Museum für Naturkunde an der Himmelreichallee. Heute ist in dem Gebäude die Westfälische Schule für Musik untergebracht.

Zoologischer Garten: 1874, von Professor Hermann Landois gegründet und von der „*Abendgesellschaft Zoologischer Garten*" finanziell mitgefördert, lag der älteste Teil des Gartens auf der sogenannten „*Insel*" unmittelbar jenseits der Aa (Abb. 419). Hier wurde auch das Restaurationsgebäude mit Konzertsaal, Theater und Museum errichtet (Abb. 420). Bis zum Bau der Himmelreichallee war der Zoo nur über die Promenade erreichbar. Eine schmale Brücke über die Aa führte die Besucher zu den Gehegen.

Abb. 420 Der ursprüngliche Eingang zum Zoo mit Holzbrücke, Kassenhäuschen und Restaurationsgebäude.

1885 erwarb Professor Landois im Westen der Insel die Keller'sche Besitzung, auf deren Gelände 1891 das Westfälische-Provinzial-Museum für Naturkunde errichtet wurde (Abb. 421). Hier entstand auch das Raubtierhaus und das besonders markante Elefantenhaus (Abb. 422).
Für die zweite Erweiterung östlich der bestehenden Anlage hatte die Stadt die Fläche zum Teil zur Verfügung gestellt. Für diesen neuen Teil des Zoologischen Gartens besaß Landois weitreichende Pläne: Die Gebäude einer alten Lohgerberei sollten abgerissen und eine Radfahrbahn sowie eine „*Spielhalle für 4.-5.000 Personen*" aufgebaut werden. Die Projektierung eines „*Aa-Bassins (a la Alster)*" mit Möglichkeiten für den Ruder-, Segel- und Eissport zeigt, wie weit ihrer Zeit voraus diese

Abb. 422 Das Elefantenhaus erinnerte an einen orientalischen Palast.

Planung war (Abb. 423). Der Bau des Aasees ließ noch fast 40 Jahre auf sich warten. Tatsächlich entstanden im Ostteil des Zoos lediglich weitere Tiergehege.
Schon vor dem Ersten Weltkrieg bildete der Zoo nicht nur für Münsteraner, sondern auch für Bewohner aus dem weiteren Umkreis einen bedeutsamen Anziehungspunkt. Bis in die 70er Jahre dieses Jahrhunderts existierte er an dieser Stelle, dann mußte er dem Neubau der Landesbank weichen. Der neue Allwetterzoo auf der Südwestseite des Aasees wurde 1974 eröffnet.

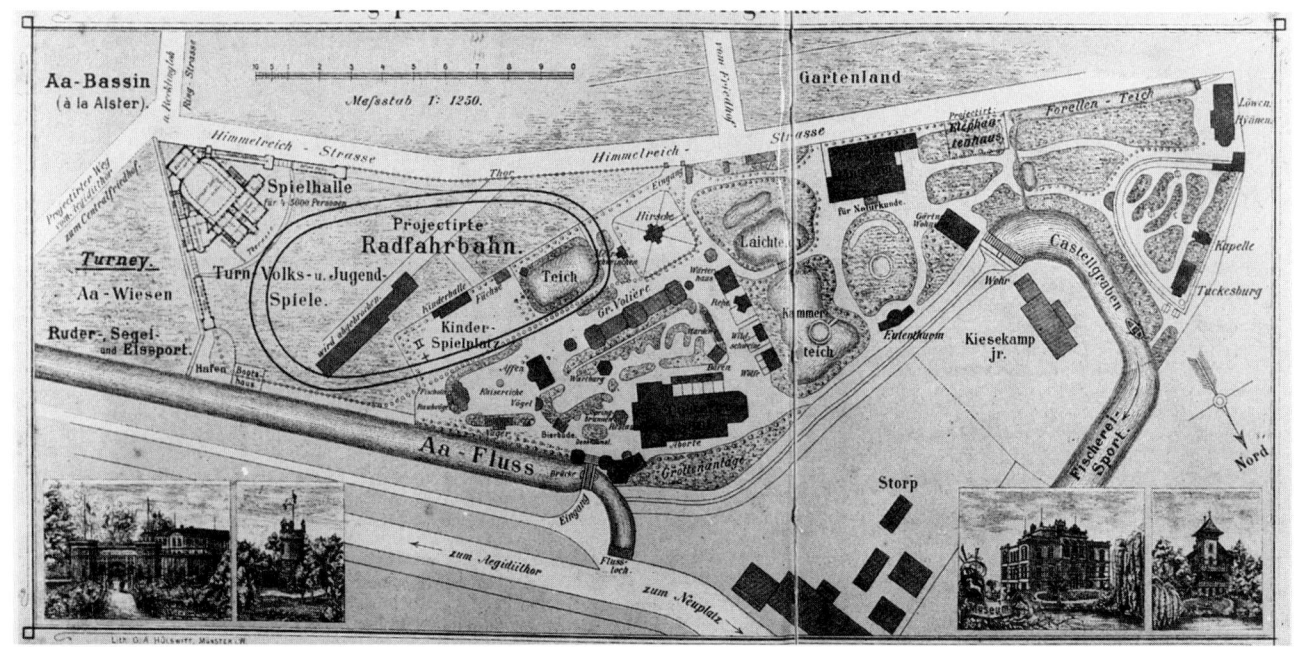

Abb. 423 Entwurf zur Erweiterung des Zoogeländes.

Abb. 424 Die Tuckesburg, Wohnsitz von Professor Hermann Landois.

Abb. 425 Friedhofseingang mit alten Portalen (Landoisstraße).

Abb. 426 Die orthopädische Heilanstalt „Hüffer-Stiftung".

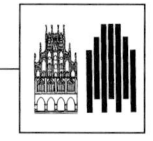

Zentralfriedhof: Das zweite Projekt, das unmittelbar westlich des Zoos in Angriff genommen wurde, war der Bau des Zentralfriedhofes (Abb. 425). Er wurde 1887 eröffnet. Grund für den Bau war die hoffnungslose Überbelegung der städtischen Friedhöfe, deren hygienische Bedingungen oftmals auch zu wünschen ließen. Der neue Friedhof war Eigentum der evangelischen und katholischen Kirchengemeinden, von denen jede einzelne auf dem Friedhofsgelände ein bestimmtes, durch die kreuzartig angelegten Wege räumlich klar abgegrenztes Begräbnisfeld besaß. Das große Friedhofskreuz war durch den Bildhauer Heinrich Fleige ausgeführt worden.

Die Anlage des Friedhofes auf den vorstädtischen Feldern machte eine gute Verkehrserschließung notwendig. Himmelreichallee und Sentruper Höhe waren die Zuwegungen zu den beiden großen Friedhofsportalen und zunächst nur von der Fürstenstraße (Hüfferstraße) zugänglich. Erst Anfang unseres Jahrhunderts wurde die Himmelreichallee bis zur Weseler Straße verlängert.

Bereits einige Jahre nach der Eröffnung war der Friedhof zu klein geworden. 1914 wurde er daher um ein Drittel seiner Fläche nach Westen erweitert. Aufgrund des ständig wachsenden Flächenbedarfs entschied man sich 1929 zum Bau eines neuen Friedhofes in der Lauheide östlich der Stadt. Diese Begräbnisstätte konnte aber erst 1942 fertiggestellt werden. 1942 wurde der Zentralfriedhof noch einmal nach Nordwesten erweitert, um die Bombenopfer des Zweiten Weltkrieges zu begraben. Der Friedhof selbst wurde im Zweiten Weltkrieg stark beschädigt.

Hüfferstift: 1903 wurde im Westen die Hüfferstiftung für Orthopädie errichtet. Dieser erste Klinikbau leitete damit den Prozeß der Konzentrierung von medizinischen Einrichtungen im westlichen Stadtteil ein (Abb. 426).

Bereits 1889 war in Münster die erste orthopädische Klinik gegründet worden. Sie hatte ihren Namen von den Stiftern Wilhelm und Eduard Hüffer erhalten, die zusammen mit dem Orthopäden Christoph Temminck eine Anstalt für *„arme und wenig bemittelte an krüppelhaften Gebrechen Leidende"* errichten wollten.

Abb. 427 Antonius-Stift und Vincenz-Waisenhaus.

Abb. 428 Kinderklinik an der Robert-Koch-Straße (früher Sentruper Straße).

Das erste Klinikgebäude an der Bergstraße Nr 65 erwies sich bald als zu klein und nicht erweiterungsfähig. 1899 wurde daher ein Grundstück für den Neubau einer Klinik an der Fürstenstraße erworben. Nach dem Bau des Hüfferstiftes wurde diese in Hüfferstraße umbenannt.

Zwischen 1901 und 1903 entstand nach den Plänen des Münsteraner Architekten Alexander Cazin das große, die Ecklage des Grundstükkes gut ausnutzende drei- und viergeschossige Gebäude. Die Fassade wie auch das gesamte Gebäude mit den Stilelementen der Neorenaissance weisen eine starke Symmetrie auf. Besonders markant ist die Giebelfront, an der Werkstein und Putz großflächig Verwendung fanden. Innen war die Klinik nach den modernsten medizinischen Erkenntnissen ausgestattet, mit Operations- und Turnsälen und Werkstätten. Sogar Röntgenuntersuchungen, die erst seit 1890 für die Medizin entdeckt worden waren, waren hier möglich.

Anfang der 30er Jahre wurde das Gebäude um Anbauten in einem neuen sachlichen Architekturstil erweitert. 1940 integrierte man die Hüfferstiftung in die Universitätskliniken. 1983 fand die Klinik einen neuen Standort in dem neu erbauten Großklinikum. Das alte Gebäude wird seitdem von der sozialwissenschaftlichen Fakultät der Fachhochschule genutzt.

Unweit des Hüfferstifts, zwischen Sentruper Straße (heute Robert-Koch- Straße) und den Mauern des Zentralfriedhofes errichtete der katholische Fürsorgeverein 1911 das Antoniusstift mit einem Säuglingsheim und Waisenhaus. Der Architekt war Alfred Hensen. Das Waisenhaus (Vinzenzheim) wurde vor dem Ersten Weltkrieg nach Handorf verlegt. Das Säuglingsheim wurde während des Zweiten Weltkrieges aufgelöst und die Gebäude in die Universität eingegliedert, die sie als Kinderklinik nutzte. (Abb. 427, 428).

Kürassierkaserne an der Steinfurter Straße: Der 1901 gebaute Kasernenkomplex prägt noch heute ganz entscheidend das Straßenbild am nordwestlichen Stadtrand Münsters und gilt als eines der best erhaltensten Zeugnisse preußischer Militärarchitektur (Abb. 429-431, 434).

Ursprünglich war das preußische Kürassierregiment im früheren Gardehotel am Krummen Timpen und seit 1849 in der Kaserne am Rosenplatz untergebracht. Die beengten Räumlichkeiten veranlaßten die Militärbehörden schließlich zu einem Neubau an der Steinfurter Straße. Im unmittelbaren Einzugsbereich dieser Ausfallstraße war bereits das Artilleriedepot stationiert.

Zwischen 1898 und 1901 entstand nun weit vor dem Neutor die großzügig angelegte Kaserne mit den dazugehörigen Stallungen, Hufschmiede und Wagenremisen sowie dem weiträumigen Exerzierplatz. Die Hauptgebäude entlang der Steinfurter Straße wurden in Ziegelbauweise errichtet mit sparsam verwendeten Stilelementen der Neorenaissance.

Gegenüber der Kaserne wurden etwa gleichzeitig die Gaststätten „Driesen" und „Zum Kronprinzen" und etwas weiter stadteinwärts das repräsentative Offizierskasino, heute ABC-Schützenhof, erbaut (Abb. 432, 433, 435, 436).

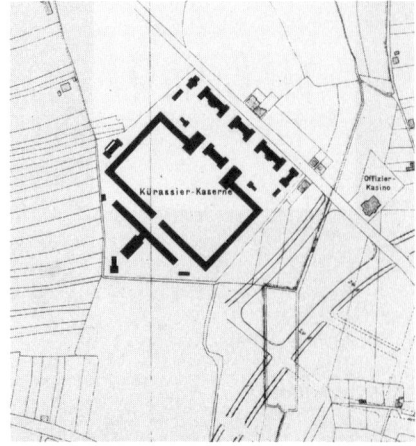

Abb. 429 Kürassierkaserne an der Steinfurter Straße, Ausschnitt Stadtplan von 1903.

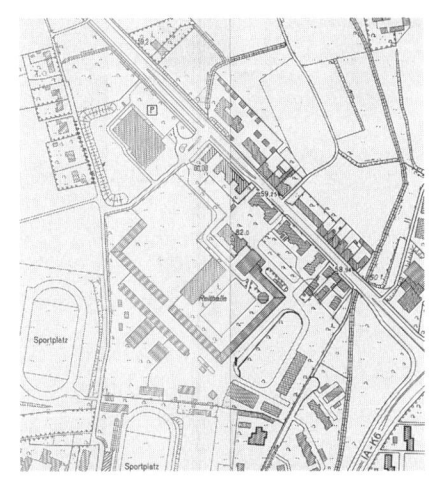

Abb. 430 Kürassierkaserne heute. Der nordwestliche Teil des Stalltraktes wurde abgerissen.

Abb. 431 Die hohen, dunkelroten Ziegelsteinbauten prägen entscheidend das Straßenbild.

Abb. 432 Etwa gleichzeitig mit dem Bau der Kaserne wurden zwei Gasthöfe errichtet (Steinfurter Straße 98, 100).

Abb. 433 Die beiden Gaststätten in ihrer heutigen Ansicht.

Bis heute ist der Kasernenkomplex architektonisch nur wenig verändert worden. Nach wie vor vermitteln die fünf drei- bis viergeschossigen Hauptgebäude einen geschlossenen Gesamteindruck. Die seitlichen Bauten wenden ihre Schmalseite der Straße zu und begrenzen durch ihre Tiefenwirkung in das Grundstück hinein optisch den Baublock, während die drei mittleren Gebäude, die mit ihrer Längsseite die Straße begleiten, dem Gesamtobjekt seine repräsentative Breite verleihen. Nur noch teilweise von der Bundeswehr genutzt, sind heute in einigen Gebäuden Privatwohnungen, Universitätsinstitute und Künstlerateliers untergebracht. Die Ställe und Remisen haben zu einem großen Teil ihre ursprüngliche Funktion beibehalten: sie werden von der Westfälischen Reit- und Fahrschule genutzt.

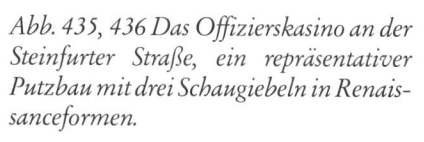

Abb. 434 Rückseite der Hauptgebäude.

Abb. 435, 436 Das Offizierskasino an der Steinfurter Straße, ein repräsentativer Putzbau mit drei Schaugiebeln in Renaissanceformen.

1918 - 1939: Mit dem Bau des Aasees und der Universitätskliniken entstehen exponierte städtebauliche Projekte

In die Bauperiode der Zwischenkriegsjahre fällt die Errichtung des Universitätsklinikums sowie die Anlage des Aasees, zwei Projekte, die wesentliche Impulse für die weitere Siedlungsentwicklung der Stadt gegeben haben. Hiermit wurde der Grundstein gelegt für die großflächige Herausbildung eines naturwissenschaftlich orientierten Universitätssektors und eines großzügigen Freizeit- und Naherholungsbereiches im Westen. Die Wohnbautätigkeit blieb auch während dieser Periode weit hinter der Entwicklung in den anderen Stadtteilen zurück (Abb.437-441). Die nach 1933 begonnenen Planungen für ein weitläufiges Gau- und Parteiforum, das sich nordwestlich des Aasees bis nach Gievenbeck erstrecken sollte, wurden bis auf den monumentalen Bau des Standortlazaretts an der Von-Esmarch- Straße - heute als Universitätshautklinik und britisches Militärhospital genutzt (Abb. 38) - nicht verwirklicht.

Bau der Kliniken: Bei der Wiedereröffnung der münsterschen Universität Anfang dieses Jahrhunderts standen den medizinischen Einrichtungen nur sehr begrenzte Räumlichkeiten zur Verfügung. Zunächst in der ehemaligen Kürassierkaserne am Krummen Timpen untergebracht, wechselten sie 1912/13 in ein neues Gebäude an der Johannisstraße. Aber auch dies war nur ein Provisorium. 1914 wurde der Universität schließlich nach langen Verhandlungen die Genehmigung für die Planung und den Bau eines neuen Klinikums erteilt, das der Krankenfürsorge sowie der Forschung und Lehre dienen sollte. Als Baugrund hatte man die westlich

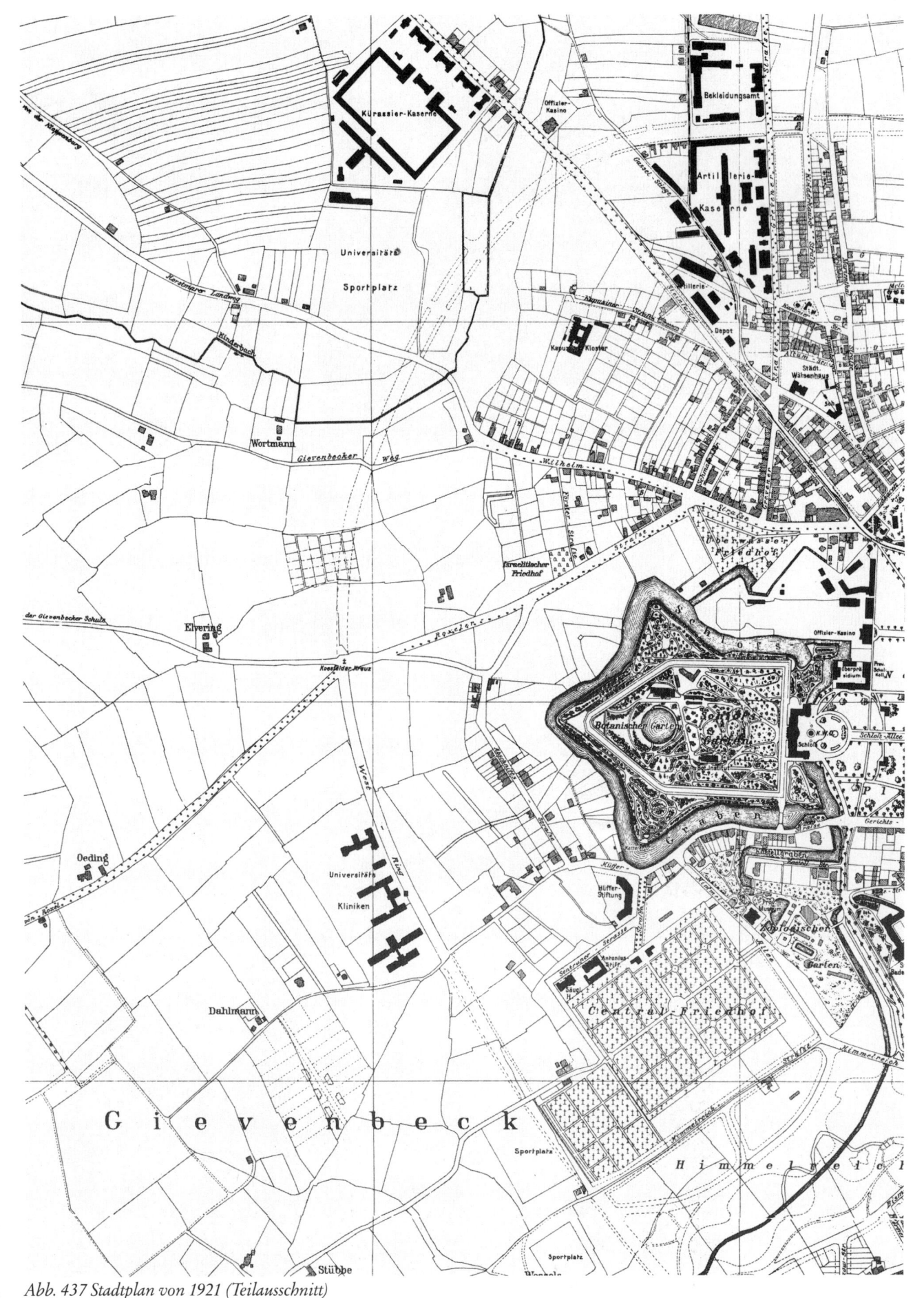

Abb. 437 Stadtplan von 1921 (Teilausschnitt)

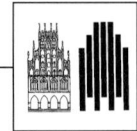

Abb. 438
Stadtplan von 1925 (Teilausschnitt)

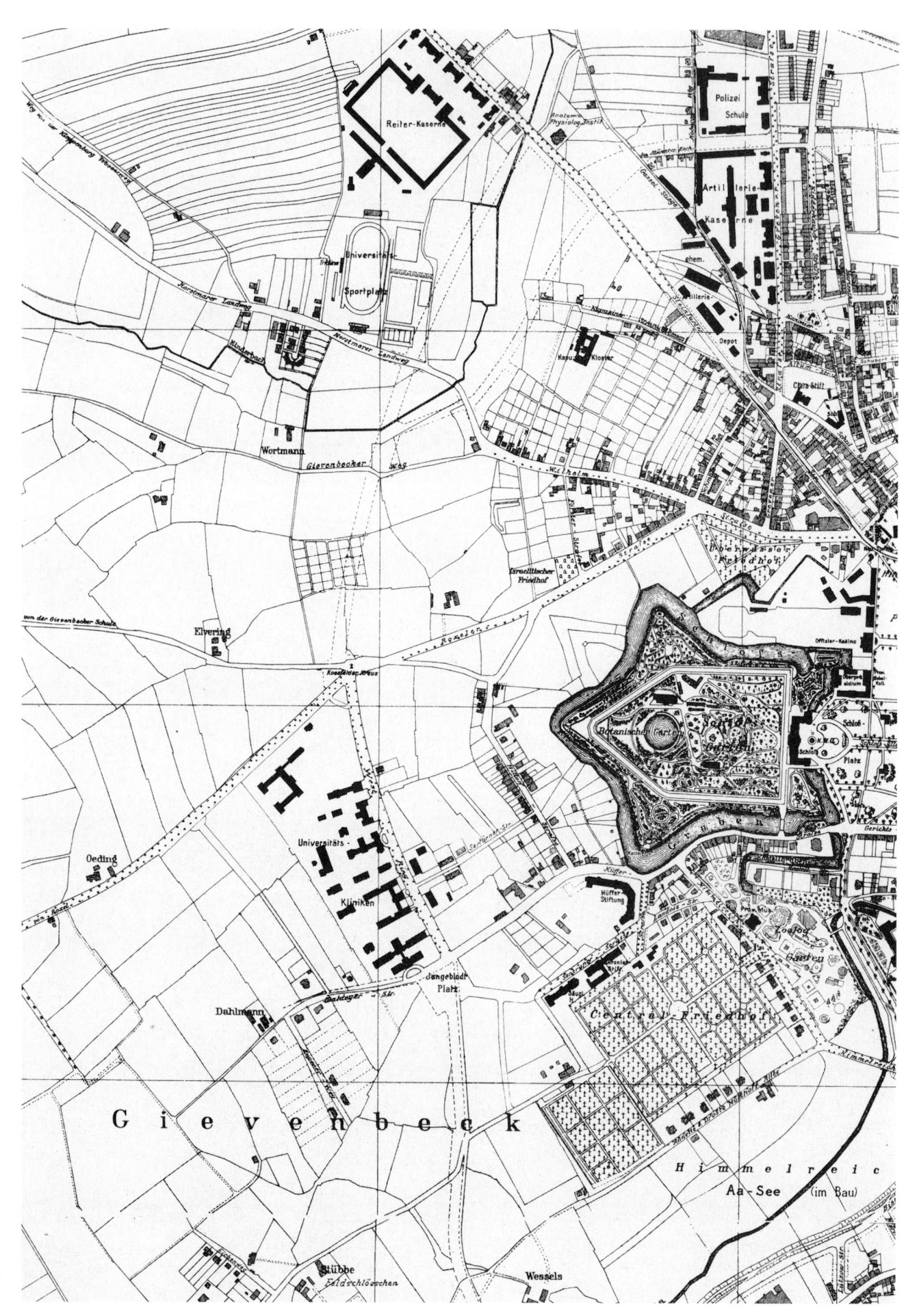

*Abb. 439
Stadtplan von 1930 (Teilausschnitt)*

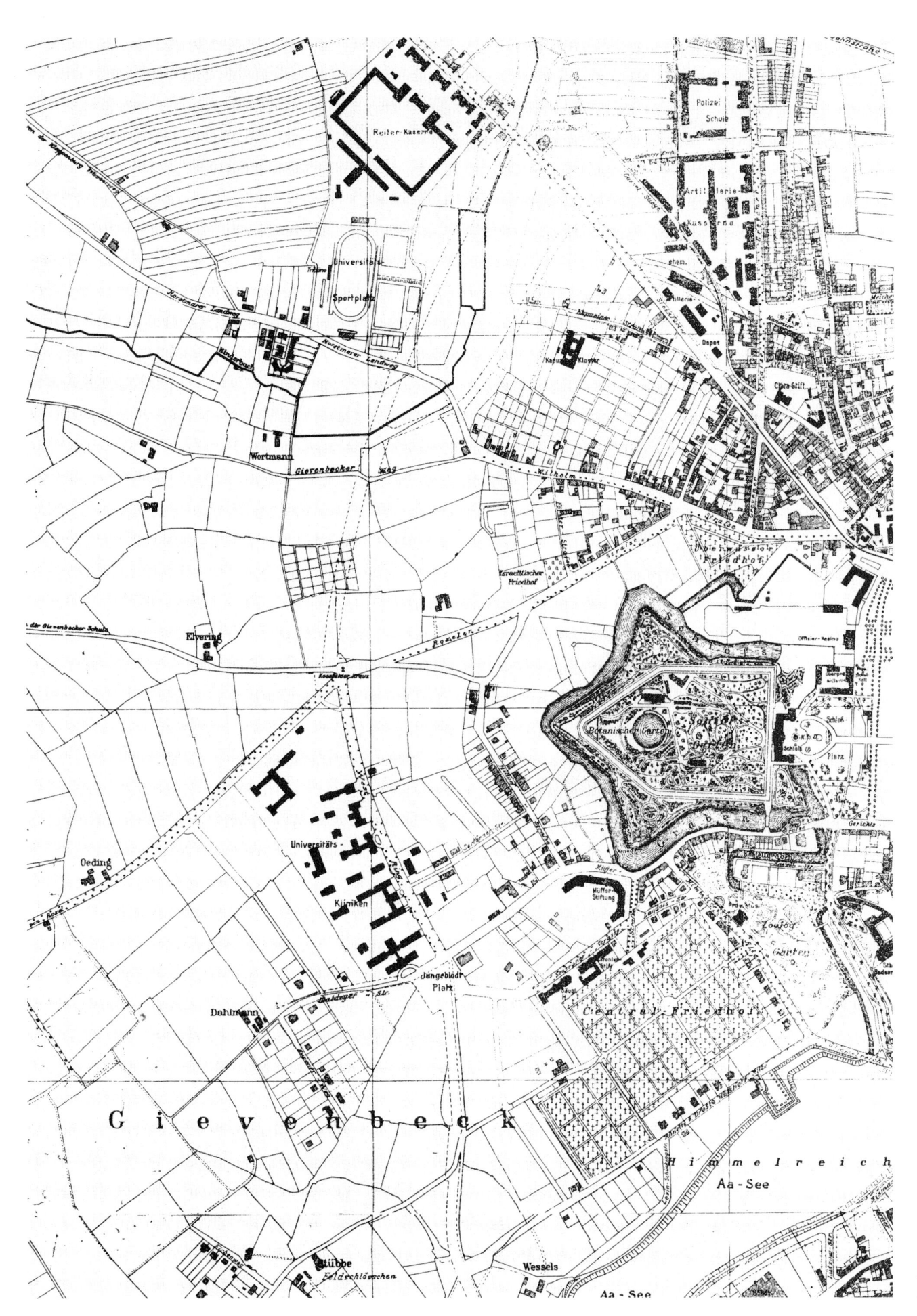

Abb. 440
Stadtplan von 1934 (Teilausschnitt)

Abb. 441 Stadtplan von 1939 (Teilausschnitt)

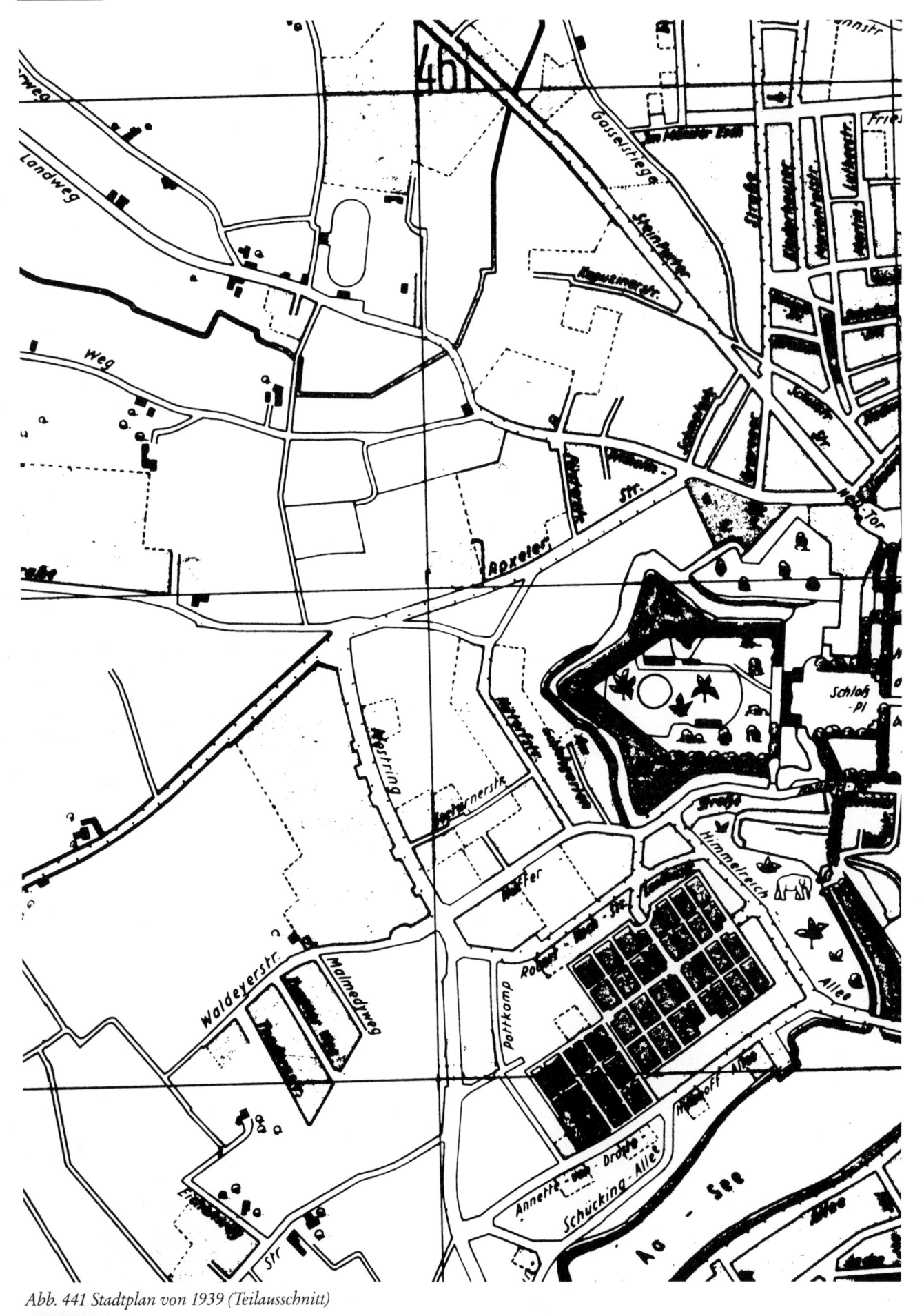

des Schlosses liegenden Ländereien des Studienfonds vorgesehen, ein Gelände, das bis dahin noch völlig unerschlossen war. Im Jahr der Genehmigung begann man bereits mit den Bauarbeiten, sie mußten aber im Kriegsjahr 1916 eingestellt werden. Nach Kriegsende erfolgte der Weiterbau. 1925 wurden die Kliniken dann eröffnet. In einem zweiten Bauabschnitt, zwischen 1927 und 1932, errichtete man die Gebäude der psychatrischen und Nervenklinik. Als Architekten des Klinikums zeichneten die Regierungsbaumeister Schindowski und Thür, später der Regierungsbaurat Weisgerber verantwortlich.

Das neue Klinikum umfaßte vier Klinikbauten: einen für die Chirurgie und Hals-Nasen-Ohren-Medizin, einen für die Innere und Allgemeinmedizin, in dem auch die Kinderklinik bis 1940 untergebracht war, und je einen für Frauen- und Augenheilkunde. Jede Klinik erhielt sogenannte Absonderungsbaracken (Isolierstationen). Außerdem wurden vier Institutsgebäude (Pathologie, Gerichtsmedizin, Hygiene und Pharmakologie), ein Verwaltungsgebäude, drei technische Gebäude (Küche, Wäscherei, Heizungs- und Wasserzentrale) und zwei Dozentenhäuser (an der Sertürner Straße) errichtet (Abb. 442-443).

Der gesamte Komplex stand nur in einem sehr lockeren städtebaulichen Zusammenhang mit der Stadt, durch die beiden Verkehrsverbindungen, der Roxeler Straße im Norden und der Hüfferstraße im Süden vorgegeben. Er bildete eine eigene städtebauliche Einheit (Abb. 440).

Als Hauptschließungsstraße wurde zunächst der Westring - als Teil des geplanten Ringstraßensystems - gebaut, an dessen Westseite die Kliniken teils als traufenständige, teils als giebelständige Bauten aufgereiht waren. Auf der rückwärtigen Seite der Gebäude verlief eine kleine, nord-süd- gerichtete Straße, an der die Isolierstationen und die Wirtschaftsgebäude lagen. Begrenzt wurde das Klinikgelände nach Westen durch eine Baumreihe.

Ein kleiner Feldweg, der rechtwinklig vom Schloßgarten auf die Ringstraße zulief, wurde im Zuge des Klinikbaus ausgebaut, obwohl er keine

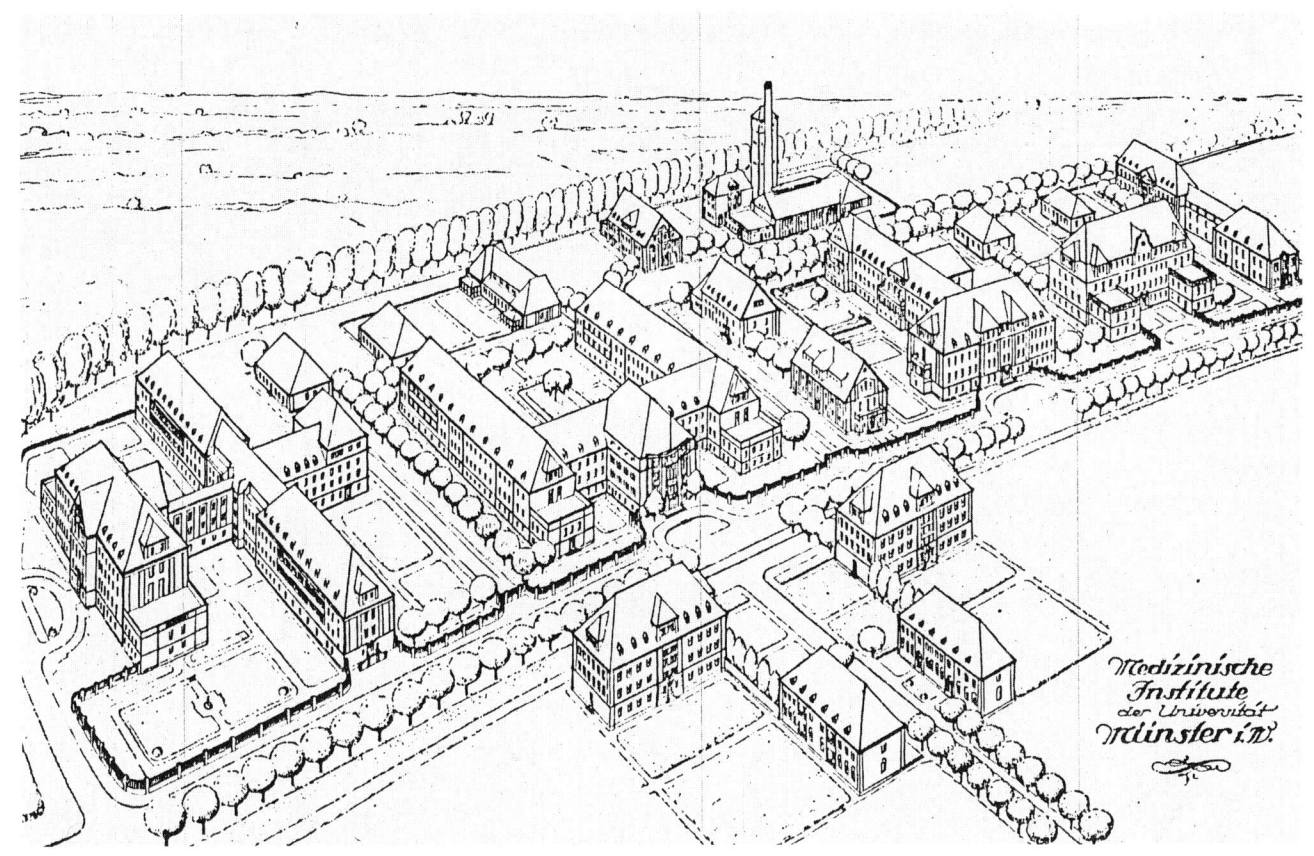

Abb. 442 Isometrische Darstellung der Kliniken um 1925.

Abb. 443 Gesamtkomplex Universitätsklinikum.

Abb. 444 Blick von der Sertürner Straße auf die Medizinische Klinik, um 1925. Diese Ansicht verrät die architektonische Anlehnung an J. C. Schlaun.

Abb. 445 Medizinische Klinik auf einer alten Fotografie, Ansicht vom Westring.

große verkehrstechnische Bedeutung besaß (Sertürner Straße). Seine Aufwertung war aber ein Teil des architektonischen Konzeptes, denn er weist in Richtung auf das barocke Schloß, das nach den Aussagen der Architekten Vorbild für die neue Klinikanlage war (Abb. 444).

Zentraler Punkt des Klinikums war die zu einem Platz ausgestaltete Einmündung der Sertürner Straße in die Ringstraße. Die Bebauung setzte mit den zwei traufenständigen Dozentenhäusern an der Sertürner Straße ein, dann folgten die zurückgesetzten Institutsgebäude der Pharmakologie und Hygiene. Den Höhepunkt bildete als Kopfbau, das einem barocken Schloß ähnliche Gebäude der medizinischen Klinik (Abb. 445, 446). Es erhielt als einziges einen

Abb. 446 Die Medizinische Klinik mit ihrem vorspringendem Hauptportal.

Abb. 447 Die Frauenklinik

Abb. 449 Blick auf die Kliniken.

weit vorspringenden Mitteltrakt von drei Geschossen und Attika. Dieses achsiale Konzept war architektonisch so gewollt: es stellt die Bedeutung der medizinischen Fächer heraus, wobei der Inneren Medizin als der *„Königin der Medizin"* der vornehmste Platz in dem zentralen Gebäude zukam.

Die weitere Anordnung der Gebäude ergab sich vor allem mit Rücksicht auf Zweckmäßigkeit und Raumbedarf. Schon kurze Zeit nach Inbetriebnahme gehörten die Universitätskliniken zu den bedeutensten Krankenanstalten mit einem Einzugsbereich weit über die Stadt hinaus (Abb. 447- 451).

Heute ist der städtebauliche Gesamteindruck, der den Komplex besonders auszeichnete, erheblich gestört. Die Verlagerung und Verbreiterung des Westringes führte zum Abriß der beiden Dozentenhäuser, so daß der architektonische Auftakt der Gesamtanlage heute nicht mehr vorhanden ist. Auch eine optische Abgrenzung der Klinikanlage fehlt heute. Im Osten wurde die Umfassungsmauer mit ihren Pfeilern und Gittern zum größten Teil entfernt. Ebenso verschwand die Baumreihe als westlicher Abschluß. Ohne deutliche Trennung schließt hier das Großklinikum an die alten Gebäudekomplexe an. Erweiterungs- und Anbauten haben die Sinnbezüge der alten Gebäude vielfach aufgehoben und das Gesamterscheinungsbild stark verändert.

Abb. 450 Der Westring

Abb. 448 Die Augenklinik. Die drei Klinikgebäude wurden zwischen 1915 und 1925 im neubarocken Baustil mit jeweils unterschiedlichen gestalterischen Elementen erstellt.

Abb. 451 Universitätsnervenklinik. Sie wurde in einem zweiten Bauabschnitt zwischen 1927 und 1932 fertiggestellt.

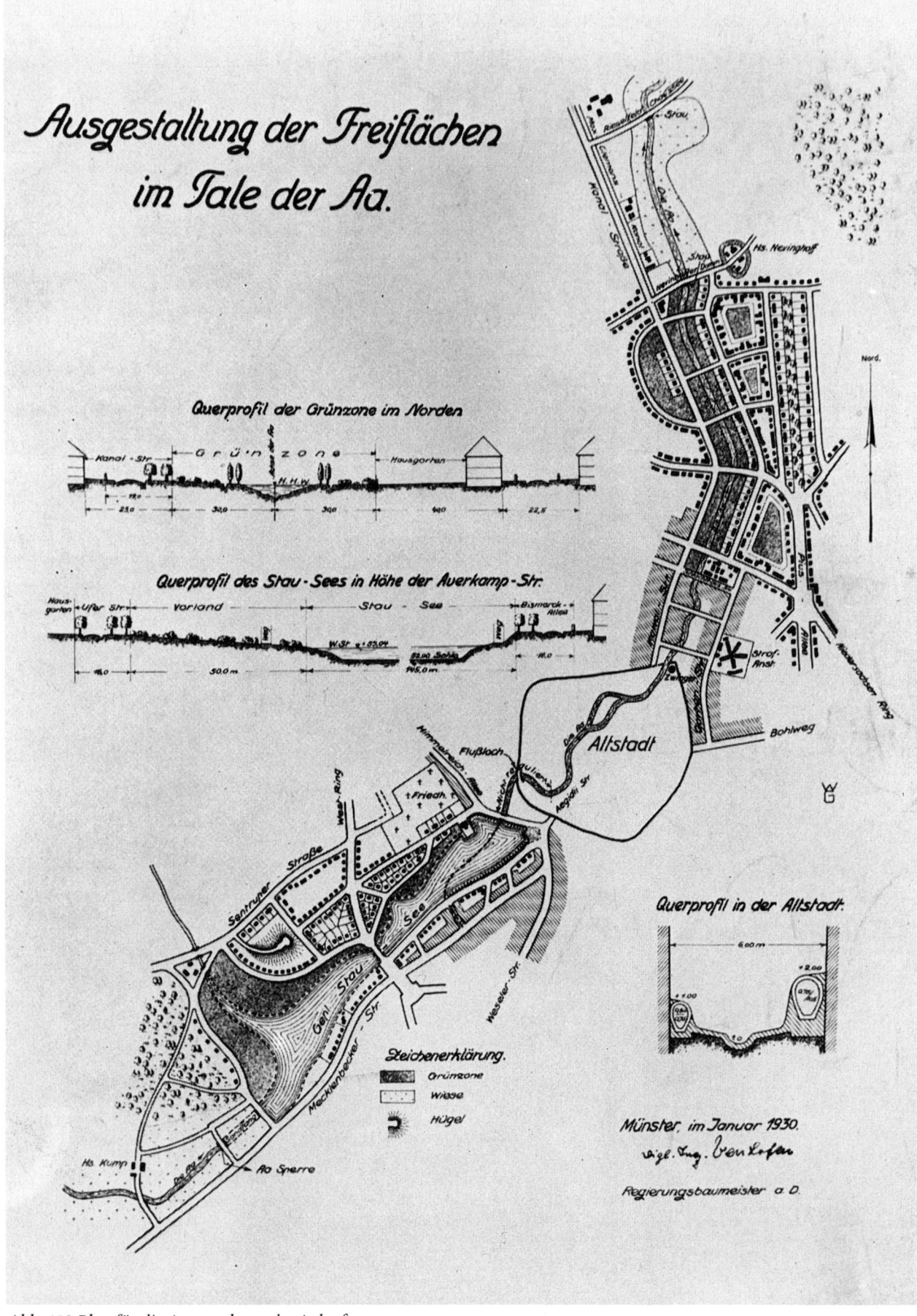

Abb. 452 Plan für die Ausgestaltung des Aalaufs.

Bau des Aasees: Zwischen 1926 und 1931 wurde der Aasee angelegt (Abb. 452, 453). Immer wieder hatten jahreszeitlich bedingte Hochwässer zu schweren Schäden in der Stadt geführt. Versumpfte Wiesen, überflutete Straßen und Keller, besonders im unteren Lauf der Aa im Nordviertel, machten eine Regulierung des Flusses besonders dringlich.

Mit dem Bau des Aasees verfolgte man vor allem zwei Ziele: zum einen sollte der zukünftige See als Rückstaubecken die Stadt vor Hochwasser schützen und in Zeiten geringer Wasserführung der Aa durch zeitweilige Wasserabgabe eine Spülwirkung des Flußbettes erreicht werden. Zum anderen sollte endlich das häßliche Bild der versumpften Aawiesen verschwinden. Man wollte hier ein attraktives Naherholungsgebiet schaffen, das der Bereicherung des gesamten Stadtbildes dienen sollte. „*Wuchtige Höhen können wir in Münster nicht künstlich schaffen, dafür aber müssen Wasserflächen an jeder möglichen Stelle zur natürlichen Bereicherung des Stadtbildes herangezogen werden.*" (C. Brand: 10 Jahre neuzeitliche Stadtplanung, in: Monographie deutscher Städte, 1930, S. 104).

Bereits vor dem Ersten Weltkrieg war die Ausgestaltung der Aaniederung zu einer Wasserfläche in Aussicht genommen worden. Allerdings sollte dies nur in sehr beschränktem Umfang geschehen. Nach Westen wäre der See durch einen hohen Damm der Ringstraße, die damals noch unmittelbar westlich des Zentralfriedhofes vorgesehen war, abgegrenzt worden.

Die Planungen, die 1925 unter der Leitung des Regierungsbaumeisters Venhofen vorgenommen wurden, waren weitaus großzügiger und sahen den Aasee bereits in seiner heutigen Ausdehnung und Gestalt vor (Abb. 452). Tatsächlich wurde bis 1931 aber nur die erste Planungsstufe realisiert, die bis zur vom Regierungsbaumeister Alfred Hensen entworfenen Torminbrücke reichte. Ihren Namen erhielt die Brücke nach dem damaligen Leiter der städtischen Betriebswerke Richard Tormin.

Um der Wasserfläche einen möglichst natürlichen Charakter zu ver-

Abb. 453 Ausbau des Aasees.

Abb. 455 Oberbürgermeister Sperrlich und Stadtbaurat Schirmeyer beim Durchstich des Dammes nach Fertigstellung des II. Bauabschnitts im Dezember 1931.

leihen, paßte man die Uferlinie dem vorhandenen Geländerelief an. Im stadtnahen Bereich wurde der Uferrand durch eine Freitreppe und eine in den See hineinragende Platzanlage sowie durch einen kleinen Bootshafen architektonisch gestaltet. Zur Torminbrücke hin reichten dann landschaftlich gestaltete Grünflächen bis an die Wasserfläche heran. Durch die hinter den parkähnlichen Uferbereichen einsetzende Bebauung erhielt der See eine städtebauliche Fassung und gewann auf diese Weise den Charakter eines „*Binnensees*", was durch die geschlossene Form der Torminbrücke noch verstärkt wurde (Abb. 456). Zu den Erdarbeiten wurden Arbeitslose im Rahmen eines Arbeitsbeschaffungsprogramms herangezogen.

Abb. 454 Nordwestlicher Teil des Aasees.

Abb. 456 Aasee, noch mit der alten Torminbrücke. Im Juli 1936 eröffnete die Stadt unmitelbar westlich der Brücke ein Freibad, das aber bereits wenige Jahre später aus sanitären Gründen wieder geschlossen werden mußte.

Abb. 457 1927 baute Gustav Wolf im Auftrag der Gemeinnützigen- Wohnstätten-Gesellschaft die zwei Professorenhäuser an der Hittorfstraße (1928 folgte ein weiteres an der Sertürner Straße). Dieses Projekt war für die Siedlungsgesellschaft eher untypisch, hatte sie sich doch dem gemeinnützigen Wohnungsbau verschrieben, um Wohnraum für sozial Schwächere zu schaffen.

Abb. 458 Wohnhaus an der Hittorfstraße, Architekten Wethmar und Ostermann, Münster.

Abb. 459 Wohnhaus an der Hittorfstraße, Architekten G. Diening und Söhne, Münster.

Wohnungsbau in der Zwischenkriegszeit: Die Wohnbautätigkeit blieb auch während der dritten Phase der Stadterweiterung weit hinter der Entwicklung der übrigen Stadtteile zurück. Gründe dafür lagen vor allem in der fehlenden Versorgung des Westgebietes mit Wasser, Gas und Licht - erst ab 1930 wurden die städtischen Versorgungsleitungen bis dorthin ausgebaut - und der schlechten Verkehrsanbindung an die Kernstadt. 1924 hatten Bürger des Westviertels daher die Interessengemeinschaft „*Münster-West*" gegründet, die sich für die Verbesserung der Wohn- und Infrastrukturbedingungen einsetzte.

Neue Wohngebäude, zum Teil mit Villencharakter entstanden Anfang der 20er Jahre an der Himmelreich- und Annetteallee sowie nördlich des Zentralfriedhofes an der neu angelegten Landoisstraße. Auch an der Hittorfstraße wurden die Grundstücke bis zum Kriegsbeginn fast vollständig bebaut (Abb.457-459). Kleinere Siedlungseinheiten ohne jeden städtebaulichen Bezug zu bereits bestehenden Wohnvierteln waren weit draußen in der Feldmark an der Sentruper Straße und südlich des neuen Universitätssportplatzes am Horstmarer Landweg angelegt worden.

Ende der 20er Jahre, noch bevor Planungen für ein Universitäts- und später für ein Gauzentrum zur Diskussion gestellt wurden, setzten erste Überlegungen zur städtebaulichen Entwicklung des Stadtgebiets ein, deren Konzepte in den 50er und 60er Jahren zum Teil tatsächlich verwirklicht wurden. Einige Münsteraner Architekten hatten sich zusammengefunden, um zwar nach einheitlichen Gesichtspunkten, aber trotzdem unter völliger Wahrung der Eigenständigkeit jedes Einzelnen eine Ausstellung zum Thema „*Das Einfamilienhaus des Mittelstandes*" zusammenzustellen.

Ziel war es, sozusagen als Gegenentwurf zum gemeinnützigen Siedlungsbau auf der Geist ein Wohnviertel für gehobene Ansprüche zu erstellen, um „*gute Steuerzahler an sich zu ziehen und zu versuchen, sie in Eigenheimen ansässig zu machen.*" (Alfred Hensen, in: Das schöne Münster, 1931, H.3 S.119). Das Gebiet westlich der Kliniken bot sich nach Meinung der Architekten als Villenvorort hervorragend an: mit breiten Grünzonen, der Nähe zum Aasee und guten Erweiterungsmöglichkeiten nach Westen. Der erste Entwurf für das Villenviertel bezog sich auf das Gelände südlich der Waldeyerstraße zwischen Malmedyweg und Tondernstraße (Abb. 460). Die bereits vorhandenen villenartigen Häuser, die zwischen 1927 und 1930 von dem Architekten Reiche erbaut worden waren, wurden in die Planung miteinbezogen.

Die Ideen des Bauhauses - Zweckmäßigkeit und Nüchternheit zum einen, Freizügigkeit und Großräumigkeit zum anderen - bestimmten die Entwürfe der beteiligten Architekten (Abb. 461). Die beginnende Weltwirtschaftskrise verhinderte die Verwirklichung der Villenvorstadt West.

Vor dem Zweiten Weltkrieg entstanden nur wenige Einfamilienhäuser in diesem Viertel (Eupener Straße, Malmedyweg, Waldeyer Straße) (Abb. 462- 463). Erst in den 50er Jahre wurde dieser Bereich großflächig bebaut.

Blieb der Wohnungsbau für gehobene Wohnansprüche hinter den Erwartungen zurück, so setzte, wie in den übrigen Stadtteilen, der Bau von sogenannten „*Volkswohnungen*" oder Kleinsiedlerstellen für Arbeitslose und sozial Schwache ein. Auf diese Weise entstand Ende der 30er Jahre die Siedlung westlich des Gievenbachs mit den Straßenzügen Deipenfohr, Unnerste Meer und Boverste Meer (Abb.464).

Abb. 462, 463 Wohnhäuser an der Waldeyerstraße und am Eupener Weg. Die Sentruper Höhe entwickelte sich in den 30er Jahren zu einem begehrten Wohnviertel, nicht zuletzt aufgrund ihrer unmittelbaren Nähe zu den Kliniken und zum Naherholungsbereich rund um den Aasee.

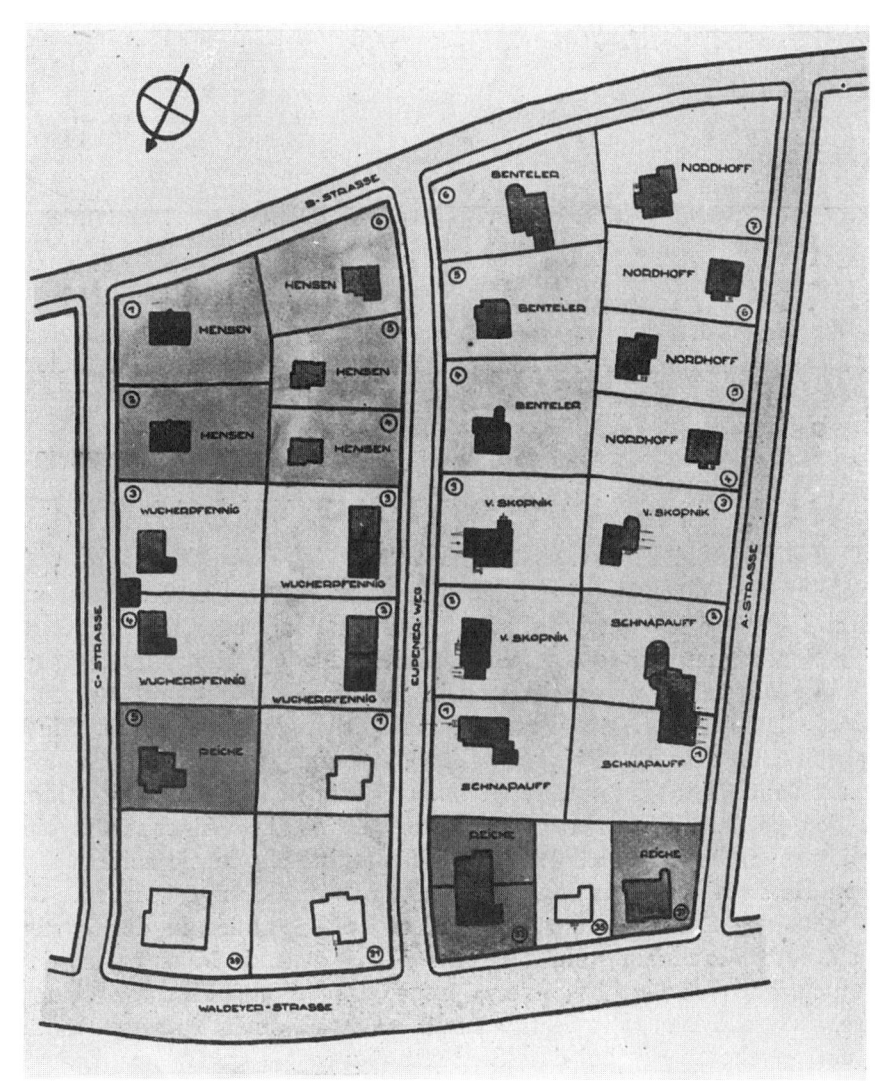

Abb. 460 Lageplan des Ausstellungsmodells „Villenvorort Münster-West".

Abb. 461 Modell „Villenvorort Münster-West".

Abb. 464 Siedlungshäuschen Boverste Meer, Gievenbeck.

Schlußwort

Der Bombenkrieg auf Münster, der am 16.Mai 1940 begann und mit einem letzten großen Angriff am 25.5.1945 endete, forderte nicht nur viele Menschenleben, er vernichtete auch einen Großteil der baulichen Substanz und Infrastruktur.

Die historische Altstadt war zu fast 90%, die übrigen Stadtbereiche zu 63% zerstört. Besonders hart getroffen waren dabei die dicht besiedelten Viertel im Süden und Südosten. In den ersten Nachkriegsjahren waren Trümmerbeseitigung und Wiederaufbau oberstes Ziel, um der akuten Wohnungsnot zu begegnen.

1949 wurde dann zum ersten Mal der Wohnungsneubau wieder öffentlich gefördert. In den Fünfziger Jahren entstanden so die ersten, kleinen Siedlungen am Rande der Vorkriegsbebauung. Anfang der sechziger Jahre, nachdem der Wiederaufbau weitestgehend abgeschlossen war, wurden schließlich neue städtebauliche Konzepte entworfen, die den großzügigen Siedlungsausbau zum Inhalt hatten.

In einem weiteren Band zur Stadtentwicklung Münsters wird diese Phase der Stadtplanung und des Städtebaus - von der Nachkriegszeit bis zur Gegenwart - ausführlich dokumentiert werden.

Schrifttum

Albsmeier, W.; Münster. Metropole Westfalens; Münster 1977

Albsmeier, W.; Die Geist. Vom „Ur-Esch" zur vielgestaltigen Stadtlandschaft; in: 1879 - 1979. Schützenbrüderschaft Heilig Geist (Hg.); Münster 1979, S. 81 - 133

Albsmeier, W.; Die westliche Geist; in: 50 Jahre Miteinander. 1937 - 1987, Siedlungsgemeinschaft Duesbergweg; (Festschrift), Münster 1987

Albers, G.; Städtebau und Menschenbild. Zur Entwicklung der Leitvorstellungen in der Raumplanung seit der industriellen Revolution; in: Neue Anthropologie; Stuttgart 1972, S. 223 ff.

Albers, G; Entwicklungslinien im Städtebau. Ideen, Thesen, Aussagen. 1875 - 1945; Bauwelt Fundamente 46; Düsseldorf 1975

Baumeister, A.; Die Bebauung des Kreuzviertels in Münster; Examensarbeit an der Pädagogischen Hochschule Münster (unveröffentlicht); Münster 1972

Brand, C.; Vom Münster der Zukunft; in: Magistrat Münster (Hg.), Deutschlands Städtebau. Münster Westfalen; Berlin 1920, S. 35 - 40

Brand, C.; Die städtische Bodenpolitik in Münster; in: Das schöne Münster 1930, S. 197, 217, 218, 255 - 258

Brand, C.; 10 Jahre neuzeitliche Planung; in: Monographien deutscher Städte, Bd. 35, Münster Westfalen;Berlin 1930, S. 102 ff.

Brand, C.; Von der Entwicklung der Vorstadtgebiete der Stadt Münster. Referat des Vermessungsdirektors vor dem Rat am 19.11.1945; in: Stadt Münster, Dokumentation - Wiederaufbau - Materialsammlung, Beiträge zur Stadtforschung, Stadtentwicklung, Stadtplanung, 6/1980

Dethlefs, G.; Soldaten und Bürger. Münster als Festung und Garnison; in: Stadtarchiv u. Stadtmuseum Münster (Hg.). Geschichte original 10 am Beispiel der Stadt Münster; Münster 1983

Dobelmann, W.; Münster St. Mauritz. Ursprung und Werdegang eines Stadtgebietes und seines Vorlandes; in: St. Mauritz Münster Westfalen. 9 Jahrhunderte; Münster 1970, S. 1 - 198

Erler, G.; Die Entwicklung der Stadt Münster in den letzten 150 Jahren; in: Münsterische Heimatblätter, 1. Bd. Münster 1914, Nr. 1, Jan. 1913

Fox, O.; Hygienische und sozialhygienische Gesichtspunkte zu den Stadtrandsiedlungen der Stadt Münster in Westfalen; Dissertation der medizinischen Fakultät der Westfälischen - Wilhelms - Universität; Münster 1934

Forschungsstelle für Siedlungs- und Wohnungswesen an der Westfälischen Wilhelms-Universität zu Münster (Hg.); Heimstättenarbeit in Westfalen im Lichte 50 jähriger staatlicher Wohnungspolitik; Münster 1952

Freund, H., Stühmer, A.; Die neuen Universitätskliniken und die junge medizinischen Fakultät der Universität; in: Monographien deutscher Städte, Bd. 35, Münster Westfalen; Berlin 1930, S. 149 - 154

Geisberg, M.; Die Stadt Münster; Münster 1932, 6 Bde.

Gesetz betr. die Anlegung und Veränderung von Straßen und Plätzen in Städten und ländlichen Ortschaften (Fluchtliniengesetz vom 2. Juli 1875)

Gemeinnützige Wohnstättengesellschaft Münsterland (Hg.); 40 Jahre Gemeinnützige Wohnstättengesellschaft Münsterland mbH. Münster 1922 - 1962; Münster 1962

Gimpel, K.; Zeitdokumente der frühen Industrie- und Wirtschaftsgeschichte Münsters; in: Stadt Münster (Hg.); Wirtschaftsreport 1979

Gröblinghoff, B.; Planmäßige Siedlungserweiterungen Münsters seit 1875 unter besonderer Berücksichtigung der Versorgung mit Grünflächen; Diplomarbeit im Fach Geographie der Westfälischen - Wilhelms - Universität (unveröffentlicht); Münster 1987

Gutschow, N.; Stadtplanungsprojekte in Münster/Westfalen zwischen 1854 und 1880. Stadterweiterung in den vorstädtischen Gärten; in: Fehl, G. und Rodriguez-Lores, J. (Hg.); Stadterweiterungen 1800 - 1875. Stadt, Planung, Geschichte 2; Hamburg 1983, S. 303 - 314

Gutschow, N., Pick, G.; Bauen in Münster. Ein Architekturführer; Münster, 1983

Gutschow, N. und Wolf, J.; Historische Entwicklung und Perspektiven der Stadtplanung in Münster; in: Westfalen und angrenzende Regionen. Festschrift zum 44. Deutschen Geographentag in Münster; Paderborn 1983, S. 207 - 220

Hagemann, K.; Münster - Stadt der Kirchen. 70 Gotteshäuser und ihre Gemeinden im Porträt; Münster 1983

Hartog, R.; Stadterweiterungen im 19. Jahrhundert; Stuttgart 1962

Hass, J.; Das räumliche Wachstum der Stadt Münster seit 1800; Staatsexamensarbeit der Westfälischen - Wilhelms - Universität (unveröffentlicht); Münster 1964

Heineberg, H.; Münster. Entwicklung und Funktion der westfälischen Metropole; in: Geographische Rundschau, 35, H. 5. 1983, S. 204 - 210

Hensen, A.; Neuzeitliches Bauen, in: Das schöne Münster, H. 3, 1931, S. 114 - 117

Hochheim, L.; Bodenpreisentwicklung der Stadt Münster in Westfalen von 1874 - 1914; Inaugural-Dissertation der Universität Erlangen 1921 Hövel, E.; Gartenstadt Münster; in: Das schöne Münster, H. 9, 1937, S. 106 - 120

Humburg, L.; Hermann Borchard, Münster in Westfalen. Festschrift; Münster 1964

Jacobs, W.; Gartenvorstadt Geist; in: Das schöne Münster, Heft 3, 1936, S. 33 - 48

Jacobs, W.; Gartenstadt Münster; in: Das schöne Münster, Heft 9, 1937, S. 106 - 120

Kleinn, H., Meschede, W.; Schnell, P., Walter, H.-H. (Hg.); Westfalen - Nordwestdeutschland - Nordseesektor. Wilhelm Müller - Wille zum 75. Geburtstag von seinen Schülern; Geographische Kommission für Westfalen; Münster 1981

Kirchhoff, K.-H.; Die Stadt Münster - Geschichte und heutige Struktur; Werbe- u. Verkehrsamt der Stadt Münster 1969

Kirchhoff, K. H. und Siekmann, M.; Die räuml. Ausweitung der Universität im Stadtgebiet Münster 1773 - 1980; in: Die Universität Münster 1780 - 1980, Münster 1980

König, J. und Tormin, R.; Die Wasserversorgung der Stadt Münster; in: Festschrift zur 84. Versammlung Deutscher Naturforscher u. Ärzte; Münster in Westfalen 1912, S. 213 - 238

Kohl, W. (Hg.); Westfälische Geschichte. Das 19. u. 20. Jahrhundert; 3 Bde.; Düsseldorf 1984

Krabbe, W. R.; Eine Ring-Stadt um Münster als Alternative zur Eingemeindung; in: Westf. Zeitschrift, 130. Bd., 1980, S. 64 - 69

Krabbe, W. R.; Die Eingemeindungen und Stadterweiterungen Münsters im 19. und frühen 20. Jahrhundert, in: Quellen und Forschungen zur Geschichte der Stadt Münster, neue Folge 11; Münster 1984, S. 127 - 153

Lauffer, E.; Das Siedlungswesen; in: Monographien deutscher Städte, Bd.35, Münster Westfalen ; Berlin 1930, S. 185 - 193

Linz, W.; Wohnhäuser in Münster, in: Das schöne Münster; 5. Jg. b. H., 1933, S. 81 - 96

Mertes, P. H.; Zur Vorgeschichte des Dortmund-Ems-Kanals; in: Die Straße, die alle Ströme vereint; Dortmund 1957, S. 5 - 56

Mönig; Die Heimstätte für Angestellte; in: Magistrat Münster (Hg.); Deutschlands Städtebau. Münster Westfalen; Berlin 1920, S. 20

Müller-Wille, W.; Der Stadtkreis Münster. 1820 - 1955; Münster 1955

Mummenhoff, K. E.; Bemerkungen zu Bauten Alfred Hensens in Münster; in: Westfalen. Hefte für Geschichte, Kunst und Volkskunde; 56. Bd., H. 1 - 4, Münster 1978

Pape, H.; Die Kulturlandschaft des Stadtkreises Münsters um 1828 aufgrund der Katasterunterlagen; in: Forschungen zur deutschen Landeskunde, Bd. 93, Remagen 1956, 2. Teil

Pfarrgemeinderat Heilig-Geist (Hg.); Geist in Gold. 50 Jahre Heilig-Geist-Kirche. Münster 1929 - 1979; Münster 1979

Pfarrgemeinde St. Antonius (Hg.); 50 Jahre St. Antonius; Münster 1959

Pfarrgemeinde St. Joseph Münster (Hg.); St. Joseph in Münster zur Altarweihe am 2. Oktober 1977 durch Bischof H. Tenhumberg; Münster 1977

Piccinato, G.; Städtebau in Deutschland. 1871 - 1914. Genese einer wissenschaftlichen Disziplin; Bauwelt Fundamente 62; Braunschweig 1983

Polizei-Verordnung vom 6. Dezember 1905 enthaltend Sondervorschriften für Zonen, Viertel, einzelne Straßen oder Straßenteile und bestimmte Gebäude-Gattungen für das Gebiet der Stadt Münster i. W. (Amtsblatt 1906)

Predeik, R.; Die Bauten der Westfälischen Bauindustrie in Münster (Westf.); in: Festschrift der Westfälischen Bauindustrie GmbH Münster i. W.; Münster 1928

Prahl, A.; Die eigenwirtschaftliche Tätigkeit der Stadt Münster i. Westf.; Inaugural Dissertation der Rechts- und Staatswissenschaftlichen Fakultät der Westfälischen - Wilhelms - Universität; Münster 1936

Prinz, J.; Mimigernaford - Münster; Münster 1960

Reismann, B.; Aus der Geschichte Pluggendorfs; in: 50 Jahre Pfarrgemeinde St. Antonius Münster Westf. (Festschrift); Münster 1959

Reulecke, J.; Industrielle Revolution, Stadtentwicklung und Herausbildung öffentlicher Aufgaben; in: Brake, K. (Hg.); Stadtentwicklungsgeschichte Stadtplanung; Oldenburg 1985

Schäfers, G.; Stadtviertelgeschichten. Das Leben vor Jahr und Tag; Münster 1983

Schäfers, G.; Damals in Münster; Bd. 2; Münster 1984

Schäfers, G.; So lebte sich's in Münster; Bd. 3; Münster 1986

Schirmeyer; Die öffentliche Bautätigkeit in neuerer Zeit; in: Magistrat Münster (Hg.); Deutschlands Städtebau, Berlin 1920, S. 9 - 12

Schnappauf; Das Villenviertel Münster-Westen; in: Das schöne Münster; Heft 8, 1931, S. 95, 96

Siekmann, M., Kirchhoff, K.-H.; Sozialtopographie in der Stadt Münster 1770 und 1890 mit Ausblicken auf 1971; in: Teuteberg, H. J.: Innerstädtische Differenzierungen und Prozesse im 19. u. 20. Jahrhundert; Köln, Wien 1987

Stadt Münster (Hg.); Schulprojekt Stadtgeschichte. Eine Stadt verändert ihr Gesicht. Handwerk u. Gewerbe, Handel u. Industrie in Münster während des 19. u. 20. Jahrhunderts. Dokumentation der Ergebnisse; Münster 1989

Stadtwerke Münster GmbH (Hg.); 1888 - 1988. 100 Jahre Nahverkehr in Münster; Münster 1988

Statistik über Bevölkerungsentwicklung in Münster; Stat. Bericht 1968, S. 18

Venhofen; Der Aasee; in: Das schöne Münster; 2. Jg. 19. H. 1930, S. 383 - 392

Venhofen; Die Aa im Stadtbild; in: Monographien deutscher Städte, Bd. 35, Münster in Westfalen; Berlin 1930, S. 108 - 119

Verwaltungsbericht der Stadt Münster vom 01.04.1915 - 31.03.1926

Verwaltungsbericht Provinzialhauptstadt Münster 1926 - 1945

Werland, P.; Der Max-Clemens-Kanal; in: Das schöne Münster; H. 7, 1939, S. 145 - 148

Werland, W.; Münster, so wie es war; Düsseldorf 1979

Werland, W.; Friedrich Harkort: Ein Pfui unserer Schlafmützigkeit; in: Westfälische Nachrichten vom 31.05.1980

Westfälische Verkehrsgesellschaft mbH (Hg.); Mit Volldampf ins 20. Jahrhundert. 1883 - 1983: Einhundert Jahre Westfälische Landes-Eisenbahn, Bd. 1; Münster o. J.

Wiedefeld, J.; Die Kriegerheimstätte auf der Geist; in: Magistrat Münster (Hg.) Deutschlands Städtebau, Münster Westfalen; Berlin 1920, S. 24 - 26

Wizigmann; Schlachthofanlage; in: Monographien deutscher Städte, Münster Westfalen, Bd. 35; Berlin 1930, S. 233 - 235

o. V.; Münster als Garnisonsstadt; in: Das schöne Münster; 10. H., 1930, S. 183 - 190

o. V.; 30 Jahre Stadthafen; in: Monographien deutscher Städte, Münster Westfalen, Bd. 35; Berlin 1930, S. 221 - 230

O. V.; Der Hauptbahnhof zu Münster; in: Das schöne Münster; 2.Jg.,H. 20, 1930, S. 403 - 415

o. V.; Neues Bauen in Münster; in: Das schöne Münster 2. Jg., H. 14, 1930, S. 263 - 270

o. V.; Vom Garten vor den Toren zur Kleingartenanlage; in: Das schöne Münster 4. J., H.19, 1932, S. 279 - 291

o. V.; Das Einfamilienhaus des Mittelstandes; in: Das schöne Münster; 3. Jg., H.8, 15. April 1931, S. 113 - 127

o. V.; Gartenvorstadt „Geist"; in: Das schöne Münster; 8. Jg., H. 3., 1936, S. 33 - 48

o. V.; Der Zoo in Münster; 3. Jg., H. 16, 1931, S. 241 ff

o. V.; Münsters Sportstätten in: Das schöne Münster; 5Jg., H. 8., 15. April 1933, S. 113 - 128

o. V.; Universitäts-Forum; in: Das schöne Münster; 3. Jg., H. 23., 1931, S. 353 - 362

o. V.; Universitäts-Forum mit Bebauung des Aa-See-Geländes; Mülheim/Ruhr - Berlin, 1931

o. V.; Münster „Gartenstadt Habichtshöhe"; in: Siedlungen der zwanziger Jahre; Schriftenreihe des Deutschen Nationalkomitees für Denkmalschutz (Hg.), Bd. 28; Bonn 1985

Abbildungsverzeichnis

Breider, T.: Abb. 87.

Gattwinkel, A.: Abb. 61 bis 63, 336.

Geisberg, M.: Abb. 116, 117, 402.

Gemeinnützige Wohnstättengesellschaft Münsterland: Abb. 196, 198.

Gutschow, N. und Wolf, J.: Abb. 96, 100, 103

Krabbe, W.R.: Abb. 16.

Landesvermessungsamt Nordrhein-Westfalen: Abb. 114, 119, 124, 401.

Lerch-Schmitt, M.: Abb. 128, Titelseite Foto links und Mitte

Müller-Wille, W.: Abb. 39

Pfarrgemeinde St. Josef: Abb. 173.

Prahl, A.: Abb. 69, 75, 85, 94.

Richard-Wiegandt, U. und Wiegandt, C.-C.: 51, 79, 115, 118, 121, 126, 127, 135 bis 137, 143 bis 149, 152, 153, 155, 158, 162, 163, 165, 166, 168, 169, 172, 175, 177, 187, 192, 199 bis 201, 203, 206, 208, 210, 212, 213, 221 bis 223, 225, 237, 245 bis 247, 253, 254, 256, 258, 264, 267, 268, 270, 272 bis 274, 283, 286, 296, 297, 301, 302, 304, 305, 311, 318, 321, 337 bis 341, 343 bis 353, 355 bis 360, 363, 366, 367, 369, 370, 372, 375, 381 bis 386, 388, 389, 391 bis 398, 413 bis 415, 417, 418, 424, 425, 428, 433, 436, 457, 462 bis 464.

Schäfers, G.: Abb. 281, 432.

Siedlungsgemeinschaft Duesbergweg: Abb. 211.

Staatsarchiv Münster: Abb. 291, 294.

Stadt Münster, Denkmalamt: Abb. 72, 76 bis 78, 84, 132, 205, 226, 279, 292, 293, 307, 431, 434, 442, 446 bis 448.

Stadt Münster, Presseamt: Abb. 456.

Stadt Münster, Stadtplanungsamt: Abb. 11, 80, 110, 111, 122, 123, 219, 316, 400.

Stadt Münster, Vermessungs- und Katasteramt: Abb. 1 bis 10, 14, 15, 28, 32, 33, 40, 48, 52, 57 bis 59, 68, 98, 101, 105, 120, 131, 133, 134, 138, 139 bis 141, 157, 164, 178 bis 182, 186, 193, 194, 219, 220, 227, 228, 233 bis 236, 238, 239, 244, 252, 259 bis 261, 265, 266, 271, 282, 287 bis 290, 317, 319, 322, 323, 326 bis 331, 334, 335, 374, 377 bis 380, 400, 407 bis 412, 419, 429, 430, 437 bis 441.

Stadtarchiv Münster: Abb. 17 bis 27, 29, 31, 34 bis 38, 41, 42, 44, 45, 46, 49, 50, 53 bis 56, 60, 64 bis 66, 70, 71, 74, 88, 91, 99, 102, 104, 106, 107, 112, 113, 125, 129, 130, 150, 154, 156, 159 bis 161, 167, 170, 171, 174, 176, 183 bis 185, 188 bis 191, 195, 197, 204, 207, 209, 214 bis 218, 224, 229, 230 bis 232, 240 bis 243, 248 bis 251, 255, 257, 262, 263, 269, 275 bis 278, 280, 284, 286, 295, 298, 299, 303, 306, 308 bis 310, 312 bis 315, 320, 324, 325, 330 bis 333, 342, 354, 356, 362, 364, 365, 368, 371, 373, 376, 387, 390, 399, 403, 416, 420 bis 423, 426, 427, 435, 443 bis 445, 449 bis 455, 458 bis 461.

Stadtmuseum Münster: Abb. 30.

Stadtwerke Münster: Abb. 81 bis 83, 86, 89, 90, 92, 93.

Verspohl, U.: Abb. 95, 97, 142, 151, 202, 300, 404, 405.

Werland, W.: Abb. 67.

Westfälische Verkehrsgesellschaft: Abb. 47.